AURELIUS AUGUSTINUS

Was ist Zeit?

(Confessiones XI / Bekenntnisse 11)

Eingeleitet, übersetzt
und mit Anmerkungen versehen
von
Norbert Fischer

Lateinisch-deutsch

FELIX MEINER VERLAG
HAMBURG

PHILOSOPHISCHE BIBLIOTHEK BAND 534

Bibliographische Information der Deutschen Nationalbibliothek

Die Deutsche Nationalbibliothek verzeichnet diese Publikation in der Deutschen Nationalbibliographie; detaillierte bibliographische Daten sind im Internet über ‹http://dnb.d-nb.de› abrufbar.

ISBN 978-3-7873-1942-8

2., überarbeitete Auflage 2009

 Satz: Type & Buch Kusel, Hamburg. Druck und Bindung: Hubert & Co., Göttingen. Werkdruckpapier: alterungsbeständig nach ANSI-Norm resp. DIN-ISO 9706, hergestellt aus 100% chlorfrei gebleichtem Zellstoff. Printed in Germany.

INHALT

VORWORT

Das Kernstück der vorliegenden Ausgabe des elften Buchs von Augustins *Confessiones* mit der berühmten Entfaltung und Beantwortung der Frage, was Zeit ist, liegt im Text selbst und in der Übersetzung, die der Herausgeber im Zusammenhang mit einigen Untersuchungen zum Problem der Zeit und der Zeitlichkeit des Menschen im Denken Augustins ausgearbeitet hat.[1] Obwohl das elfte Buch der *Confessiones*, das Augustins Besinnung auf das Wesen der Zeit enthält, relative Selbständigkeit besitzt, läßt es sich schließlich doch nur aus seiner Funktion im Gesamtwerk angemessen verstehen. Deswegen ist es eine wichtige Aufgabe der Einleitung, den Ort der Frage nach dem Sein der Zeit innerhalb der *Confessiones* zu bestimmen.

Der hohe philosophische Rang von Augustins Zeitbetrachtung wird in verschiedenen, auch gegensätzlichen Interpretationen anerkannt. Friedrich-Wilhelm von Herrmann, der insbesondere an der Bedeutung von Augustins phänomenologischer Zeituntersuchung für Husserl und Heidegger orientiert ist, hat davon gesprochen, »daß die Kapitel 14–28 des XI. Buches der ›Confessiones‹ ein großartig komponierter Text sind, ein Meisterwerk philosophischer Literatur«.[2] Dagegen ist Kurt Flasch eifrig bemüht, zu zeigen, daß der Gedankengang des elften Buchs, auch wenn er »noch so ›modern‹ klingt, [...] in einen fremden Zusammenhang« gehört;[3] aber auch er behauptet eine größere Nähe zur Phänomenologie als sie zum Beispiel den entsprechenden Gedanken Plotins eigen ist: »je näher man in

[1] Vgl. das Literaturverzeichnis (unter 3., 4.2 und 5.).

[2] Vgl. Friedrich-Wilhelm von Herrmann: *Augustinus* 13 (laut der hier bevorzugten Paragraphenzählung bedeutet die Stellenangabe: *conf.* 11, 17–38). Zum Verhältnis zu Husserl und Heidegger vgl. bes. 145ff.

[3] Vgl. Kurt Flasch: *WiZ* 15.

Augustins Text eindringt, um so größer wird die Entfernung Augustins zu Plotin. Für die philosophische Bewertung ergeben sich daraus die genannten negativen Effekte, aber auch der positive, daß Augustin bei der Analyse der Zeit die Zahl der metaphysischen Instanzen reduziert und sich einer eher phänomenologischen Analyse der Zeit genähert hat. Seine Theorie der Zeit bleibt erfahrungsnäher und einfacher, soweit nicht die Gnadentheorie sie voraussetzungsreicher und schwächer macht.«[4]

Der Herausgeber möchte zunächst seinem geschätzten Kollegen, Herrn Professor Dr. Dr.h.c. Cornelius Mayer OSA, für manche Hilfe danken, insbesondere für seine bereitwillig gegebene Erlaubnis, den Text des elften Buches aus dem *Corpus Augustinianum Gissense* zu übernehmen. Eine Reihe von Freunden, Kollegen und wissenschaftlichen Hilfskräften haben die Übersetzung durchgesehen und Verbesserungsvorschläge gemacht. Ihnen allen sei herzlich gedankt. Besonders hervorgehoben sei das uneigennützige Engagement meines Eichstätter Kollegen Professor Dr. Hans Jürgen Tschiedel und meines alten Freundes vom Institut für Cusanusforschung in Trier Dr. Hermann Schnarr. Beide haben sich mit philologischer Akribie auf die Sache eingelassen und zahlreiche Anstöße zum Nachdenken und zu Korrekturen gegeben. Die Verantwortung für den jetzt vorgelegten Text trägt gleichwohl der Herausgeber. Danken möchte der Herausgeber in besonderer Weise schließlich seinem langjährigen Assistenten, Herrn Wolfgang Erb M.A., der zusätzlich bei der Literaturbeschaffung ebenso wie bei der Erstellung der Register – dabei zusammen mit Frau Stefanie Haas M.A. – unermüdlich tätig war.

Ziel der Übersetzung ist nicht eine Art Interlinearversion, sondern ein schlüssiger und flüssiger deutscher Text, der die

[4] Vgl. Flasch: *WiZ* 149. Flaschs Kritik an Augustins Übersteigerungen der Gnadenlehre ist nicht unberechtigt. Mit Hilfe von explizit anderslautenden Äußerungen Augustins lassen sich solche Übersteigerungen jedoch korrigieren; vgl. z.B. Norbert Fischer: APE 236–267 (*Augustins Klärung der Grundbegriffe der praktischen Philosophie*) und 268–295 (*Der praktische Weg zum höchsten Gut und die Dialektik von Freiheit und Gnade*).

Argumentationskraft des lateinischen Textes vergegenwärtigt und dessen Sprachgestalt von einem heutigen deutschsprachigen Leser nicht von vornherein als absonderlich empfunden wird. Von Augustinus zitierte Stellen aus der Bibel oder von anderen Autoren werden durch Anführungszeichen kenntlich gemacht, weil die Tatsache, daß Augustinus zahlreiche Bibelzitate in den Text hat einfließen lassen, eine wichtige und eigens zu bedenkende Rolle spielt.

Zum 28. August 2000 Norbert Fischer, Eichstätt

In der vorliegenden zweiten Auflage sind einige Korrekturen durchgeführt; eine völlige Neubearbeitung wurde nicht vorgenommen; von den vorgenommenen Korrekturen seien zwei exemplarisch genannt: ›fraterna caritas‹ ist jetzt mit ›freundschaftlicher Liebe‹ übersetzt (vgl. *conf.* 11,3; dazu 67 mit Fn 17); ›continentia‹ ist jetzt mit ›Mäßigung‹, nicht mit ›Enthaltsamkeit‹ wiedergegeben (LX; vgl. auch die unübersetzten Stellen XXIX, 65 in Fn 7, 85 in Fn 92); vgl. dazu die Hinweise in Aurelius Augustinus: *Suche nach dem wahren Leben. Confessiones X / Bekenntnisse 10* (Philosophische Bibliothek 584). Eingeleitet, übersetzt und mit Anmerkungen versehen von Norbert Fischer. Lateinisch-deutsch. Philosophische Bibliothek 584. Hamburg: Meiner 2006, bes. LXVI–LXVIII. Herzlicher Dank gilt Theresia Maier für die geleistete Hilfe. Eine Diskussion neuerer Literatur ist nicht eingearbeitet worden. Genannt seien aber folgende Arbeiten des Herausgebers zum Thema, die inzwischen erschienen sind, in denen andere Arbeiten erwähnt und diskutiert werden:

- *Der Rationalitätsanspruch der Augustinischen Christologie. Philosophische Bemerkungen zu Augustins ›Confessiones‹*. In: *Mythen Europas. Schlüsselfiguren der Imagination.* Hg. von Andreas Hartmann und Michael Neumann. Regensburg: Pustet 2004 (zugleich Darmstadt: WBG), 207–227.
- *Confessiones 4. Der Tod als Phänomen des Lebens und als Aufgabe des Denkens.* In: *Irrwege des Lebens. Confessiones 1–6.* Hg.

von Norbert Fischer und Dieter Hattrup. Paderborn: Schöningh 2004, 105–126.

- *Einführung.* In: *Aurelius Augustinus: Confessiones/Bekenntnisse.* Lateinisch-deutsch (Übersetzung von Wilhelm Thimme). Düsseldorf/Zürich: Artemis & Winkler 2004, 776–848.
- *Die Zeit, die Zeiten und das Zeitliche in Augustins ›Confessiones‹.* In: *Schöpfung, Zeit und Ewigkeit. Confessiones 11-13.* Hg. von Norbert Fischer und Dieter Hattrup. Paderborn: Schöningh 2004, 51–64.
- *Was ist Ewigkeit? Ein Denkanstoß Heideggers und eine Annäherung an die Antwort Augustins.* In: *Martin Heidegger's Interpretations of Saint Augustine. Sein und Zeit und Ewigkeit.* Hg. von Frederick van Fleteren. The Edwin Mellen Press 2006, 155–184.
- *»Deum et animam scire cupio«. Zum bipolaren Grundzug von Augustins metaphysischem Fragen.* In: *Agostino e la tradizione agostiniana / Augustinus und die Augustinische Tradition.* Hg. von Costantino Esposito und Pasquale Porro. Quaestio. Band 6/2006, Turnhout-Bari: Brepols-Pagina 2007, 81–101.
- *Amore amoris tui facio istuc. Zur Bedeutung der Liebe im Leben und Denken Augustins.* In: *Geist, Eros und Agape. Untersuchungen zu Liebesdarstellungen in Philosophie, Religion und Kunst.* Hg. von Edith Düsing und Hans-Dieter Klein, Würzburg: Königshausen und Neumann 2009, 169–189.
- *Augustinische Motive in der Philosophie Immanuel Kants.* In: *Augustinus. Spuren und Spiegelungen seines Denkens.* Hg. von Norbert Fischer. Hamburg: Meiner 2009. Band 2: *Von Descartes bis in die Gegenwart,* 89–110.
- *Zum heutigen Streit um Augustinus. Sein Werk als Schatz, als Bürde und als Herausforderung des Denkens.* In: *Augustinus – ein Lehrer des Abendlandes. Einführung und Dokumente.* Hg. von Constance Dittrich, Norbert Fischer und Erich Naab. Wiesbaden: Harrassowitz 2009, 15–31.

Zum 28. August 2009 Norbert Fischer, Eichstätt

EINLEITUNG

Martin Heidegger hat mit *Sein und Zeit*, seinem frühen Hauptwerk aus dem Jahr 1927, auch die philosophische Bedeutung der Frage nach der Zeit in helles Licht gesetzt und neue Aufmerksamkeit für sie geweckt.[1] Umso bemerkenswerter ist, daß er der Zeituntersuchung Augustins, die im elften Buch der *Confessiones* vorliegt, höchsten Rang innerhalb der Geschichte der abendländischen Philosophie zuerkennt. In einem Vortrag, den er 1930 vor dem Konvent des Klosters St. Martin in Beuron gehalten hat, heißt es: »In der abendländischen Philosophie sind uns drei bahnbrechende Besinnungen auf das Wesen der Zeit überliefert: die erste hat Aristoteles durchgeführt; die zweite ist das Werk des hl. Augustinus, die dritte stammt von Kant«.[2] Heideggers Einschätzung der Tragweite dieses Textes spiegelt sich in der lebhaft und kontrovers geführten Diskussion wider, an der sich Philosophierende aller Denkrichtungen beteiligt haben.[3]

[1] 1928 hat Martin Heidegger auch Edmund Husserls *Vorlesungen zur Phänomenologie des inneren Zeitbewußtseins* herausgegeben, die mit einem Hinweis auf das elfte Buch von Augustins *Confessiones* beginnen.

[2] Vgl. Heidegger: *Des hl. Augustinus Betrachtung über die Zeit. Confessiones lib. XI* (Kopie des Vortrags mit Heideggers Vermerk: »Beuron, Erzabtei St. Martin 26. X. 1930«), 1; vorgesehen für Band 80 der *Gesamtausgabe*.

[3] Als neuere Arbeiten vgl. Friedrich-Wilhelm von Herrmann: *Augustinus und die phänomenologische Frage nach der Zeit*; Kurt Flasch: *Was ist Zeit? Augustinus von Hippo. Das XI. Buch der Confessiones. Historisch-philosophische Studie. Text-Übersetzung-Kommentar*; Norbert Fischer: *Confessiones 11. ›Distentio animi‹. Ein Symbol der Entflüchtigung des Zeitlichen* (*CAH* 489–552). Auf wenig Raum läßt sich die breite Diskussion nicht darbieten; vgl. aber die Hinweise in den genannten Arbeiten. Flasch (*WiZ* 27–75) führt einige Beispiele für die Wirkung der *Confessiones* an, jedoch unter dem diskreditierenden Titel ›Verwendungen‹. Zur aktuellen Diskussion des Zeitproblems vgl. z. B. Hans-Michael Baumgartner (Hrsg.): *Das Rätsel der Zeit. Philosophische Analysen.*

Der Kern der Zeitbetrachtung, die Augustinus mit der oft zitierten Frage beginnt, was Zeit sei (17: »quid est enim tempus?«), findet sich in den Paragraphen 17–38 des elften Buches der *Confessiones*, die insgesamt aus dreizehn Büchern bestehen.[4] Für ein hinlängliches Verständnis dieser Betrachtung ist der volle Text des elften Buches zu lesen, da sie die einleitenden Paragraphen voraussetzt und erst in den abschließenden Paragraphen ihr Ziel erreicht. Zudem ist zu beachten, daß das Maß an Einsichtigkeit, das Augustinus in seiner Beantwortung der Frage nach dem Sein der Zeit erreicht, über das Gelingen des Projektes insgesamt entscheidet, das er in den *Confessiones* verfolgt. Die eigens zu bedenkende Rolle des Zeitproblems im Gesamtplan der *Confessiones* tritt dadurch zu Tage, daß Augustinus in den ersten neun Büchern von seiner *Vergangenheit erzählt*, im zehnten seine *Gegenwart reflektiert* und in den drei letzten Büchern die geglaubte absolute *Zukunft* vor dem Hintergrund der Erzählungen und Reflexionen *meditiert*.

Der für Augustinus charakteristische Stil, in dem sich eine seltsam unterwürfig scheinende, affektiv aufgeladene Frömmigkeit mit kritischem Scharfsinn und hohem intellektuellem Anspruch mischt, mag manche Leser befremden. Indem Augustinus die niedergeschriebenen Worte an Gott richtet, als ob er unmittelbar gehört werde, und gleichsam betend denkt, geht er für heutige Leser – wie für Leser seiner Zeit – ungewohnte Wege, die nicht geeignet zu sein scheinen, einen philosophischen Text anzukündigen.[5] Beharrlich sich übenden Lesern wird

[4] Augustinus-Stellen sind gemäß den Richtlinien des *Augustinus-Lexikons* mit Abkürzung des Werktitels, Nummer des Buches und des Paragraphen belegt; zum Beispiel: *conf.* 4,1. Für Stellen aus dem elften Buch wird nur die Nummer des Paragraphen genannt; zum Beispiel: 17 (= *conf.* 11,17).

[5] Der Stil der *Confessiones* ist weithin Anrede an Gott, gleichsam der menschliche Part eines Dialogs mit Gott, der insofern einseitig bleibt, als Gott in den *Confessiones* schweigt, nicht als Redender vergegenwärtigt wird. Immerhin glaubt Augustinus, daß die *Heiligen Schriften* Wort Gottes seien. Mit diesem Glauben begnügt er sich aber nicht: sein Ziel ist es, auch einzusehen, was er in den *Heiligen Schriften* gehört hat (5: »audiam et intelligam«).

auf Dauer aber doch die Nüchternheit auffallen, in der Augustinus sich vorschneller Urteile oder gar frömmelnder Nachbeterei von Glaubensaussagen enthält. Eher neigt er dazu, sich die Unerreichbarkeit gesuchter Einsichten einzugestehen, wobei er zuweilen an den Rand des Skeptizismus gelangt.[6]

Aus der Einsicht, daß das gesuchte Wissen unerreichbar ist, erwächst das Problem, wie es dazu kommt, daß Menschen bedrängenden Fragen nach dem Sinn ihres Lebens ausgesetzt sind, obwohl diese Fragen ihr Vermögen übersteigen.[7] Das Fragenkönnen hält Augustinus gleichwohl für ein wirkliches Vermögen des Menschen (*conf.* 10,10: »homines autem possunt interrogare«). Indem er sieht, daß die wachsten Menschen von Fragen umgetrieben sind, deren Beantwortung ihre Kraft übersteigt, gelangt er zum Wissen des Nichtwissens, das er als Gegenwart des Unfaßlichen im Modus der Defizienz begreift. Er begreift die Möglichkeit des Menschen als Wesens, das um sein Nichtwissen weiß, indem er dessen Befähigung zu Fragen, die es nicht beantworten kann, auf einen unfaßbaren Anspruch zurückführt, von dem es schon immer getroffen ist. Deshalb heißt es im Prooemium der *Confessiones*, daß Gott den Menschen locke, Gott zu loben; dieses Lob erfreue den Menschen, weil Gott den Menschen auf sich hin geschaffen habe, so daß das Menschenherz ru-

Äußere Autorität reicht nicht aus; Augustinus will in seinem Inneren verstehen, was er außen hört (5).

[6] Vgl. den wiederholten Ausdruck des Nichtwissens im elften Buch (›nescio‹); z.B. 10, 14, 17, 23, 28, 32 (in 32 sagt Augustinus, daß er nicht einmal wisse, was er nicht weiß: »ei mihi, qui nescio saltem quid nesciam!«), 33, 39. Zu Augustins Auseinandersetzung mit der Skepsis vgl. z.B. Fischer: *APE*, bes. 175–202.

[7] Das wäre das Problem der *metaphysischen Naturanlage*, der vor allem Immanuel Kant nachgespürt und klaren Ausdruck verliehen hat (*KrV* B 20 ff.); vgl. schon den Beginn der *Vorrede* zur ersten Auflage (*KrV* A VII): »Die menschliche Vernunft hat das besondere Schicksal in einer Gattung ihrer Erkenntnisse: daß sie durch Fragen belästigt wird, die sie nicht abweisen kann, denn sie sind ihr durch die Natur der Vernunft selbst aufgegeben, die sie aber auch nicht beantworten kann, denn sie übersteigen alles Vermögen der menschlichen Vernunft.«

helos bleibe, bis es in Gott Ruhe findet (*conf.* 1,1): »tu excitas, ut laudare te delectet, quia fecisti nos ad te et inquietum est cor nostrum, donec requiescat in te.«

Laut Augustinus hat die tiefste Sehnsucht des Menschen, in der er sich Glückseligkeit wünscht, mit der Gottesfrage zu tun (vgl. *conf.* 10,29). Er kennt auch die alte These, daß die allen Menschen gemeinsame Sehnsucht nach glückseligem Leben sich in einer *goldenen Mitte* erfülle, in der sie wunschlos glücklich sich selbst genügen, ohne störenden Versuchungen ausgesetzt zu sein (*conf.* 10,39: »medius locus, ubi non sit humana uita temptatio«).[8] Weil er diese Mitte im Blick auf seine höchsten Lebensziele nicht aus eigener Kraft zu erreichen vermochte, trotz heißen Bemühens um Selbstgenugsamkeit, gesteht er seine Erbärmlichkeit, und daß er des Erbarmens Gottes bedarf (*conf.* 10,39: »misericors es, miser sum«). Karriere hatte er ja gemacht, sogar eine aufsehenerregende; auch für ein privates Glück wäre gesorgt gewesen, wenn er den gewöhnlichen Weg nur weiter beschritten hätte. Alle wirklichen und möglichen Erfolge hinderten ihn jedoch nicht am Denken und am Aufdämmern der Einsicht, daß ein Begehren (›desiderium‹) in ihm wirkte, das mit Irdischem nicht zu stillen war, nicht mit Besitz, Ehre, Macht oder Sinnenlust (4). Da ein Mensch seine höchsten Ziele preisgäbe, wenn er versuchte, sich im Endlichen einzuigeln, hält Augustinus auch spießerhaftes Sichbescheiden mit Freuden des Lebens, die ihm leicht zu Gebote standen, für eine Gefahr, die zu meiden ist (*conf.* 10,32: »absit, domine, absit a corde serui tui, qui confitetur tibi, absit, ut, quocumque gaudio gaudeam, beatum me putem«).[9]

Der Unstillbarkeit seines Begehrens im Endlichen ist Augustinus sich nach langen Umwegen inne geworden (*conf.* 4,1: »cir-

[8] Vgl. Platon mit der Lehre vom mittleren, aus Einsicht und Lust gemischten Leben (*Philebos* 11 d: βίος εὐδαίμων, 43e: μέσος βίος, vgl. auch 17 a, 20 b ff., 27 d) und Aristoteles mit der μεσότης-Lehre (*NE* II,1104 a 25 ff.).

[9] Vgl. Johann Wolfgang von Goethe: *Faust I* (*Studierzimmer*, 1699 ff.): »Werd' ich zum Augenblicke sagen: / Verweile doch! Du bist so schön! / Dann magst du mich in Fesseln schlagen, / Dann will ich gern zugrunde gehn!«

cuitus erroris mei«). Vorher hatte er sein Glück – nicht ohne Erfolg – in der Welt gesucht. Die Einsicht in die Verlierbarkeit dessen, was ihm die Welt bieten konnte, hat ihn dem Rat folgen lassen, die Wahrheit und das Glück nicht draußen zu suchen, sondern sich nach innen zu wenden. Anders als Plotin, bei dem er diesen Rat fand, erblickt er nicht in sich selbst die überschwengliche Schönheit, die das Ziel seiner Suche wäre. Augustins dreistufigen Weg der Suche nach einer Wahrheit, die Erfüllung und Glückseligkeit gewährt, bringt folgender Satz zur Sprache (*uera rel.* 72): »noli foras ire, in te ipsum redi. in interiore homine habitat ueritas. et si tuam naturam mutabilem inueneris, transcende et te ipsum.« Zur Bezeichnung der beiden ersten Stufen hält Augustinus sich offenbar an Worte Plotins. Erst im oft übersehenen Ende des Satzes mit einer dritten Stufe kommt aber das spezifisch Augustinische zum Vorschein.

Plotin hatte den Rückgang zu sich selbst gefordert (»in te ipsum redi«), weil er das Innere als den Ort der Schau der Wahrheit verstanden hat (*Enneade* I 6,9: ἄναγε ἐπὶ σαὐτὸν καὶ ἴδε). Wer gemäß diesem Imperativ bei sich selbst einkehrt und sein Inneres sieht, erblickt, sofern er sich rein anschaut, die überwältigende Schönheit des Einen (κάλλος ἀμήχανον), die gleichsam drinnen bleibt im heiligen Tempel und nicht so nach außen hinaustritt, daß auch ein Ungeweihter sie sehen könnte (*Enneade* I 6,8: οἷον ἔνδον ἐν ἱεροῖς μένον οὐδὲ προιὸν εἰς τὸ ἔξω, ἵνα τις καὶ βέβηλος ἴδῃ). Dort im Inneren ist laut Plotin das Ziel unserer Suche zu finden: das Vaterland (πατρίς), unser Vater (πατήρ). Sobald der Mensch ganz in sich eingekehrt ist, ist er ganz er selbst und nur noch das wahre Licht (*Enneade* I 6,9: ὅλος αὐτὸς φῶς ἀληθινὸν μόνον).

Demgegenüber gesteht Augustinus, daß er mit der Rückwendung in das eigene Innere noch nicht zum Ziel seiner Suche gelangt ist. Ihm geht es auch gar nicht um Einung mit dem Einen, sondern darum, in Gott Ruhe zu finden, ohne daß der Geist des endlichen Menschen in die Unendlichkeit Gottes zurückkehrte und in ihr aufgelöst würde. In seinem Inneren findet der Mensch laut Augustinus also zwar *Wahrheit*, aber nicht *die* Wahrheit, in der seine Sehnsucht die ihn erfüllende Ruhe finden könnte. Weil im Inneren noch Veränderlichkeit und Unruhe zu finden sind,[10] muß auch die Wendung nach innen überstiegen werden: »transcende et te ipsum«. Diese dritte Stufe kann indessen nicht als aktive Selbstübersteigung, sondern nur als das Sichöffnen für ein reines Finden gedacht werden, als Preisgabe des entwerfenden, vorstellenden Denkens, als ein Offenwerden für die Gnade, in der Gott dem Menschen von sich her entgegentritt (vgl. *conf.* 10,38).

Zur Erleichterung des Studiums des elften Buches der *Confessiones* beginnt der folgende erste Teil der Einleitung mit einer Skizze zu Augustins Leben und Werk. Im zweiten Teil werden einige Hinweise zur Diskussion um die literarische Gattung der *Confessiones* gegeben. Der dritte und der vierte Teil enthalten Überlegungen zur Kompositionsstruktur (im dritten Teil ist der Blick auf den Plan des Gesamtwerks gerichtet, im vierten auf die Gliederung des elften Buches). Der abschließende fünfte Teil, in dem die Stellung des Zeitproblems im Gesamtplan der *Confessiones* untersucht wird, steht unter den Leitworten *Erzählung*, *Reflexion* und *Meditation.*

1. Zu Augustins Leben und Werk

Aurelius Augustinus, der am 13. November 354 in Thagaste (heute Algerien) als Sohn eines kleinen römischen Beamten geboren wurde und am 28. August 430 als Bischof der nordafrikanischen Küstenstadt Hippo Regius gestorben ist, hat mit seinen zahlreichen literarischen Werken, in denen er philosophische, theologische, exegetische und spirituelle Fragen behandelt, au-

[10] Im zehnten Buch antwortet Augustinus auf die Frage, wo er Gott gefunden habe, daß er ihn *nicht* im Inneren, *nicht* in seiner ›memoria‹ gefunden hat (*conf.* 10,37): »neque enim iam eras in memoria mea, priusquam te discerem.« Erst seit Gott sich ihm gezeigt hat, ist er bleibend in seinem Inneren (*conf.* 10,35): »itaque ex quo te didici, manes in memoria mea.« Vgl. dazu Fischer: *UuZ* und *TTAC*.

ßerordentlichen Einfluß auf die geistige Entwicklung im Abendland ausgeübt.[11] Über das Leben Augustins bis zu seiner Bekehrung im Jahr 386 und der Taufe im Mailänder Dom durch Bischof Ambrosius (Ostern 387) sind wir – so gut wie bei keinem anderen antiken Autor – durch seine *Confessiones* unterrichtet, die eines der meistgelesenen Werke der Literaturgeschichte geworden sind. Deren Niederschrift begann wohl 396 und wurde 400 abgeschlossen. Sie sind das erste große Werk Augustins, nachdem er Bischof von Hippo geworden war. Biographisches bieten auch seine zahlreichen Briefe und Predigten und die *Vita Augustini* seines Schülers Possidius.[12]

Augustins Begabung wird schon in seinen frühen Jahren entdeckt und gefördert. Da sein Vater Patricius nicht sehr begütert war (*conf.* 2,5), wird er im Jahr 370 mit Hilfe Romanians zum Studium nach Karthago gesandt. Augustinus redet in den *Confessiones* selten von seinem Vater, zuweilen distanziert (*conf.* 2,6), aber auch dankbar für die Unterstützung der Ausbildung (*conf.* 2,5) und in ehrendem Angedenken (*conf.* 9,19.37). Bestimmender für ihn war aber seine Mutter Monnica, eine Christin, die den Weg ihres Sohnes stets mit großen Sorgen begleitet hat (*conf.* 3,21: »filius istarum lacrimarum«) und ihm hartnäckig nach

[11] Das von Cornelius Mayer herausgegebene *Augustinus-Lexikon* bietet ein 131 Nummern umfassendes Verzeichnis der teils umfangreichen Werke Augustins (vgl. *A-L* 1, XXVI–XLI). Das Entstehen des *A-L* wird von einem elektronischen Hilfsmittel auf CD-ROM begleitet, dem ebenfalls von Mayer herausgegebenen *Corpus Augustinianum Gissense*, das den Text der Werke Augustins in den jeweils besten Editionen und einen Literaturfundus enthält; beides bietet dem Nutzer ausgezeichnete elektronische Recherche-Möglichkeiten. Informationen stehen seit 1999 auch über das Internet zur Verfügung (http://www.augustinus.de). Grundlegende Hinweise und Materialien zu Leben und Werk Augustins bieten Peter Brown: *Augustinus von Hippo*; Gerald Bonner: *Augustinus (uita)*, in: *A-L* 1, 519–550 (beide mit weiterführenden Literaturhinweisen).

[12] Possidius war es auch, der die Werke Augustins gerettet hat, die wegen der bald nach Augustins Tod folgenden Zerstörung von Hippo Regius durch die Vandalen gefährdet waren. Daß wir im Besitz nahezu aller Werke Augustins sind, steht durch die *Retractationes* Augustins und die Werkliste des Possidius (*Indiculum*) fest.

Mailand gefolgt ist (*conf.* 6,15). Dort hat sie den Kontakt zu Ambrosius gefördert (*conf.* 6,2), das Leben Augustins aber auch mit beachtlicher und zugleich problembeladener Führungskraft beeinflußt (*conf.* 6,23 ff.). Sie ist 387 auf der gemeinsamen Rückreise der Gruppe um Augustinus nach Nordafrika in Ostia gestorben.

Augustinus hat sich in Karthago gegen den Willen seiner Eltern den Kreisen der Manichäer angeschlossen, die ein dualistisches und gnostisches Weltbild mit Selbsterlösungstendenzen lehrten (*conf.* 3,10 ff.).[13] Die Manichäer, die sich in Nordafrika dem Christentum assimiliert hatten, beeindruckten Augustinus dadurch, daß sie mit dem Anspruch auf Vernünftigkeit auftraten. Vor allem eine Kritik des Alten Testaments und insbesondere des biblischen Schöpfungsberichts hatte dieser Anspruch zur Folge. Erst nachdem Augustinus die Schwächen der manichäischen Welterklärung durchschaut hatte und durch Ambrosius in die allegorische Bibelexegese eingeführt worden war, konnte er sich dauerhaft dem Einfluß der Manichäer entziehen (vgl. *conf.* 5,3 ff.).[14]

[13] Vgl. Geo Widengren (Hrsg.): *Der Manichäismus*; Brown: *Augustinus von Hippo*, 39–51. Weiterhin Erich Feldmann: *Die ›Epistula Fundamenti‹ der nordafrikanischen Manichäer. Versuch einer Rekonstruktion.*

[14] Vgl. Flasch (*Augustin* 31): »Für einen philosophisch aufgeweckten Leser bietet das Alte Testament immer gewisse Schwierigkeiten: der Anthropomorphismus seiner Gottesauffassung, die Diesseitigkeit seiner Verheißungen, eine Reihe moralischer Roheiten. Augustin gab zu, gewisse alttestamentliche Geschichten seien ihm lange Zeit widerwärtig gewesen. Die Manichäer lösten dieses Problem einfach, indem sie die Derbheiten und Greueltaten des Alten Testamentes zurückführten auf den Herrscher der Finsternis.« Flasch unterstellt Augustinus in der Ablösung vom Manichäismus egozentrische, despektierliche Motive (35). Zu den tatsächlichen, intellektuell klaren Beweggründen vgl. Albert Raffelt: *Confessiones 5: ›Pie quaere‹ – Augustins Weg der Wahrheitssuche* (*CAH* 207 f.); Therese Fuhrer: *Confessiones 6: Zwischen Glauben und Gewißheit: Auf der Suche nach Gott und dem ›uitae modus‹* (*CAH* 246 ff.). Zur sachlichen Auseinandersetzung mit dem Manichäismus vgl. auch Karlheinz Ruhstorfer: *Confessiones 7: Die Platoniker und Paulus. Augustins neue Sicht auf das Denken, Wollen und Tun der Wahrheit* (*CAH* 283–341); Anton van Hooff: *Confessiones 8: Die Dialektik der Umkehr* (*CAH* 343–388).

In Karthago verbindet er sich im Alter von 17 Jahren mit einer Konkubine. Der gemeinsame Sohn, der binnen Jahresfrist zur Welt kommt, erhält den Namen Adeodatus (= von Gott geschenkt), auch wenn er zunächst nicht so willkommen gewesen sein mag (*conf.* 4,2). Augustinus kehrt 373 kurzzeitig nach Thagaste zurück und beginnt eine erste Lehrtätigkeit; 374 wechselt er aber schon wieder nach Karthago. In diese Zeit, die er noch im Umkreis seines Geburtsortes zubringt, fällt der Tod eines Jugendfreundes (376), der ihn laut dem Zeugnis der *Confessiones* schwer erschüttert hat (*conf.* 4,7–14). Die Analyse seines Elends, in das er sich durch den Tod des Freundes geworfen sieht, stößt ihn auf das Problem der Flüchtigkeit menschlicher Existenz. Im Bedenken seiner Erfahrung mit der Vergänglichkeit des Zeitlichen, die ihn tief getroffen hat, erkennt Augustinus, daß jeder Geist sich elend befindet, den die Freundschaft zu Vergänglichem fesselt (*conf.* 4,11: »miser eram, et miser est omnis animus uinctus amicitia rerum mortalium«). Ein Geist werde zerrissen, wenn er das Vergängliche verliert, das er liebt – und dann erst fühle er das Elend, in dem er sich jedoch schon befunden habe, bevor er es verloren hat (*conf.* 4,11: »et dilaniatur, cum eas amittit, et tunc sentit miseriam, qua miser est et antequam amittit eas«).

Augustinus berichtet von seinem Schmerz, der ihm alles, was ihm begegnete, habe todhaft erscheinen lassen, so daß er sich schließlich selbst zur großen Frage geworden sei (*conf.* 4,9: »quo dolore contenebratum est cor meum, et quidquid aspiciebam mors erat. [...] factus eram mihi magna quaestio«). Die Wirkung dieses Todes auf ihn war ein doppelter, gegensätzlicher Affekt: er haßte nun das Leben, das offenbar unversehens hinweggerafft werden kann; und doch fürchtete er den Tod auch als wütendsten Feind (*conf.* 4,11: »sed in me nescio quis affectus nimis huic contrarius ortus erat et taedium uiuendi erat in me grauissimum et moriendi metus«). Augustinus befindet sich in einer Situation, in der er keineswegs geneigt ist, Gott zu loben. Wenn er im elften Buch sagt, daß er auch durch Schrecknisse (2: ›terrores‹) dazu geführt worden sei, sich in den Dienst Gottes zu stellen, scheint er solche Episoden im Auge zu haben. Leser haben also zu beachten, daß Augustinus in der Frage nach dem Sein der Zeit zugleich Erfahrungen seines intensiv gelebten Lebens und seiner erregten Suche nach Glückseligkeit meditiert.

Durch Förderung der Manichäer übersiedelt er 383 als Rhetorik-Lehrer nach Rom; ein Jahr später erhält er eine Professur am Kaiserhof in Mailand. Damit hat Augustinus im Alter von 30 Jahren alle Sprossen der Karriere-Leiter erklommen, die sich ein begabter Nordafrikaner seiner Zeit nur hätte ausdenken können. Außer der Lebensgefährtin und seinem Sohn ist ihm die Mutter nachgefolgt, obwohl er versucht hatte, sie abzuschütteln (*conf.* 5,15). Was jedem leicht passiert, der früh sehr viel Erfolg hat, geschieht nun Augustinus: er stürzt trotz äußerer Erfolge in eine Krise, in der er sich auch mit dem skeptischen Einwand herumschlägt, ob Menschen überhaupt in der Lage sind, den wahren Sinn ihres Lebens sicher zu erkennen, gewisses Wissen über die menschlichen und göttlichen Angelegenheiten zu erreichen (*Acad.* 1,16: »rerum humanarum diuinarumque scientia«). In dieser Situation, in der er seine Selbstsicherheit verloren hat, lernt er den christlichen Neuplatonismus kennen, vor allem durch den Mailänder Bischof Ambrosius, der sich in einem gespannten Verhältnis zum Kaiserhof befand, an dem Augustinus angestellt war.[15] Während Augustinus mit inneren Kämpfen befaßt ist, meint seine Mutter die Konsolidierung seiner äußeren Situation betreiben zu können, indem sie den Plan einer standesgemäßen Heirat ihres arrivierten Sohnes verfolgt. Daß ihm zu diesem Zweck die langjährige Lebensgefährtin entrissen und nach Afrika zurückgeschickt wird, verschärft indessen die Krise nur weiter.[16]

Die inneren und äußeren Krisen spitzen sich schließlich so zu, daß Augustinus erkrankt und seine Professur ebenso wie die Heiratspläne aufgibt. Neuen Boden unter die Füße gewinnt er

[15] Vgl. dazu auch Prosper Alfaric: *Die geistige Entwicklung des heiligen Augustinus. Vom Manichäismus zum Neuplatonismus*; Pierre Courcelle: *Les Confessions de saint Augustin dans la tradition littéraire.*

[16] Zu Augustins ›Frauenproblem‹ vgl. Fuhrer: *Confessiones 6*, *CAH* 267 ff.

mit dem Eintritt in das Katechumenat, das er in Cassiciacum verbringt, wo er auch seine ersten, bis heute erhaltenen Schriften verfaßt hat. Nach der Taufe im Mailänder Dom zu Ostern 387 bricht die Gruppe um Augustinus – seine Mutter, sein Sohn, sein Bruder Navigius, sein Förderer Romanianus und seine Freunde Alypius, Nebridius und Licentius – in Richtung Rom auf. Vor der Weiterreise nach Karthago stirbt Monnica in der Hafenstadt Ostia. Augustinus hat ihr in den *Confessiones* ein Denkmal in Form eines Gespräches gesetzt, in dem er mit seiner Mutter die neuplatonische *scala mystica* emporsteigt, die bei der sinnlichen Wahrnehmung anhebt und in der Berührung der ewigen Weisheit endet. Dort heißt es: »Und während wir so reden von dieser ewigen Weisheit, voll Sehnsucht nach ihr, da streiften wir sie leise in einem vollen Schlag des Herzens« (*conf.* 9,24: »et dum loquimur et inhiamus illi, attigimus eam modice toto ictu cordis«).[17] Nach dem Tod der Mutter reist die Gruppe über Karthago nach Thagaste, wo 388 auf dem väterlichen Gut ein klösterliches Leben in Studium und Gebet beginnt. Das Ideal dieses Lebens bezeichnet Augustinus einmal in einem Brief an Nebridius als ›deificari in otio‹ (*ep.* 10,2).[18] Diese Ruhe wird 389 durch den Tod des Adeodatus gestört, dessen Heranwachsen Augustinus mit großen Hoffnungen verfolgt hatte. Daß er auch ihm ein literarisches Denkmal gesetzt hat, nämlich in der Schrift *De magistro*, könnte darauf hinweisen, wie empfindlich die Störung war.

Augustinus berichtet, am beschaulichen Leben gehangen und bei Reisen alle Städte gemieden zu haben, deren Bischofssitz va-

[17] Übersetzung nach Joseph Bernhart (*Confessiones / Bekenntnisse*, 465). Zur kontroversen Diskussion um die sogenannte Mystik Augustins vgl. Ephraem Hendrickx: *Augustins Verhältnis zur Mystik*; Paul Henry: *Die Vision zu Ostia*; Dieter Hattrup: *Confessiones 9: Die Mystik von Cassiciacum und Ostia* (*CAH* 414ff.).

[18] Das ›Gottwerden in Zurückgezogenheit‹ läßt sich als weltabgewandte Fassung von Platons Bestimmung des Ziels des philosophischen Lebens verstehen (*Theaitetos* 176b: ὁμοίωσις θεῷ κατὰ τὸ δυνατόν). Platon hatte die Annäherung an Gott nicht im Rückzug von der Welt gesucht, sondern im Streben nach Gerechtigkeit (176b/c).

kant war, weil es nicht unüblich gewesen sei, geeignete Personen bei körperlicher Anwesenheit aufzugreifen und zur Übernahme des Bischofsamtes zu drängen. Trotz aller Vorsicht ereilt aber auch ihn dieses Schicksal. Später berichtet er der Gemeinde, daß er sich in Hippo Regius ziemlich sicher gefühlt habe, da diese Stadt einen Bischof hatte (*s.* 355,2: »quasi securus, quia locus habebat episcopum«). Dennoch habe man ihn bei einem Besuch im Jahre 391 gefaßt und zum Priester geweiht, damit er Nachfolger des amtierenden Bischofs werde (*s.* 355,2: »apprehensus, presbyter factus sum, et per hunc gradum ad episcopatum perueni«).

Augustinus wird 395 Hilfsbischof, 396 Bischof von Hippo Regius. Als Bischof hatte er über seine seelsorglichen Amtspflichten hinaus die Aufgabe, auch auf dem Gebiet der Rechtspflege und in politischen wie in sozialen Belangen zu wirken.[19] Seine Sehnsucht bleibt gleichwohl ein gesammeltes Leben, das nicht in die Zeiten zersplittert (39).[20] Anschaulich und mit Nachdruck bringt er diese Sehnsucht schon im zweiten Paragraphen des elften Buches der *Confessiones* zur Sprache. Dort sagt er, daß ihm jeder Tropfen Zeit kostbar sei (»caro mihi ualent stillae temporum«), daß er darauf brenne, dem Gotteswort nachzusinnen (»inardesco ›meditari in lege tua‹«) und daß er sich dagegen sträube, seine freien Stunden für Sinnloses zerrinnen zu lassen (»nolo in aliud horae diffluant«). Die Zeit für Studium und Meditation hat sich Augustinus neben seinen vielfältigen äußeren Verpflichtungen so beharrlich freigehalten, daß er wäh-

[19] Zu den weltlichen Aufgaben Augustins vgl. Bonner: *Augustinus (uita)*, 538: »As bishop of Hippo A. found himself faced with the normal duties of a bishop of his day, which included hearing cases in his episcopal courts (Possid. *Uita Aug.* 19,2–5) and interceding with the secular authorities on behalf of petitioners« (Bonner nennt in der Fußnote Stellen, in denen Augustinus sich zu diesen Pflichten äußert).

[20] Das ist der βίος θεωρητικός, den Aristoteles als die höchste Lebensweise vorstellt (*NE* I, 1095 b 17 ff.). Dieses Leben ist eine göttliche Lebensweise, ein aktiver Vollzug des Unsterblichseins (ἀθανατίζειν). Obwohl so zu leben die Möglichkeiten des Menschen übersteigt, soll der Mensch ihr aber doch nachstreben (*NE* X, 1177 b 26 ff.).

rend dieser gewiß anstrengenden Jahre zahlreiche große Schriften ausarbeiten konnte, die seinen überragenden Einfluß auf Philosophie, Theologie und Spiritualität des Abendlandes begründet haben. Neben den *Confessiones* sind vor allem *De trinitate* und *De ciuitate dei* zu nennen, aber auch zahlreiche exegetische Werke zu biblischen Schriften und das umfangreiche Predigtwerk. Von diesen drei großen Werken sind die *Confessiones* als einziges nahezu in einem Zuge geschrieben.

Augustinus hat die Ruhelosigkeit seines Lebens als Bischof wohl auf Dauer als eine positive Herausforderung akzeptiert, wenn sie ihm überhaupt jemals so unlieb war, wie er es darstellt. Blickt man auf das gewaltige literarische Werk Augustins, das weitgehend nach der Übernahme des Bischofsamtes entstanden ist, zusätzlich auf seinen kaum zu überbietenden Eifer, mit dem er sich in dogmatische und kirchenpolitische Streitereien gestürzt hat,[21] so kann man Gerald Bonner zustimmen, der erklärt, daß Augustins Energie durch die zunehmenden Belastungen sogar noch gewachsen sei: »The demands made upon A. by his episcopate seem to have increased, rather than diminished, his energy; and it must be remembered that throughout the rest of his life he was constantly travelling about North Africa under conditions which put a strain on the strongest constitution«.[22] Während seiner Kämpfe gegen die Donatisten, die Pelagianer und die Arianer Nordafrikas führte er zahlreiche öffentliche Disputationen, die an Schärfe nichts zu wünschen übrig ließen.

[21] Die Neigung zu Politik und Polemik war eine ausgeprägte Seite Augustins, aber nicht seine beste, zumal er bei solchen Kämpfen alles Maß verlieren konnte. Ein Beispiel bietet die Pelagische Freiheitslehre, die durchaus an frühe Thesen Augustins anknüpfen konnte. Der Kritik der antipelagischen bzw. antipelagianischen Polemik Augustins und der Rehabilitierung des Pelagius, die Gisbert Greshake vorträgt (*Gnade als konkrete Freiheit. Eine Untersuchung zur Gnadenlehre des Pelagius*), ist also prinzipiell zuzustimmen. Greshake meint aber, die Dialektik von Freiheit und Gnade, in bezug auf die »engste Parallelen zur pelagischen Konzeption« bestehen, sei für Augustinus »nur eine Stufe« gewesen, »über die hinweg er einen neuen Schritt tat«. Dagegen ist zu überlegen, ob sie nicht doch bis zu Augustins Ende bestimmend blieb (237); vgl. Fischer: *AWG*, bes. 105 und 111.

[22] Bonner: *Augustinus (uita)*. In: *A–L* 1, 538.

Ihr Inhalt ist teilweise von Schnellschreibern festgehalten worden.[23]

Augustinus bestritt diese oft heftigen Kämpfe aber nicht nur im Rahmen der Theologie und der Kirche Nordafrikas, sondern griff literarisch gleichsam in die Weltpolitik ein. Angeregt durch den Fall Roms begann er *De ciuitate dei* als Apologie des Christentums zu schreiben,[24] ging aber im Laufe der Niederschrift mehr und mehr dazu über, eine Gesamtschau der christlichen Lehre vom Sinn der Geschichte zu entwickeln.[25] Bis in das Jahr 426 war Augustinus mit großer Energie tätig;[26] danach begann er, sich zurückzuziehen, bereitete seine Nachfolge im Bischofsamt vor, ordnete seine Verhältnisse und verfaßte die *Retractationes* (eine umfassende Auflistung und kritische Selbstrezension seiner Werke). Laut Possidius fand er angesichts der von den

[23] Gut dokumentierte Beispiele bieten die Disputationen mit dem Pelagianer Julian von Eclanum (*c. Iul.* und *c. Iul. imp.*), der durch die Derbheit seiner Angriffe belegt, daß auch er kein Kind von Traurigkeit war. So attestiert er Augustinus, ein verkappter Manichäer geblieben zu sein, der sich von den Mysterien Manis nie reinwaschen werde. Im Blick auf Augustins zunehmende Mißachtung der sexuellen Lust (›uoluptas‹), die nach den Pelagianern für natürlich und gut zu gelten hat (»naturaliter sexibus indita«), sagt Julian (*c. Iul. imp.* 4,42): »*Si mutabit Aethiops pellem suam, aut pardus uarietatem* (*Ier* 13,23); ita et tu a Manichaeorum mysteriis elueris.«

[24] Am 24. August 410 drang Alarich mit den Westgoten in Rom ein und verwüstete die Stadt. Augustinus wollte die Fragen der Heiden nach der Gerechtigkeit Gottes beantworten, denen die Christen ausgesetzt waren.

[25] Jean Guitton (*Le temps et l'éternité chez Plotin et saint Augustin*) sieht in *De ciuitate dei* den Übergang von der zyklischen (1ff.) und mythischen (22ff.) Geschichtsvorstellung zur linearen. Die Einsinnigkeit des Zeitverlaufs hat eine Endgültigkeit zur Folge, durch die sich die Fragen nach der Verantwortung und dem Sinn des besonderen Seins des Einzelnen zuspitzen. Vgl. auch Karl Lehmann: *Vom Ursprung und Sinn der Seinsfrage im Denken Martin Heideggers*, Exkurs III (1371ff., bes. 1398ff.): *Der Ursprung der Geschichtlichkeit des Daseins aus der fundamentalontologischen Interpretation der neutestamentlich-christlichen Geschichtserfahrung.*

[26] Possidius berichtet, daß Augustinus nach seinen stets arbeitsreichen Tagen bis weit in die Nacht hinein studiert habe (*Vita Augustini* 24): »et id agebat in die laborans, et in nocte lucubrans.«

Vandalen in Nordafrika angerichteten Verwüstungen Trost in dem Wort, daß kein Mensch groß sei, der es für bemerkenswert hält, wenn Städte zerstört werden und Menschen sterben (*Vita Augustini* 28: »non erit magnus magnum putans quod cadunt ligna et lapides, et moriuntur mortales«).[27] In seinen letzten Tagen las er auf dem Krankenlager unter Tränen Bußpsalmen (*Vita Augustini* 31). Er starb am 28. August 430 und wurde noch am selben Tag von den Freunden begraben.

2. *Zur Diskussion um das literarische Genus der* Confessiones

Die große Beachtung, die den *Confessiones* stets zuteil wurde, ging über viele Jahrhunderte nicht mit Überlegungen zu ihrem literarischen Genus einher und trat insofern eher zufällig auf. Als der Sinn für die Unterscheidung literarischer Gattungen im 19. Jahrhundert gewachsen war, betonte man zunächst einseitig die autobiographische Perspektive. Die Mißachtung der nichtbiographischen Bücher, die aus dieser Sicht folgt, spricht der evangelische Theologe Wilhelm Bornemann (1858–1946) in seiner Ausgabe der *Confessiones* unverblümt aus: »Das zehnte Buch, welches wir ebenso wenig wie die drei letzten Bücher in diese Übersetzung aufgenommen haben, giebt eine lehrhafte und für den Laien der Gegenwart weder leicht verständliche noch besonders unterrichtende Darstellung der Anschauungen, denen Augustin zu der Zeit, als er seine ›Bekenntnisse‹ niederschrieb, also kurz vor dem Jahre 400 huldigte.«[28] Mit der

[27] Vgl. Plotin: *Enneade* I 4,7; Plotin sucht indessen Autarkie (I 4,4: Αὐταρκὴς οὖν ὁ βίος τῷ οὕτως ζωὴν ἔχοντι) und geht somit völlig andere Wege als Augustinus, der sich göttlicher Gnade bedürftig weiß.

[28] Bornemann (*Einleitung.* In: *Augustins Bekenntnisse*, XVIII); vgl. XV, wo Bornemann zwar nur vom Abschluß der ›Erzählung‹ spricht, aber eigentlich den Abschluß dessen meint, was die ›Bekenntnisse‹ insgesamt darstellen: »Mit dem Triumph dieser betenden Mutterliebe, mit der rückhaltlosen Hingabe Augustins an das katholische Christentum und mit der Schilde-

Einordnung der *Confessiones* in die Geschichte der Autobiographie begann die Diskussion um deren literarische Gattung.[29]

Wer die *Confessiones* bedächtig liest, wird durch offenkundige Hinweise zur Einsicht geführt, daß die dreizehn Bücher formal und inhaltlich aufeinander bezogen sind und eine Einheit bilden. Wer also nicht bemerkt, wie unerläßlich die ›nichtbiographischen‹ Bücher für den Gesamtplan der *Confessiones* sind, kann auch die ›biographischen‹ Bücher nicht verstehen, da er wichtige Aufgaben übersieht, deren Lösung Augustinus sucht. Seine Frage vom Beginn des elften Buches, warum er so viele Erzählungen vor Gott ausgebreitet habe (1: »cur ergo tibi tot rerum narrationes digero?«), setzt zwar voraus, daß die *Erzählungen* ihre Aufgabe hatten. Klar ist aber ebenso, daß Augustinus mit ihnen nicht Sensationslust oder Neugier befriedigen wollte (*conf.* 10,3), sondern im Sinn hatte, die *Reflexion* seines Lebenswegs in der Beziehung zu Gott und die *Meditation* des Gotteswortes anzuregen, die in den nichtbiographischen Büchern vorliegen.

Um den Intentionen Augustins gerecht zu werden, muß man die Frage, worin das literarische Genus der *Confessiones* besteht, im Blick auf das Gesamtwerk beantworten. Zwar haben sich Leser, die sich vor allem von Augustins Darstellung seiner Bekehrung als eines geistlichen Lebenswegs angesprochen sahen, mit Vorliebe der ersten neun Bücher angenommen. Ebenso haben sich Leser, die vom Ernst philosophischen Fragens beein-

rung der darauf begründeten, völligen Seelengemeinschaft zwischen Mutter und Sohn findet die Erzählung der ›Bekenntnisse‹ ihren wirkungsvollen und ergreifenden Abschluß.«

[29] Vgl. Georg Misch: *Geschichte der Autobiographie 1.2* (1907); Feldmann : *Das literarische Genus und das Gesamtkonzept der Confessiones* (*CAH* 11–59) erklärt (bes. 12–18: *Die Confessiones in der kritischen Forschung*), daß Courcelle (*Les Confessions de saint Augustin dans la tradition littéraire*) der entscheidende Nachweis der Glaubwürdigkeit der Berichte Augustins gelungen sei (15); auf Grund seines primär biographisch ausgerichteten Erkenntnisinteresses habe dieser aber ungewollt dazu beigetragen, »die ohnehin schon frühzeitig in der Wirkungsgeschichte der *Confessiones* greifbar werdende Ausklammerung der Bücher 11–13 zu verstärken« (17).

druckt waren, das in den *Confessiones* hervortritt,[30] vor allem dem zehnten und elften Buch zugewandt, vielleicht auch noch dem neunten Buch, das zeigt, wie Augustinus die philosophische Mystik Plotins aufgreift.[31] Die zwei letzten Bücher wurden dagegen seltener beachtet und höchstens aus dogmengeschichtlichen Motiven oder zur Rekonstruktion von Augustins theologischer Dogmatik herangezogen.[32]

Da Augustinus den Text der *Confessiones* offenkundig als eine gegliederte Einheit konzipiert hat, muß zunächst die Vielfalt dessen, was in ihnen zur Sprache kommt, wahrgenommen werden. Die Einheit der *Confessiones* zeigt sich schon in der Einheit ihres Stils als einer Rede hin zu Gott. In dieser Rede spricht Augustinus aber zugleich auch zu sich selbst und zu seinen Lesern, indem er sein vergangenes Leben vergegenwärtigt, indem er untersucht, wer er selbst in der Gegenwart ist, und indem er fragt, was er als zukünftiges Ziel seines Lebens erhofft. Die Grundfrage der *Confessiones* lautet, ob Augustinus Gott loben und ihn angesichts seines vergangenen Lebens, seines ge-

[30] Ludwig Wittgenstein soll gesagt haben, die *Bekenntnisse* Augustins seien »womöglich ›das ernsteste Buch, das je geschrieben wurde‹«. Vgl. Rush Rhees (Hrsg): *Ludwig Wittgenstein. Porträts und Gespräche*, 132–134.

[31] Der Suchende ist also nicht selbst das Licht, nicht das Eine selbst (vgl. dagegen Plotin: *Enneade* VI 9,9: φωτὸς πλήρη νοητοῦ, μᾶλλον δὲ φῶς αὐτό [...] θεὸν γενόμενον, μᾶλλον δὲ ὄντα), sondern bleibt in der Distanz, die nur ein ›Berühren‹ der ewigen Weisheit zuläßt (*conf.* 9,24: ›attigimus‹; 10,37: ›in te, supra me‹).

[32] Gleichwohl sind beide Bücher wichtig; zur Interpretation des zwölften Buches vgl. Mayer: *Confessiones 12: ›Caelum caeli‹. Ziel und Bestimmung des Menschen nach der Auslegung von Genesis 1,1f.* (*CAH* 553–601). Mayer zeigt, wie Augustinus das Verhältnis von Zeit und Ewigkeit in Verbindung mit der Diskussion einer allegorischen Bibelauslegung weiter bedenkt; Augustinus gehe es in praktisch-protreptischer Zielsetzung um die Möglichkeit, sich über die zeitlichen ›signa‹ zur ewigen ›res‹ emporzuschwingen. Zum dreizehnten Buch vgl. Christof Müller: *Confessiones 13: Der ewige Sabbat. Die eschatologische Ruhe als Zielpunkt der Heimkehr zu Gott* (*CAH* 553–652). Müller sieht in diesem Buch den kulminierenden Abschluß der *Confessiones*, sofern der Weg zu Gott erst in der eschatologischen Ruhe des ewigen Sabbats sein Ziel und Ende findet.

genwärtigen Lebens und seiner Erwartung für die Zukunft als gut und gerecht glauben kann. Diese Frage war für Augustinus lange nicht zugunsten des Glaubens an die Güte Gottes entschieden. Und nachdem sie vorläufig beantwortet war, sah er sich neuen Zweifeln ausgesetzt. Die Entscheidung zugunsten des Glaubens trat ein, als er die Überzeugung gewann, daß Gott selbst ihn locke, auf Gott hin zu leben, um in ihm Ruhe zu finden, und weil er eines Tages glauben konnte, daß Gott die Menschen liebe und selbst in ihnen ruhen wolle (*conf.* 13,52 f.).

Der Leser der *Confessiones* wird sogleich darauf gestoßen, daß es sich um das Werk eines frommen Autors handelt, der zudem von der Botschaft des biblischen Glaubens beseelt ist. Augustinus beginnt mit einem Zitat aus dem Psalterium, in dem Größe, Macht und Weisheit Gottes gepriesen werden.[33] Gleichwohl ist nicht zu leugnen, daß die *Confessiones* – vor allem seit Beginn des 20. Jahrhunderts – gerade auch von Denkern ernstgenommen worden sind, die sich indifferent oder gar ablehnend zum kirchlichen und biblischen Glauben verhielten. Vor allem das zehnte und elfte Buch haben großen Widerhall bei zahlreichen philosophischen Denkern des vergangenen Jahrhunderts gefunden. Im zehnten Buch analysiert Augustinus sein gegenwärtiges Sein, er erkundet sein Selbstverständnis und fragt, wer er selbst zur Zeit der Niederschrift der *Confessiones* ist (*conf.* 10,4: »quid ipse intus sim«).[34] Er war ja mittlerweile Bischof geworden, der es als seine Aufgabe verstand, das Gotteswort zu verkünden und die Sakramente zu spenden (2: »praedicare uerbum et sacramentum tuum dispensare«). Im ersten Teil des zehnten Buches besinnt Augustinus sich auf den Weg, der ihn in eine liebende Beziehung zu Gott gebracht hat (*conf.* 10,1–38: ›memoria‹-

[33] Vgl. Georg Nicolaus Knauer: *Psalmenzitate in Augustins Confessiones*; weiterhin Klaus Kienzler: *Confessiones 1: Die unbegreifliche Wirklichkeit der menschlichen Sehnsucht nach Gott* (*CAH* 62 ff.).

[34] Vgl. dazu Heidegger: *Phänomenologische Interpretation von Confessiones Liber X*. Weiterhin z. B. von Herrmann: *Bewußtsein, Zeit und Weltverständnis*; Johann Kreuzer: *Confessiones 10: Der Abgrund des Bewußtseins. Erinnerung und Selbsterkenntnis im zehnten Buch* (*CAH* 445–487).

Analyse); im zweiten Teil sucht er Antwort auf die Frage, wie er fortan aus der liebenden Beziehung zu Gott leben soll (*conf.* 10,39–69: Weg der ›continentia‹).[35]

Während sich der größte Teil der ersten neun Bücher als *Erzählung* von Selbsterlebtem charakterisieren läßt, als Bericht von Verhältnissen und Begebenheiten aus dem *äußeren Leben*, enthält das zehnte Buch *Reflexionen* auf die eigene *Innerlichkeit* und die Geschehnisse in ihr. Im zehnten Buch spricht der Autor noch von sich selbst, aber er blendet äußere Ereignisse weitgehend aus und reflektiert, was mit ihm auf dem Weg der Suche nach Glückseligkeit und Gott im Inneren geschehen ist. Das zehnte Buch greift insofern noch einmal das Thema der ersten neun Bücher auf, nämlich das Leben Augustins als Weg der Gottsuche, nun aber im Blick auf das innere Geschehen, wie es in der ›memoria‹ gegenwärtig ist. Daß der Blick auf die eigene Innerlichkeit unzureichend bleibt, weil diese in Beziehung zu dem noch unerkannten Gott steht, macht schon der Beginn des zehnten Buches deutlich (*conf.* 10,1). Damit folgt aus dem Gang der ersten zehn Bücher die Notwendigkeit, Gott selbst als Ziel der Suche ausdrücklich zur Sprache zu bringen.

In den *Retractationes* erläutert Augustinus aus dem späten Rückblick die Intention, die er bei der Niederschrift der dreizehn Bücher seiner *Confessiones* verfolgt hat. Er erklärt, daß die *Confessiones* einerseits Gott loben, andererseits Geist und Sinn des Menschen auf Gott hin antreiben. Um dieses Ziel zu erreichen, hatten die *Confessiones* zu zeigen, daß Gott sowohl im Blick auf das Gute als auch im Blick auf das Schlechte am Menschen als gut und gerecht gelobt werden kann (*retr.* 2,6,1: »et de malis et de bonis meis deum laudant iustum et bonum atque in eum excitant humanum intellectum et affectum«). Augustinus erwähnt, daß er beim Schreiben selbst diese Geist und Sinn des Menschen zur Gottsuche verlockende Kraft verspürt und sie auch beim Lesen der *Confessiones* wieder wahrgenommen habe. Obwohl er von ihrer Wirksamkeit überzeugt ist,

[35] Zur Kompositionsstruktur des zehnten Buches vgl. auch Fischer: *UuZ* 352.

redet er nicht groß daher, sondern sagt nur, daß seine Leser selbst sehen mögen, was sie von diesem Werk halten. Immerhin berichtet er, daß es vielen gefallen habe (*retr.* 2,6,1: »interim quod ad me attinet, hoc in me egerunt cum scriberentur et agunt cum leguntur. quid de illis alii sentiant, ipsi uiderint; multis tamen fratribus eos multum placuisse et placere scio«).

Will man das literarische Genus der *Confessiones* mit einem Namen belegen, kann man vorläufig den Titel selbst als Gattungsbezeichnung wählen, wenn man beachtet, daß Augustinus im Begriff des Bekennens (›confiteri‹) Vollzüge des Erzählens, des Reflektierens und des Meditierens vereinigt. Mit dem Ausdruck ›confessio‹ (*Bekenntnis*) sind in der Sprache Augustins mehrere Bedeutungen verbunden.[36] Die Grundbedeutung liegt im Bekennen der Größe, der Macht und der Weisheit Gottes (›confessio laudis‹); diese Grundbedeutung ist verbunden mit dem Eingeständnis der Schwäche und der Verfehlungen des bekennenden Menschen (›confessio peccati‹). Indem ein Mensch seine Schwäche wahrnimmt und sich eingesteht, daß er nicht so ist, wie er sein will und wie er sein soll, und indem er zugleich darauf hofft, daß Gott barmherzig ist und ihn retten wird, tritt als weitere Bedeutung das Bekenntnis des Glaubens hervor (›confessio fidei‹). Daraus erwächst wiederum das Eingeständnis, daß das, was im Glauben bekannt wird, zwar mit Wissen verbunden ist, aber nicht gewußt werden kann (›confessio scientiae et imperitiae‹).[37]

[36] Vgl. Mayer: *Confessio, confiteri*, in: *A-L* 1, 1122–1134. Weiterhin Joseph Ratzinger: *Originalität und Überlieferung in Augustins Begriff der ›confessio‹*; von Herrmann (*Augustinus* 24f.) unterscheidet sehr genau eine vierfache Bedeutung von ›confiteri‹ und ›confessio‹; die folgenden Bedeutungen werden im einzelnen genannt und weiter entfaltet: 1. ›das Sündenbekenntnis‹. 2. ›das Bekenntnis des göttlichen Erbarmens als Lobpreisung des gnädigen Gottes‹. 3. ›das Bekenntnis des Glaubens‹. 4. ›ein Sichaussprechen über das begrifflich Zuverstehende vor Gott‹.

[37] Das Ziel der Bücher 11–13 (Meditation des Gotteswortes) wird im Bekenntnis des Wissens und Nichtwissens verfolgt (2): »et olim inardesco ›meditari in lege tua‹ et in ea tibi confiteri scientiam et imperitiam meam«.

Zu beachten ist überdies, daß Augustinus die Möglichkeit zur Niederschrift der *Confessiones* nicht als seine Leistung begreift, nicht als Ausarbeitung eines von ihm als Autor entworfenen Werks, sondern als Vollzug des Gotteslobs, als Ausrichtung seines Geistes und Sinnes auf Gott hin, zu der er nicht aus eigener Kraft fähig war. So versteht er den von ihm verfaßten Text als Antwort auf einen Anspruch, dessen Ursprung nicht in ihm selbst, sondern in Gott liegt, also im Ziel der Suche.[38] Laut Augustinus ist ein Wesen wie der Mensch, dessen Sein durch Endlichkeit, Sterblichkeit, Verfehlungen und Hochmut bestimmt ist, weder willens noch imstande, Gott zu loben, nicht einmal fähig, den unendlichen Gott aus eigener Kraft zu suchen (*conf.* 1,1).[39]

Da Augustinus sich auf dem Weg der Gottsuche weiß und gleichwohl das Bekenntnis nicht vermeiden kann, nicht selbst der Urheber und Meister seiner Suche zu sein, glaubt er, daß Gott ihn auf den Weg einer Suche gelockt hat (*conf.* 1,1: »tu excitas«), der sich für ihn am Ende als *scala mystica* erweist. Und so sieht er sich schließlich befähigt, auch andere auf diesen Weg zu locken (1: »excito«), und kann sagen, daß die *Confessiones* selbst Geist und Sinn des Menschen auf Gott hin lenken (*retr.* 2,6,1: »in eum excitant humanum intellectum et affectum«). Die *Confes-*

[38] Insofern ginge die Bewegung der Gottsuche – ebenso wie in der Theologie des Aristoteles (vgl. *Metaphysik* XII, 1072b4: κινεῖ δὴ ὡς ἐρώμενον) – von Gott als dem Geliebten aus.

[39] Im Gedanken Gottes wird mehr und Besseres gedacht, als ein endliches Wesen zu denken vermag. Vgl. dazu René Descartes: *Meditationes de prima philosophia* III, 22. Descartes fragt dort, ob die Vorstellung Gottes etwas sein könne, das nicht aus mir selbst als endlichem Wesen hervorgehen konnte (»idea Dei, in qua considerandum est, an aliquid sit, quod a me ipso non potuerit proficisci«). Im Unterschied zu Descartes nutzt Augustinus den Gedanken der Unfaßbarkeit der Herkunft des Gottesgedankens nicht als Fundament eines Gottesbeweises. Augustins Umgang mit dem Gottesgedanken findet eine neue Entsprechung eher im Denken von Emmanuel Levinas; vgl. *Totalität und Unendlichkeit. Versuch über die Exteriorität, Vorwort zur deutschen Übersetzung*, 11: »Denken, das mehr oder das *besser* denkt, als es der (theoretischen) Wahrheit nach denkt.«

siones sind also ›excitationes‹, eine an die Leser gerichtete Werbung, sich auf den Weg der Gottsuche einzulassen, der dem Menschen völlige Befreiung verheißt (vgl. 1).[40] Kritisch kann man indessen fragen, ob Augustinus sich von der Gottbegeisterung zuweilen so hat hinreißen lassen, daß er der Freiheit des Menschen den nötigen Spielraum verwehrt.[41]

3. *Zur Kompositionsstruktur der Confessiones*

Der Aufbau der *Confessiones* ist – ebenso wie der Aufbau der einzelnen Bücher – von unterschiedlichen Strukturprinzipien geprägt, die jedoch dem übergreifenden Ziel des Gesamtwerks dienen, so daß sich die *Confessiones* als gegliedertes, harmonisches Ganzes auffassen lassen.[42] Zwar hat Henri-Irénée Marrou als junger Mann die Gliederungskunst Augustins abschätzig be-

[40] Feldmann: *Das literarische Genus und das Gesamtkonzept der Confessiones* (*CAH* 31–50; dazu *Confessiones*, in: *A-L* 1, 1134–1193) hat die *Confessiones* mit Recht als ›christlichen Protreptikos‹ in der Tradition des ›Hortensius‹ von Cicero bezeichnet und dabei vor allem an die Auseinandersetzung mit den Manichäern gedacht.

[41] Beiläufig sei damit erwähnt, daß Augustinus auch ein umstrittener Denker und Schriftsteller war und daß bis heute ein zuweilen scharfer Kampf gegen die Wirksamkeit Augustins geführt wird, für den es auch gut nachvollziehbare Motive gibt. Protagonist dieses Kampfes ist derzeit wohl Kurt Flasch; vgl. *Augustin. Einführung in sein Denken* (1980); *Logik des Schreckens. Augustinus von Hippo. De diversis quaestionibus ad Simplicianum* (^{2}1995); *WiZ* (1993). In der zuletzt genannten, umfangreichen Monographie hat sich Flasch auf den Kampf mit dem Florett verlegt, nachdem er in früheren Arbeiten eher grob zu Werke gegangen war. Vor allem diese Studie kann auch Lesern nützlich sein, die Flaschs Grundeinstellungen nicht teilen.

[42] Vgl. Raffelt: *Confessiones 5* (*CAH* 200): »Es überlagern sich in der Kompositionsart Augustins Ordnungsgesichtspunkte; er komponiert geschmeidiger, als es neuzeitlichem Rationalismus geläufig ist. Blaise Pascals ›Ordnung des Herzens‹, die er der Heiligen Schrift wie Augustinus zuschreibt und deren Besonderheit darin besteht, Abschweifungen im steten Bezug zum Endziel durchzuhalten, läßt solche Überlagerungen zu.«

urteilt und gesagt: »Saint Augustin compose mal«.[43] Er hat diese kecke Aburteilung aber bald in einer gründlich bedachten ›Retractatio‹ zurückgenommen.[44] Vor der Betrachtung des elften Buches werden hier zunächst zwei Modelle zum Verständnis des Gesamtaufbaus der *Confessiones* skizziert. Das erste Modell, das mit der Hypothese der Zweiteiligkeit operiert, basiert auf den Hinweisen, die Augustinus in den *Retractationes* gegeben hat (Teil I: Buch 1–10; Teil II: Buch 11–13). Das zweite Modell betont zusätzlich die Sonderstellung des zehnten Buches und legt insofern einen dreiteiligen Aufbau nahe (Teil I: Buch 1–9; Teil II: Buch 10; Teil III: Buch 11–13).

In den *Retractationes* sagt Augustinus zum Aufbau der *Confessiones*, daß sie vom ersten bis zum zehnten Buch *von ihm* handeln, in den drei übrigen Büchern aber von den *Heiligen Schriften*, nämlich von dem Anfang an, an dem Gott Himmel und Erde geschaffen habe, bis zur Ruhe des Sabbats (*retr.* 2,6,1: »a primo usque ad decimum de me scripti sunt, in tribus ceteris de scripturis sanctis, ab eo quod scriptum est: ›in principio fecit deus caelum et terram‹, usque ad sabbati requiem«). Die Kraft, die diese disparat scheinenden Teile innerlich zusammenschmiedet, erwächst aus der in beiden virulenten Frage, wie es dem Menschen möglich ist, die Größe, Macht und Weisheit Gottes zu loben, und wie der Mensch zu hoffen vermag, am Ende der

[43] Vgl. Henri-Irénée Marrou: *Saint Augustin et la fin de la culture antique*, Paris 1938, 61.

[44] Die Selbstkorrektur findet sich schon ²1949, 665–672; vgl. Marrou: *Augustinus und das Ende der antiken Bildung*, bes. 516. Gleichwohl geistert Marrous überholtes Verdikt vereinzelt noch immer in der Sekundärliteratur herum; so zitiert Flasch (*WiZ* 85 f.) zustimmend Marrous schon lange revidierte These zur ›Eigenart des Schriftstellers Augustin‹, ohne Marrous Revision zu erwähnen. Beachtenswerte Bemerkungen zum Aufbau der *Confessiones* hat zum Beispiel auch Wolf Steidle vorgetragen, vgl. *Augustins Confessiones als Buch (Gesamtkonzeption und Aufbau)*; vgl. weiterhin Norbert Fischer; Cornelius Mayer (Hrsg.): *Die Confessiones des Augustinus von Hippo*; dort findet sich ein Schema zum Aufbau des Gesamtwerks von Feldmann (*CAH* 51); zu den einzelnen Büchern finden sich Schemata jeweils am Ende der Beiträge.

Tage – am Ende der flüchtigen, und dadurch nichtig scheinenden Weltzeit – in Gott seine Ruhe zu finden.

Augustinus läßt die *Confessiones* sogleich mit überschwenglichem Gotteslob beginnen. Da er dieses Lob lauteren Herzens aussprechen will, spricht er es am Anfang noch nicht selbst aus, sondern läßt es sich durch das Wort der *Heiligen Schriften* sagen (*conf.* 1,1): »›magnus es, domine, et laudabilis ualde‹: ›magna uirtus tua et sapientiae tuae non est numerus‹«. Schon am Anfang meint er zwar, daß der Mensch Gott loben wolle (»et laudare te uult homo«), gesteht aber, wie schlecht das Lob Gottes zur faktischen Situation des Menschen paßt, zumal der Mensch im Ganzen der Schöpfung, angesichts ihrer räumlichen und zeitlichen Größe, eine *quantité négligeable* zu sein scheint (*conf.* 1,1: »aliqua portio creaturae tuae«).[45] Der Wunsch, Gott zu loben, wird noch mehr gedämpft, sobald der Mensch sieht, daß er von Sterblichkeit und Verfehlungen gezeichnet ist – und von einem Hochmut, der sein Streben, sofern es auf göttliche Selbstgenugsamkeit zielt, zum Scheitern verurteilt (*conf.* 1,1: »homo circumferens mortalitatem suam, circumferens testimonium peccati sui et testimonium, quia ›superbis resistis‹«).[46]

Die *Confessiones* beginnen demnach zwar mit dem Lob Gottes, zeichnen allerdings die Situation des Menschen in einer

[45] Vgl. *Ps* 8; vgl. Kant: *KpV* A 288 ff.; eindringlich weist auch Friedrich Nietzsche darauf hin, »wie kläglich, wie schattenhaft und flüchtig, wie zwecklos und beliebig sich der menschliche Intellekt innerhalb der Natur ausnimmt; es gab Ewigkeiten, in denen er nicht war; wenn es wieder mit ihm vorbei ist, wird sich nichts begeben haben«; vgl. *Ueber Wahrheit und Lüge im aussermoralischen Sinne* (*KSA* 1,875).

[46] Den Tod nimmt Augustinus als bittere Erfahrung wahr (dazu Fischer: *APE* 148–174). In seiner Bitternis zeigt sich seine gegen die Natur gerichtete Kraft, die auseinanderreißt, was im Leben verbunden war. Unerbittlich halte diese Kraft an, bis die letzte Empfindung geschwunden sei, die durch die wechselseitige Umschließung von Seele und Leib in ihm war: »habet enim asperum sensum et contra naturam uis ipsa, qua utrumque diuellitur, quod fuerat in uiuente coniunctum atque consertum, quamdiu moratur, donec omnis adimatur sensus, qui ex ipso inerat animae carnisque complexu« (*ciu.* 13,6). Zur ›superbia‹ vgl. z. B. den Birnendiebstahl (bes. *conf.* 2,14).

Weise, daß dieses Lob nur für unpassend und fragwürdig gelten kann. Nachdem der hohe Ton des Gotteslobs erklungen und verklungen ist, stürzt Augustinus folgerichtig, indem er seine Augen für die faktische menschliche Wirklichkeit öffnet, in einen Abgrund. Dieser Sturz ermuntert zunächst keineswegs zum Lob Gottes, viel eher zum Gegenteil. Von der Tiefe des Abgrunds ausgehend erzählt er in den ersten neun Büchern vom lange sich windenden Weg seiner Suche, der ihn auf Abwege, am Ende aber in die Nähe Gottes geführt hat. Auf dem Höhepunkt gelangt er schließlich – im Gespräch mit der Mutter – schon in der Zeit dazu, für einen Augenblick die ewige Weisheit zu berühren (*conf.* 9,24). Diesen Weg, der anders zu seinem Ziel gelangte, als Augustinus es erwartet hatte, reflektiert er im zehnten Buch, in dessen erstem Teil er fragt, wer er selbst in seinem Inneren sei (*conf.* 10,4: »quid ipse intus sim«) und wie er zu Gott hatte finden können (*conf.* 10,37: »ubi ergo te inueni, ut discerem te?«).

Mit dem zehnten Buch endet der Teil der *Confessiones*, von dem Augustinus gesagt hatte, daß er von ihm selbst handele (*retr.* 2,6,1: »a primo usque ad decimum de me scripti sunt«). Nachdem er mit dem zehnten Buch die Höhe des anfänglichen Gotteslobs zurückgewonnen hat, beginnt der zweite Teil des Gesamtwerks erneut mit störenden Fragen, in denen die Tragfähigkeit dessen, was auf dem bisherigen Weg gefunden wurde, noch einmal gründlich auf die Probe gestellt wird. Augustinus sieht sich zu Beginn des elften Buches nämlich von der Frage bedrängt, ob Gott in der Höhe der Ewigkeit Zeitliches überhaupt zur Kenntnis nehme, oder ob er das, was in der Zeit geschieht, für flüchtig und nichtig halte (1: »numquid, domine, cum tua sit aeternitas, ignoras, quae tibi dico, aut ad tempus uides quod fit in tempore?«). Wenn der ewige Gott sich in seiner Ewigkeit selbst genügte und keine Beziehung zur Zeit hätte, wäre der in den vorausgegangenen Büchern geschilderte Fund neuen Zweifeln ausgesetzt, weil er nicht ohne die Zuwendung Gottes zum Menschen denkbar ist. Von der Höhe der erreichten Lösung stürzt Augustinus also erneut in die Ruhelosigkeit und in die Ängste der menschlichen Existenz, die sowohl den Sinn der

Erzählungen der neun ersten Bücher (1: »cur ergo tibi tot rerum narrationes digero?«) als auch den Sinn der Reflexionen des zehnten Buches unterhöhlen. Die neuerliche Krise, in der die Beziehung Gottes zur Zeit fraglich ist, bildet den Ausgangspunkt des elften Buches.[47]

Aus der Tiefe, in die ihn die neuen Zweifel gestoßen haben, läßt Augustinus sich im elften Buch wiederum durch ein Schriftwort rufen, nämlich durch den Anfang der *Genesis*, in dem es heißt, daß Gott am Anfang Himmel und Erde geschaffen habe. Das Wort, daß Zeit und Welt sich dem Tun Gottes verdanken, lehrt ihn zu glauben, daß Gott sich trotz seiner Selbstgenugsamkeit doch nicht selbst genug sei, sondern trotz seiner Sorgenfreiheit Sorge um die zeitliche Menschenwelt trage (3: »qui securus curam nostri geris«). Die Frage nach der Vernünftigkeit des Glaubens, ob der Ewige sich auf Zeitliches beziehe, wird fortan zum bestimmenden Thema der *Confessiones.* Sofern diese Beziehung nicht denkerisch abzuleiten ist, sondern dem Wort der Schrift entnommen werden muß, kann Augustinus mit Recht sagen, daß die drei letzten Bücher der *Confessiones* von den *Heiligen Schriften* handeln (*retr.* 2,6,1: »in tribus ceteris de scripturis sanctis«).

Augustinus nimmt diese Vorgabe einer Glaubenslehre aus den *Heiligen Schriften* allerdings nicht einfach gläubig hin, läßt sich also nicht blind von einem Strom der Gnade tragen, sondern sucht ihre Tragfähigkeit im Blick auf seine Erfahrungen mit aller Kraft seines Geistes zu verstehen. Indem er von der Höhe aus, die er durch den Glauben an das Schriftwort gewonnen hat, die Beziehung des Ewigen zur Zeit zu denken versucht, gelangt

[47] Heidegger bringt dieses Problem deutlich zur Sprache; vgl. *SuZ* 427 (Fußnote 7): »Daß der traditionelle Begriff der Ewigkeit in der Bedeutung des ›stehenden Jetzt‹ (nunc stans) aus dem vulgären Zeitverständnis geschöpft und in der Orientierung an der Idee der ›ständigen‹ Vorhandenheit umgrenzt ist, bedarf keiner ausführlichen Erörterung. Wenn die Ewigkeit *Gottes* sich philosophisch ›konstruieren‹ ließe, dann dürfte sie nur als ursprünglichere und ›unendliche‹ Zeitlichkeit verstanden werden. Ob hierzu die via negationis et eminentiae einen möglichen Weg bieten könnte, bleibe dahingestellt.« Im Text von *SuZ* zitiert er dazu *conf.* 11,33.

er von der Höhe des geglaubten Sinnes wieder zu der Tiefe des menschlichen Daseins, von der seine Suche ja ausgegangen war. Im Blick auf die Kompositionsstruktur des Gesamtwerks ist folglich von der reziproken Korrespondenz in der Makrostruktur der *Confessiones* zu sprechen.[48] Die zweiteilige Kompositionsstruktur der *Confessiones*, durch die Augustinus von beiden Seiten aus die Beziehung zwischen dem Ewigen und dem Zeitlichen zu denken versucht, läßt sich im folgenden Schema darstellen:

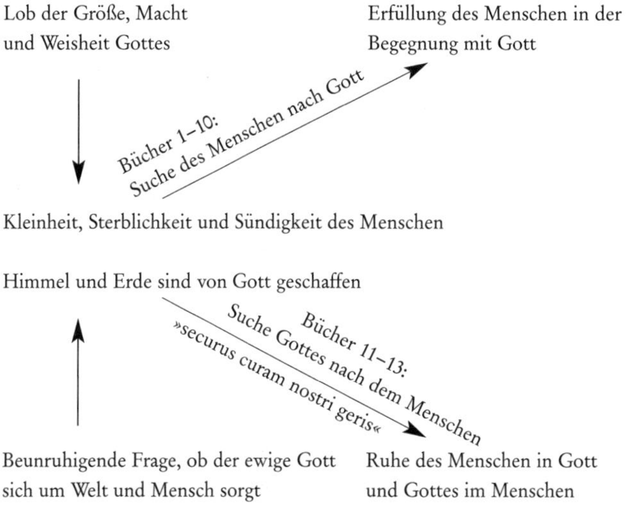

Die von Augustinus selbst hervorgehobene zweiteilige Makrostuktur der *Confessiones*[49] wird indessen überlagert von einer

[48] Vgl. Fischer: *Confessiones 11* (*CAH* 498–500); die Dichotomie läßt sich weiter konkretisieren: ›confessio peccati‹–›confessio laudis‹; ›mala mea‹–›bona mea‹; ›uita mortalis‹–›uita uiua‹; ›cor inquietum‹–›quies in deo‹.

[49] Der erste Teil (Buch 1–10: ›de me‹) geht vom suchenden Ich aus und führt zur Begegnung mit Gott; der zweite Teil (Buch 11–13: ›de scripturis sanctis‹) geht vom Wort der Schrift aus und führt zum vernünftig reflektier-

dreiteiligen Struktur. Die Gliederung der *Confessiones* in drei Teile ist orientiert an Stufen des Werdegangs, wie er sich laut Augustinus im suchenden Menschen ereignet. Die drei Stufen des Wegs zur Erfüllung, deren jeder Mensch bedarf und die jeder Mensch auch auf die eine oder andere Weise wirklich sucht, lassen sich unter mehreren Gesichtspunkten erläutern.[50] Diese Gesichtspunkte, von denen nun einige erwähnt werden, belegen noch einmal, daß die *Confessiones* ein vielschichtiges Werk sind, dessen formale und inhaltliche Strukturen verschiedene Ansichten gewähren, die durchaus Wahres treffen.

Von den faktischen Wegen seiner Suche in der Zeit und in der mit Sinnen wahrnehmbaren Welt, die er in seinem vergangenen Leben durchschritten hat, die im Gedächtnis aufbewahrt sind und in Erzählungen vergegenwärtigt werden können, spricht Augustinus im ersten Teil (Bücher 1–9).[51] Im zweiten Teil (Buch 10) geht es ihm um das innere Geschehen und die Anschauung der Selbstgegenwart des Geistes. Zwar kann er das Gesuchte nicht aus eigener Kraft finden, so daß er insofern der Unsicherheit und Zweideutigkeit verhaftet bleibt; er nimmt jedoch unversehens und plötzlich wahr, daß ganz Anderes, daß Gott selbst seine Sehnsucht geweckt hat, daß nur Gott ihn in die Beziehung zu Gott gerufen haben kann. Weil diese Beziehung bislang nur geweckt, aber noch nicht zu ihrem beseligenden Ziel

ten Glauben an die Vollendung der menschlichen Sehnsucht in der liebenden Beziehung aller Menschen mit Gott.

[50] Es sei darauf hingewiesen, daß weitere Differenzierungen der Binnenstrukturen innerhalb dieser drei Teile vorgenommen werden könnten. Im Rahmen dieser Einführung wird jedoch nicht auf sie eingegangen.

[51] Festzuhalten wäre, daß die Welt nicht nur problembeladen ist, sondern auch der Ort verantwortlichen Lebens, obwohl Augustinus das in den *Confessiones* kaum erwähnt; vgl. aber die Rolle der ›seruitus‹ (2) und der ›fraterna caritas‹ (3). Dieser Mangel ist gravierend, sofern der Frage, ob ein Wille der bestmöglichen Ordnung von allem dient, laut Augustinus großes Gewicht zukommt. Da das Moralprinzip (*lib. arb.* 1,15: »iustum est, ut omnia sint ordinatissima«) auf ein höchstes Gut in der Welt zielt, scheint der Ausweg einer rigiden Enthaltsamkeitsethik verfehlt zu sein (vgl. *conf.* 10,40 ff.); zum höchsten Gut vgl. Fischer: *bonum*, in: *A–L* 1, bes. 674–678.

gelangt ist, muß Augustinus über die zweite Stufe seiner Suche hinausgehen und sich für Transzendentes öffnen, das höher als sein Höchstes und innerlicher als sein Innerstes ist.[52] Das geschieht auf der dritten Stufe (Bücher 11–13), auf der Augustinus sich in der Meditation des Gotteswortes dem Ewigen zuwendet, mit dem er die gläubige Erwartung einer absoluten Zukunft im eschatologischen Reich Gottes verbindet.

Wenn man annimmt, daß die ersten neun Bücher das Leben Augustins im Bereich der äußeren Erfahrung (›foris‹) durch Erzählungen abschreiten, so ergäbe sich, daß Augustinus im zehnten Buch mit seiner Frage, wer er selbst in seinem Inneren sei, sein Leben in der inneren Erfahrung (›intus‹) reflektiert. Die Reflexion auf sich selbst ist der Schritt, den der suchende Mensch noch aus eigener Kraft gehen kann. Sofern er in sich aber nicht das erfüllende Ziel seiner Suche findet, erkennt der Suchende, daß ein weiterer Schritt notwendig bleibt, den er nicht selbst gehen kann. Dieser dritte Schritt führt in eine Wirklichkeit, die Augustinus als ein Innerstes (›intimum‹) begreift, das dem Suchenden innerlicher ist als sein Innerstes. Es muß folglich zugleich als immanent und als transzendent bezeichnet werden.[53] Diese Wirklichkeit denkt Augustinus als Erfüllung der tiefsten Sehnsucht des Menschen, aber so, daß die Erfüllung durch die Beziehung zu Gott als einem Anderen zustandekommt, dem sich der suchende Mensch nur öffnen kann.

Wer an die Erfüllung seiner Sehnsucht in Gott zu glauben vermag, will Gott ganz gewiß loben. Da Menschen aber uner-

[52] Vgl. *conf.* 3,11: »tu autem eras interior intimo meo et superior summo meo.« Das Transzendieren zum Höchsten und Innersten geschieht nicht durch *Selbstübersteigung*, sondern dadurch, daß der Mensch sich für eine höhere Wirklichkeit öffnet (1: »affectum nostrum patefacimus in te confitendo tibi«).

[53] Diese Denkfigur findet sich an zahlreichen Stellen im Werk Augustins. Besonders deutlich sagt Augustinus in *De animae quantitate* 77, daß nichts verborgener sei als Gott, aber auch nichts gegenwärtiger als er; daß sich der Ort, an dem er sei, schwer finden lasse, noch schwerer aber ein Ort, an dem er nicht sei: »quo nihil sit secretius, nihil praesentius, qui difficile inuenitur, ubi sit, difficilius, ubi non sit«.

wünschtes Schlechtes anhaftet, ohne daß sie es leicht abschütteln könnten, versteht sich das Gotteslob nicht von selbst. Das Gute, das Menschen zuweilen auszeichnet, schreiben sie gerne sich selbst zu; dennoch ist unklar, wem sie es wirklich verdanken.[54] Gegen die Meinung, das Schlechte, das Menschen anhaftet, habe andere Ursachen als den menschlichen Willen, und das Gute, das Menschen auszeichnet, sei jedes Menschen Verdienst, setzt Augustinus einen scharfen Kontrapunkt. Er erklärt, das Gute am Menschen sei Werk und Gabe Gottes, das Schlechte aber Schuld des Menschen und Strafe Gottes (*conf.* 10,5: »bona mea instituta tua sunt et dona tua, mala mea delicta mea sunt et iudicia tua«). Wenn damit gesagt wäre, Gott allein sei Ursprung alles Guten, Ursprung alles Schlechten aber sei allein der Mensch, möchte dem Menschen wohl der Atem fehlen, mit dem er das Gotteslob aussprechen könnte.[55]

Nur wer trotz aller Widrigkeiten diesen Atem hat, nur wer im Glauben an Gott und an die Liebe Gottes zum Menschen den Weg zu seiner eigenen Befreiung erkennen kann, wird für den dritten Schritt offen, in dem der suchende Mensch bekennt, daß er seiner höchsten Sehnsucht nur dann treu bleiben kann, wenn er deren endgültige Erfüllung erst in einer absoluten Zukunft erwartet, also in einem Reich Gottes, einer heiligen Gemeinschaft freier Bürger, die mit Gott ohne Ende währt

[54] Vgl. dazu beispielsweise auch Kants Bemerkung, daß uns die »eigentliche Moralität unserer Handlungen (Verdienst und Schuld) [...] gänzlich verborgen« bleibt (*KrV* B 579 Anm.).

[55] Darin besteht das berechtigte Anliegen von Flasch: *Logik des Schreckens*. Bei strikter Zuordnung des Guten allein zu Gott, des Schlechten aber zum Menschen wäre zu fragen, wie lauter ein Mensch Gott loben kann, der sich stets auf der Verliererseite findet und seinen Schöpfer nur um Gnade anflehen kann. Wer sieht, wie unbeschwert Augustinus das Gotteslob vorträgt, kann stutzig werden und zweifeln, ob sein Satz auf eine ontisch eindeutige Zuordnung zielt. Womöglich spricht Augustinus nicht aus einer panoramahaften Perspektive, weil er sich nicht anmaßt, als Richter über die Zuordnung von gut und schlecht zwischen Gott und Mensch urteilen zu können. Vielleicht verweist er nur auf faktische Schwächen, die sich in der Situation des Menschen finden.

(3: »regnum tecum perpetuum sanctae ciuitatis tuae«). Um eine solche endgültige Befreiung – ohne faule Kompromisse – geht es Augustinus (1: »ut liberes omnino«).

Das Ideal des Lebens, zu dem dieser dritte Schritt führt, läßt Augustinus sich durch die Bergpredigt Jesu vorgeben (*Mt* 5,3–9): demnach sollen wir arm sein im Geiste, sanft und trauernd, hungernd und dürstend nach Gerechtigkeit, barmherzig, lauteren Herzens und friedenstiftend. Dieses Ideal belegt, daß es im dritten Schritt nicht um die Auflösung des Endlichen im Unendlichen geht, sondern um die Vollendung des Endlichen als Endlichen. Zwar sehnt er sich nach dem Ende der Flüchtigkeit des Zeitlichen, dennoch erhofft er von der Ewigkeit keine *Entzeitlichung der Zeit*, sondern die *Entflüchtigung des Zeitlichen.* Um das Ideal seiner höchsten Hoffnung denken zu können, fragt Augustinus, was Zeit ist. Schon durch seine Natur stemmt der Geist sich der Flüchtigkeit des Zeitlichen entgegen: er erinnert sich des Vergangenen, er schaut das Gegenwärtige an und erwartet das Zukünftige. Indem er sich in die flüchtigen Zeiten streckt, um ihnen Bestand zu geben, wird er zum Symbol der Entflüchtigung des Zeitlichen (›distentio animi‹), gelangt er in die Beziehung zum Ewigen, die Zeitlichem möglich ist. Die dreiteilige Kompositionsstruktur der *Confessiones* läßt sich demnach in folgendem Schema darstellen, das den in den *Confessiones* zurückgelegten Weg konkretisiert, aber nicht starr durchgeführt ist:

Bücher 1–9	Buch 10	Bücher 11–13
Erzählung (narratio)	Reflexion (cognoscere se)	Meditation (meditari in lege tua)
Vergangenes (praeterita)	Gegenwärtiges (praesentia)	Zukünftiges (futura)
Gedächtnis (memoria)	Anschauung (contuitus)	Erwartung (expectatio)
in der Zeit (in tempore)	jetzt (nunc)	in der Ewigkeit (in aeterno)
außen (foris)	innen (intus)	Innerstes (intimum)
glauben (credere)	suchen (quaerere)	finden (inuenire)
Welt	Seele	Gott

4. Zur Kompositionsstruktur des elften Buches

Im Prooemium des elften Buches bestimmt Augustinus sowohl die Aufgabe der abschließenden Bücher als auch deren Verhältnis zu den vorausgegangenen Büchern. Laut der schon erwähnten Erklärung der *Retractationes* beziehen sich die drei letzten Bücher auf die Autorität des geschriebenen Gotteswortes in den *Heiligen Schriften*, von dem er sich sagen läßt, daß Gott Zeit und Welt geschaffen hat. Aus dem Glauben an dieses Wort folgt die Überzeugung, daß die Zeiten nicht nichtig sein können, wenn immer der ewige Gott sie geschaffen hat. In der Rückkehr des suchenden Geistes zu sich selbst endet der Weg zur Wahrheit also noch nicht (*uera rel.* 72).

Den ungelösten Aufgaben, die in der inneren Erfahrung zum Vorschein kommen, treten einerseits augenblickhafte Gewißheiten entgegen,[56] andererseits aber nun auch die göttliche Weisung in den *Heiligen Schriften*, deren Inhalt zunächst dunkel, befremdlich und denkerisch nicht ableitbar ist.[57] Angesichts der Einsicht, daß er die sich stellenden Aufgaben nicht allein aus eigener Kraft zu lösen vermag, versucht Augustinus, vernünftig ausgewiesene Klarheit durch die Meditation dessen zu erlangen,

[56] Vgl. beispielsweise *conf.* 8,29 mit dem »tolle, lege«; in dem das ›spitze Nun der Zeit‹ (8,25: »punctum ipsum temporis«; Übersetzung hier nach Bernhart: *Confessiones/Bekenntnisse*, 409) an Augustinus herantritt und ihn dorthin zu springen lockt, von wo es ruft (8,26: »transilire quo uocabar«); vgl. außerdem *conf.* 9,24; 10,38.

[57] Vgl. den wiederholten Hinweis (*conf.* 7,13f.), daß die Schriften der Platoniker zwar nahe an die Wahrheit heranführten, wie sie im Prolog des *Johannes-Evangeliums* verkündet ist, wenn auch nicht in denselben Worten, aber mit zahlreichen und vielfältigen Vernunftgründen belegt (*conf.* 7,13: »et ibi legi non quidem his uerbis, sed hoc idem omnino multis et multiplicibus suaderi rationibus«); Augustinus betont aber auch, daß er Entscheidendes bei den Platonikern nicht gefunden habe (*conf.* 7,13: »non ibi legi«; 7,14: »non ibi legi«, »non habent illi libri«, »non est ibi«); dabei geht es vor allem um die Menschwerdung Gottes, also um eine Beziehung, die von Gott ausgeht und in der Gott sich auf die Menschenwelt richtet. Noch in *De ciuitate dei* erklärt Augustinus, daß uns niemand näher gekommen sei als die Platoniker (*ciu* 8,5): »nulli nobis quam isti propius accesserunt.«

was er einerseits in augenblickhaften Gewißheiten erfahren hat und was andererseits in den *Heiligen Schriften* zu finden ist. Die Unsicherheit und Zweideutigkeit der Selbsterkenntnis, die sich aus der Reflexion seiner äußeren und seiner inneren Erfahrung ergeben hat, bewegt ihn folglich dazu, auf Anderes zu hören, allerdings zugleich in der Absicht, das Gehörte auch zu verstehen. Augustins Programm lautet somit (5): »audiam et intelligam«. Diesem Programm gehorcht die Durchführung; es wird gleichsam zu einem Stilprinzip der Untersuchung, das zur Folge hat, daß in einigen Paragraphen gehäuft Worte der Schrift präsentiert werden, in anderen aber die denkerische Auseinandersetzung mit den allgemein zugänglichen Phänomenen der äußeren und der inneren Erfahrung überwiegt.

Wenn man die ausdrückliche Untersuchung der Frage, was Zeit ist (17: »quid est enim tempus?«), als den Kern des elften Buches versteht, so ergibt sich, daß die Paragraphen 1–16 als Hinführung zu dieser Untersuchung zu gelten haben. Ihren Abschluß fände die Untersuchung der Zeit dann mit dem Paragraphen 38, in dem das gefundene Resultat in der Deskription einer phänomenal gegebenen Wirklichkeit noch einmal abschließend konkretisiert und verdichtet wird. Insofern sind die Paragraphen 39–41 als in die Transzendenz weisende Antwort auf die Fragen des elften Buches von der eigentlichen Zeituntersuchung abzusondern. Die ersten vier der einleitenden Paragraphen fungieren als Prooemium des elften Buches, aber zugleich auch als Prooemium der drei letzten Bücher der *Confessiones*, sofern diese allesamt unter der Perspektive einer *Genesis*-Exegese betrachtet werden können. Diese Exegese leitet Augustinus äußerlich mit dem Hinweis ein, daß er nun nicht mehr erzählen will (1), daß er nicht mehr die Ermutigungen, Schrecknisse, Tröstungen und Fingerzeige zur Sprache bringen will, durch die er in die Beziehung zu Gott gekommen ist, in der er sich faktisch sieht. Nachdem er seine Geschichte erzählt und reflektiert hat, will er sich nunmehr der Meditation des Gotteswortes widmen (2). Diese Meditation bekommt ihr bestimmendes Thema durch die ersten Worte der *Genesis* zugewiesen: Augustinus erklärt, daß er hören und einsehen will, wie Gott am Anfang Himmel und Erde geschaffen hat (5: »audiam et intelligam, quomodo ›in principio‹ fecisti ›caelum et terram‹«).

Augustinus verwickelt sich in der Exegese dieses Schriftwortes, das eine ursprüngliche Beziehung Gottes zur Welt impliziert und die positive Beantwortung der Ausgangsfrage des elften Buches nahelegt,[58] indessen in immer größere Schwierigkeiten. Er läßt sich durch die Frage bedrängen, ob im ewigen Gott, wenn er die Welt geschaffen hat, nicht irgendwann eine neue Bewegung (›motus nouus‹) oder ein neuer Wille (›uoluntas noua‹) aufgetreten sein muß (12). Zwar gelingt es ihm zunächst, sich dieser Schwierigkeit zu entziehen: denn wenn Gott die Zeiten selbst geschaffen hat (15: »id ipsum enim tempus tu feceras«), wird die Frage sinnlos, was er tat, bevor er die Welt geschaffen hat (12 und 14), weil er dann vor den Zeiten ist und den Zeiten nicht in der Zeit vorausgeht (16). Gleichwohl bleibt die Frage unbeantwortet, wie Ewiges Ursprung von Zeitlichem sein kann. Die Frage nach dem Verhältnis von Ewigkeit und Zeit ist bisher nicht nur ohne Antwort, sondern auch ohne Grundlage,

[58] Die Frage lautete, ob Gott in seiner Ewigkeit von sich aus eine Beziehung zum Zeitlichen hat. Hintergrund ist der Gedanke der unbedürftigen Allgenugsamkeit Gottes, wie er in der Theologie des Aristoteles zum Ausdruck zu kommen scheint, der Gott als das ›Göttlichste und Allerwürdigste‹ denkt. Sofern *Veränderung* ›immer zum Schlechteren führt‹, wäre Gott unveränderliches Denken, das nur sich denkt und also ›Denken des Denkens‹ ist; *Mp* XII, 1074 b 25 f. (δῆλον τοίνυν ὅτι τὸ θειότατον καὶ τιμιώτατον νοεῖ, καὶ οὐ μεταβάλλει εἰς χεῖρον γὰρ ἡ μεταβολή); 1074 b 33 ff. (αὑτὸν ἄρα νοεῖ, εἴπερ ἐστὶ τὸ κράτιστον, καὶ ἔστιν ἡ νόησις νοήσεως νόησις). Da die Fülle dessen unbekannt bleibt, was Gott denkt, wenn er das Denken denkt, ist der Grundzug dieser Theologie negativ. Sofern Gott bewegt wie das Geliebte (1072 b 3: κινεῖ δὴ ὡς ἐρώμενον) und vollkommenstes Leben ist (1072 b 28: ζωὴ ἀρίστη), ist seine Unveränderlichkeit nicht im Sinne lebloser Starrheit zu denken. Für Plotin folgt aus der Selbstgenugsamkeit des Einen, daß der Grund der Entstehung der sichtbaren Welt nicht das Eine ist (*Enneade* V 1,1): als Grund der Weltentstehung, des Selbstwerdens der Seelen in Entfernung von Gott, gilt der Fürwitz der Seelen (τόλμα) und ihr Wille, sich selbst zu gehören (τὸ βουληθῆναι δὲ ἑαυτῶν εἶναι).

weil unklar ist, wonach in dieser Frage gefragt wird.[59] Indem Augustinus solche Fragen stellt, gesteht er, daß er die gesuchte Wahrheit nicht weiß, daß er nicht zureichend weiß, was Ewigkeit ist oder was unter ihr zu verstehen ist.[60] Zudem sieht er, daß er nicht einmal weiß, was Zeit ist, obwohl er sich doch gewiß ist, in der Zeit zu leben und mit der Zeit so vertraut zu sein wie mit nichts anderem. Dieses Wissen des Nichtwissens wird ihm zum Anstoß, sich der Frage nach der Zeit zuzuwenden (17): »quid est enim tempus?«

Im Ausgang von der Ewigkeit, die durch die *Heiligen Schriften* als Ursprung der Zeit und des Zeitlichen zu glauben gelehrt wird, gelangt Augustinus zur Frage nach der Zeit, wobei sich die Zeit zunehmend als das zeigt, was Beständigkeit und damit die Beziehung zur Ewigkeit sucht. Laut Heidegger sieht Augustinus in der ›distentio‹ den »Grundcharakter der vita actionis, des

[59] Vgl. Heidegger: *Des hl. Augustinus Betrachtung über die Zeit. Confessiones lib. XI*, 3: »1.) Die Betrachtung über die Zeit ist durch die innere Fügung der Confessiones gefordert. Ja noch mehr 2.) in ihrer Zeitbetrachtung gewinnen die Confessiones erst ihr eigentliches Ziel, d.h. den metaphysischen Boden ihrer selbst. 3.) Diese Zeitabhandlung gibt so gerade erst den entscheidenden Aufschluß über dieses grandiose Werk, das man schon hoffnungslos mißverstanden hat, wenn man es unter die Selbstbiographien einreiht.« Das heißt laut Heidegger (12): »Das quaerere der Quaestio der Confessiones gerade in der Zeitbetrachtung.« Allerdings verfehlt man Augustins Intentionen auch, wenn man die Bedeutung der biographischen Passagen nicht erfaßt.

[60] Laut *conf.* 7,16 wird mit der Erkenntnis der Wahrheit zugleich die Ewigkeit erkannt (»qui nouit ueritatem, nouit eam, et qui nouit eam, nouit aeternitatem«). Auch Urteile über Weltliches setzen implizit Wissen von der Ewigkeit voraus (*conf.* 7,23: »quaerens enim, unde approbarem pulchritudinem corporum siue caelestium siue terrestrium et quid mihi praesto esset integre de mutabilibus iudicanti et dicenti: hoc ita esse debet, illud non ita, hoc ergo quaerens, unde iudicarem, cum ita iudicarem, inueneram incommutabilem et ueram ueritatis aeternitatem supra mentem meam commutabilem«). Laut *conf.* 8,1 ist Augustinus sich der Ewigkeit Gottes gewiß (»de uita tua aeterna certus sum«). Nikolaus von Kues fragt, ob überhaupt etwas gewußt werden könne, wenn Gott unbekannt sei; vgl. *De venatione sapientiae* XII,31 (*Schriften I*, 51): »an deo ignorato sciri aliquid posset«.

Seins des menschlichen Verhaltens«; diese ›distentio‹ erstreckt sich als Erinnerung (›memoria‹) in die Vergangenheit, als Anschauung (›contuitus‹) in die Gegenwart und als Erwartung (›expectatio‹) in die Zukunft.[61] Die nüchterne Untersuchung der Zeit läßt, wie sich am Ende zeigen wird, deren wesenhafte Beziehung zur Ewigkeit so hervortreten, daß sie als die entscheidende Mitte im Spannungsbogen von der Ruhelosigkeit des menschlichen Herzens bis zur erhofften wechselseitigen Ruhe des Menschen in Gott und Gottes im Menschen erscheint (*conf.* 1,1 und 13,52 f.).

Falls es in der Frage nach dem Sein der Zeit um das Sein des menschlichen Verhaltens geht, also um Sein und Sinn des menschlichen Daseinsvollzugs überhaupt (›vita actionis‹), und falls dieser Daseinsvollzug in seiner Zeitlichkeit in der Tat eine innere Beziehung zur Ewigkeit hat, dann versteht sich, warum Augustinus zu Beginn der *Confessiones* darauf verwiesen hat, daß der Mensch auf Gott hin geschaffen sei (*conf.* 1,1: »quia fecisti nos ad te«).[62] Augustinus hofft, daß der Weg des Menschen, der auch bei der Untersuchung der Zeit über die Tätigkeit in der äußeren Welt und die Reflexion der eigenen Innerlichkeit führt, schließlich sein Ziel erreicht, auch wenn es dem Menschen unzugänglich bleibt, solange er sich nur auf seine eigene Kraft verläßt. Die Zeitabhandlung besteht aus zwei Anläufen.[63] Der Weg beider Anläufe geht jeweils von der Wendung nach außen aus (›foris‹) und leitet von dort zur Rückkehr in die Innerlichkeit (›intus‹). Der erste Anlauf untersucht die verdinglichende Auffassung des alltäglichen Umgangs mit der Zeit, führt diese in die Aporie und endet mit einem ersten Hinweis auf die Funktion des Geistes in

[61] Heidegger: *Des hl. Augustinus Betrachtung über die Zeit. Confessiones lib. XI*, 10.

[62] Vgl. dazu auch Fischer: *SSZA*.

[63] Vgl. Heidegger: *Des hl. Augustinus Betrachtung über die Zeit*, 4: »Der Gang entfaltet sich auf zwei Wegen. Äußerlich lassen sie sich so festlegen: der I. Weg: XIV–XX; der II. Weg: XXIII–XXXI« (Heidegger hält sich an die Kapitelzählung; in der mit dem *A–L* bevorzugten Paragraphenzählung: 17–26 und 29–41).

der Konstitution der Zeit (17–28). Der zweite beginnt mit einer wissenschaftlich verdinglichenden Zeitauslegung, führt auch diese in die Aporie und gipfelt in der Hypothese, daß Zeit als ›distentio animi‹ zu fassen sei (29–38). Da Augustinus beide Lösungsversuche auf Grund der in ihnen verbleibenden Veränderlichkeit für unzureichend hält, läßt er die Untersuchung in die Hoffnung auf eine transzendente Überwindung der Schwierigkeiten münden (39–41). Dieser letzte Teil gehört strenggenommen nicht mehr zur Untersuchung der Zeit, ist aber durch sie vorbereitet und gibt die ersehnte Antwort, die sich allerdings auf eine in die Transzendenz weisende Hoffnung stützt.

Der Beginn mit der Wendung nach außen (›foris‹) weist auf das Phänomen, daß das Zeitliche unabhängig von einer Tätigkeit des fragenden Subjekts stets vorübergeht und stets neu ankommt (17: ›praeterire‹ und ›aduenire‹).[64] Die Hinweise auf das Nichtmehrsein des Vergangenen, das Nochnichtsein des Zukünftigen (17: »praeteritum iam non est et futurum nondum est«) und die Zersplitterung der Zeit in die Ausdehnungslosigkeit des Gegenwärtigen (20: »praesens autem nullum habet spatium«) befestigen den Verdacht, daß die Zeit nur insofern ist, als sie zum Nichtsein strebt (17: »ut scilicet non uere dicamus tempus esse, nisi quia tendit non esse«).

Die Flüchtigkeit des Zeitlichen bleibt innerhalb des alltäglichen Gebrauchs folgenlos, sofern sich für dessen Belange zureichend genau und verständlich von langer und kurzer Zeit sprechen läßt (18–21). Sobald das alltägliche Reden von langer und kurzer Zeit jedoch auf die Probe gestellt wird, leuchtet es ein, daß dieser Sprachgebrauch mit vernichtenden Schwierigkeiten belastet ist. Denn offenbar kann Vergangenes nicht lang oder kurz sein, weil es gar nicht mehr ist, gleiches gilt für Zukünftiges, weil dies noch nicht ist; Gegenwärtiges aber kann weder lang noch kurz sein, weil es ohne Ausdehnung ist. Diese Einsicht, die innerhalb der alltäglichen Auffassung vom Sein der

[64] Da Augustinus Gott als den Schöpfer der Zeit annimmt, redet er keiner ursprünglichen Konstitution der Zeit durch endliche Subjekte das Wort; vgl. auch 3: »ad nutum tuum momenta transuolant«.

Zeit und des Zeitlichen unmittelbar einleuchtet, unterhöhlt eben diese Auffassung, so daß die Möglichkeit zu schwinden scheint, der Zeit und dem Zeitlichen irgendein Sein zuzusprechen. Die Prüfung der alltäglichen Auffassung der Zeit führt in die erste Aporie, weil Zeit und Zeitliches sich dem verdinglichenden Zugriff entziehen. Nach einem kurzen Gebet (22) setzt Augustinus zwar noch einmal beim alltäglichen Sprachgebrauch an, streicht aber – gewitzigt durch dessen Prüfung – die unbedacht vollzogenen Implikationen weg, die gewöhnlich mit ihm verbunden werden.[65]

Da für Augustinus feststeht, daß Zeitliches wahrgenommen wird und nicht wahrgenommen werden könnte, wenn ihm überhaupt kein Sein zukäme, führt die erste Aporie nicht zum endgültigen Scheitern der Untersuchung, sondern zu einer Kehrtwendung des Blicks. In dieser Kehrtwendung tritt die Funktion des menschlichen Geistes hervor, durch die es möglich wird, weiter vom Sein der Zeit und des Zeitlichen zu sprechen.[66] Den Mut zur Rückkehr zu sich selbst (›intus‹) gewinnt Augustinus zunächst durch die Annahme, daß die alltägliche Überzeugung nicht ganz grundlos sein kann, weil es dann unmöglich wäre, Zukünftiges vorauszusagen oder Vergangenes zu erzählen (22). Gegen die Konsequenz der Einsicht, daß Zukünftiges noch nicht, Vergangenes nicht mehr und Gegenwärtiges ausdehnungslos ist, steht die Tatsache, daß Ereignisse vorausgesagt und erzählt werden, daß also sowohl das Zukünftige ist, das vorausgesagt wird, als auch das Vergangene, das erzählt wird, weil beide im Geist gegenwärtig sind. Folglich kommt auch dem Zukünftigen und dem Vergangenen *Sein* zu (22: »sunt ergo et futura et praeterita«). Den Grund der Gegebenheit des Seins von Zukünftigem und Vergangenem entdeckt Augustinus in einer Handlung (›actio‹) des Geistes, nämlich in der Vergegenwär-

65 Vgl. Heidegger: *Des hl. Augustinus Betrachtung über die Zeit*, 2: »denn die Zeit vergeht ja doch ständig. Sie ist Zeit, als so[l]che vorhanden gerade in dem sie vergeht, abhanden kommt. Mithin ist sie und ist wieder nicht«.

66 Vgl. dazu auch Platon: *Politeia* 518 d mit der Kunst der Umlenkung des Blicks (τέχνη τῆς περιαγωγῆς).

tigung des Vergangenen durch das Gedächtnis (›memoria‹), des Zukünftigen durch das Vorbedenken (›praemeditatio‹).

Die Haltbarkeit dieser Annahme wird in einer Vergegenwärtigung von Zukünftigem am Beispiel der Wahrnehmung eines Sonnenaufgangs überprüft.[67] Durch die Möglichkeit der Voraussage von Zukünftigem aus gegenwärtig Gegebenem gelangt Augustinus auf die Spur seiner ersten Antwort auf die Frage nach dem Sein der Zeit.[68] Das Argument, das in die Aporie geführt hat, bleibt gültig, so daß es unangemessen bleibt, von Vergangenheit, Gegenwart und Zukunft als den drei Zeiten zu sprechen (26: »nec proprie dicitur: tempora sunt tria, praeteritum, praesens et futurum«). Vielmehr müsse es sachgemäß heißen, die drei Zeiten seien die Gegenwart von Vergangenem, die Gegenwart von Gegenwärtigem und die Gegenwart von Zukünftigem (26: »sed fortasse proprie diceretur: tempora sunt tria, praesens de praeteritis, praesens de praesentibus, praesens de futuris«). Alle drei Zeiten sind offenbar im Geiste gegenwärtig und nicht anderswo zu sehen (26: »sunt enim haec in anima tria quaedam et alibi ea non uideo«). Die Gegenwart von Vergangenem findet sich im Gedächtnis (›memoria‹), die Gegenwart von Gegenwärtigem in der Anschauung (›contuitus‹), die Gegenwart von Zukünftigem in der Erwartung (›expectatio‹).

Obwohl damit das Sein der Zeit durch die Gegenwart des Zeitlichen im Geist erfaßt zu sein scheint, endet der Gedanken-

[67] Flasch (*WiZ* 311) meint, für Augustinus sei »der Umweg des Wissens über das Sinnliche peinlich«. Wer Augustins konkretes Verfahren verfolgt, bemerkt, daß das Gegenteil der Fall ist, da Augustinus seine Thesen immer wieder an sinnlich Gegebenem überprüft – und diesen Weg zudem mit großer Selbstverständlichkeit geht.

[68] Bevor Augustinus diese erste Antwort vorträgt, gesteht er, daß die Weise der Gegebenheit des Zukünftigen seinen Horizont und seine Kraft allzusehr übersteigt (25: »nimis longe est modus iste ab acie mea«). Dieses Geständnis entspricht übrigens auch der Einsicht aus der ›memoria‹-Analyse des zehnten Buches, daß er sich selbst, sein eigenes Sein, nicht vollständig zu erfassen vermag (*conf.* 10,15): »et uis est haec animi mei atque ad meam naturam pertinet, nec ego ipse capio totum, quod sum. ergo animus ad habendum se ipsum angustus est«.

gang doch wieder mit dem Eingeständnis der Aporie. Zunächst läßt diese Lösung nämlich unbekannt, woher die Zeit kommt, wodurch und wohin sie geht, wenn sie gemessen wird (27: »sed unde et qua et quo praeterit, cum metitur?«). Weil anzunehmen ist, daß Zeiten und Zeitliches nicht nur in der Gegenwart des Geistes, sondern auch etwas an sich selbst sind, da sie sich meßbar in eine Ausdehnung erstrecken (27: »quid autem metimur nisi tempus in aliquo spatio«), tritt erneut die Rätselhaftig-keit dessen hervor, was zu durchschauen Augustins Geist entbrannt ist (28: »exarsit animus meus nosse istuc implicatissimum aenigma«). In beschwörenden Gebetsworten beginnt der zweite Anlauf zur Begründung des Seins der Zeit mit der Meinung eines Gelehrten, der die Bewegungen von Sonne, Mond und Sternen selbst als Zeiten behauptet (29: »audiui a quodam homine docto, quod solis et lunae ac siderum motus ipsa sint tempora«). Der Blick wird also erneut auf eine äußere Wirklichkeit gerichtet (›foris‹).

Ebenso gründlich wie die Verdinglichung der Zeit im alltäglichen Sprechen wird die Rede von der Zeit im Kontext der Wissenschaft entkräftet, sofern die Zeit dort ebenso verdinglicht wird. Obwohl es Augustinus weniger darum zu tun ist, die Möglichkeit der Zeitmessung zu begründen, sondern Kraft und Wesen der Zeit zu wissen, durch die sich dann allerdings auch die Bewegungen von Körpern messen lassen (30: »ego scire cupio uim naturamque temporis, quo metimur corporum motus«), kommt er nicht umhin, die Beziehung der Bewegung (›motus‹) zur Dauer (›mora‹) zu untersuchen. Vor diesem Hintergrund spricht er nun erstmals zögernd davon, daß die Zeit eine Art von Erstreckung sei (30: »uideo igitur tempus quandam esse distentionem«). Damit treten zwei Bedingungen der Möglichkeit der Zeitmessung hervor, nämlich die Bewegung eines Körpers und die sich auf die Länge der Bewegung richtende Aufmerksamkeit des wahrnehmenden Geistes (31: »itaque aliud sit motus corporis, aliud, quo metimur quandiu sit«).

Obwohl Augustinus annimmt, auf die Spur der wahren Antwort gekommen zu sein, bekennt er, noch nicht zu wissen, was Zeit ist (32). Zwar wähnt er sich im Besitz negativen Wissens (31: »non est ergo tempus corporis motus«), glaubt aber nicht einmal zu wissen, was er nicht weiß (32: »nescio saltem quid nesciam«). Was er weiß, ist eine Wahrheit, die er in seinem Inneren findet (›intus‹), daß sein Geist sich nämlich auf die Zeiten ausstreckt, um dem Zeitlichen selbst Gegenwärtigkeit zu verschaffen. Im Sichausstrecken des Geistes (33: ›distentio animi‹) hat die Zeit Sein, in seinem Sichausstrecken will er dem Zeitlichen gegenwärtiges Sein sichern. Nachdem diese Antwort genannt ist, wird sie am Ertönen einer körperlichen Stimme überprüft, also einem sinnlich wahrnehmbaren Geschehen (34: »ecce puta uox corporis incipit sonare et sonat et adhuc sonat et ecce desinit«). Die Betrachtung dieser Erfahrung läßt Augustinus zuversichtlich sagen, daß er in seinem Geist die Zeiten messe (36: »in te, anime meus, tempora metior«).

Inhalt und Sinn des Ergebnisses verdeutlicht Augustinus durch die Analyse der Phänomene, die jedem geläufig sind, der ein ihm bekanntes Lied vorträgt (38). Dabei streckt sich der Geist, bevor mit dem Singen begonnen wird, in der Erwartung auf das ganze Lied aus; nachdem begonnen wurde, streckt er sich in der Erinnerung auf das schon Gesungene, in der Aufmerksamkeit auf das gegenwärtige Singen und in der Erwartung auf das noch zu Singende. Dieses Sichausstrecken währt so lange, bis das ganze Lied gesungen ist: dann ist die Handlung ganz geworden, dann ist sie aber auch zu Ende gekommen und ganz in die Erinnerung übergegangen.

Das Singen eines solchen Liedes von seinem Beginn bis zu seinem Ende begreift Augustinus als Beispiel einer vollendeten endlichen Handlung (38: »tota illa actio finita«) und zugleich als Symbol des Lebens jedes einzelnen Menschen (»hoc in tota uita hominis«) und des Weltlaufs insgesamt, der die Lebenszeiten aller Menschen umfaßt (»hoc in toto saeculo ‹filiorum hominum›, cuius partes sunt omnes uitae hominum«). Der menschliche Geist, der in der Zeit lebt und das in ihr Geschehende trotz der Flüchtigkeit des Zeitlichen zu bewahren sucht (»uita huius actionis«), streckt sich in der Erinnerung auf das Vergangene und in der Erwartung auf das Zukünftige aus; in diesem Sichausstrecken wird er so zerstreckt, daß er sogar sein eigenes Sein nur flüchtig in der Aufmerksamkeit des Augenblicks zu berühren vermag, sofern sein Leben stets darin besteht, das, was zukünftig war, so zu vollziehen, daß es zu Vergangenem wird.

Diese Handlungen des menschlichen Geistes – Erwartung, Aufmerksamkeit und Erinnerung – verleihen dem menschlichen Leben gleichwohl eine gewisse Einheit. Da sich der Geist durch sie in die Zeiten streckt, um das flüchtig und nichtig scheinende Zeitliche zu vergegenwärtigen, fungieren sie als die vor aller Erfahrung liegende Bedingung der Möglichkeit, gegen alle vorgebrachten Einwände doch von einem Sein der Zeit, der Zeiten und des Zeitlichen sprechen zu können.[69] Augustinus leidet indessen unter der Schwäche des menschlichen Geistes, nur Vorstellungen vom Zeitlichen, nicht das Zeitliche selbst, vergegenwärtigen zu können. Ebenso beklagt er seine zeitliche Endlichkeit, die alles vorgestellte Zeitliche zugleich mit untergehen läßt. So wird die Erstreckung des Geistes (›distentio animi‹) unversehens zum Gegenstand einer Klage (39: »ecce distentio est uita mea«), in der sich der in die Zeiten zersplitternde Mensch göttlicher Barmherzigkeit bedürftig bekennt. In diesem Bekenntnis knüpft Augustinus an die Ausgangsfrage nach Zeit und Ewigkeit an und drückt seine Hoffnung auf die Entflüchtigung

[69] Insofern liegt Augustins Zeituntersuchung eine transzendentalphilosophische Fragestellung zugrunde, die von Kant explizit gemacht worden ist. In der ›Transzendentalen Ästhetik‹ der *KrV* (B 46 ff.) fungiert die Zeit als ›Form des inneren Sinnes‹ und als ›formale Bedingung a priori aller Erscheinungen überhaupt‹ (B 49 f.); vgl. in *KrV* auch die Kapitel zum ›Schematismus‹ (B 176 ff.) und zur ›Antinomie der reinen Vernunft‹ (B 454 ff., 545 ff.). Da Kant zudem den ›unendlichen Progressus‹ postuliert, der eine »ins *Unendliche* fortdaurende *Existenz* und Persönlichkeit« voraussetzt (*KpV* A 219 f.), berührt er auf seine Art die Kernfragen, die Augustinus bewegen. Die Nähe zur Transzendentalphilosophie, die Flasch bestreitet (*WiZ* 197 f., 220, 365 ff.), springt formal und inhaltlich in die Augen. Obwohl »Augustins Zeittheorie« natürlich »weder die Kants noch die Bergsons, noch die Heideggers« ist (197 f.), ist es irreführend zu sagen, »daß Augustin nicht von der *Möglichkeit* zeitlicher Erfahrung von Menschen spricht« (198), daß alles »naiv realistisch gedacht, nicht transzendentalphilosophisch« sei (220).

des Zeitlichen in der Ewigkeit aus (›intimum‹). Das elfte Buch schließt mit einer Reflexion zum Verhältnis der Ewigkeit Gottes zur Zeit vor dem Hintergrund des Gedankenexperiments eines ›pollens animus‹.

Schema zur Kompositionsstruktur des elften Buches[70]

I Einleitung zu den drei letzten Büchern der *Confessiones* (1–4)

Das Problem einer Beziehung der Ewigkeit Gottes zur Zeitlichkeit des Menschen; Ende der ›miseria‹, Beginn der ›beatitudo‹. Kostbarkeit der Zeit; das zugrundliegende ›desiderium‹.

II Beginn der Schrifterklärung und Einleitung der Zeituntersuchung (5–16)

1. Die Veränderlichkeit der Welt als Index ihres Geschaffenseins (5).
2. Einsicht in den Geheimnischarakter von Gottes Schaffen durch das Wort (6–11).
3. Die Nichtzeitlichkeit des Vorausgehens Gottes vor den Zeiten (12–16).

III Die Ausarbeitung der Frage nach dem Sein der Zeit: »Quid est enim tempus?« (17–41)

1. Das Scheitern der dinglichen Auffassung der Zeit im alltäglichen Umgang mit ihr (›foris‹):
   a) Ausgangspunkt: die Phänomene der zeitlichen Veränderung (›praeterire‹, ›aduenire‹) und die Frage nach dem Sein (›esse‹) der Zeit; Tendenz der Zeit zum Nichtsein (17).

[70] Das Schema ist übernommen aus Fischer: *Confessiones 11* (*CAH* 545 f.). Alternative Schemata finden sich bei John M. Quinn: *The Concept of Time*, 8 f.; Gerd Haeffner: *Bemerkungen zur augustinischen Frage nach dem Wesen der Zeit im XI. Buch der ›Confessiones‹*, 571 ff.

   b) Das alltägliche Sprechen von langer und kurzer Zeit (›tempus longum‹, ›tempus breue‹); die Zersplitterung der Zeit in eine ausdehnungslose Gegenwart (18–20).
   c) Prüfung des natürlichen Zeitbewußtseins und Überleitung in die Aporie; Gebet (21–22).
2. Analyse der Funktion des Geistes in der Erfassung des Seins der Zeit (›intus‹):
   a) Erster Lösungsversuch: Die Gegenwart des Zeitlichen in Gedächtnis, Anschauung und Erwartung (›memoria‹, ›contuitus‹, ›praemeditatio‹) als Weg zum Sein der Zeit (23–26).
   b) Eingeständnis der Aporie: Verfehlen der Dinge selbst (›res ipsae‹) und das Problem der Zeitmessung angesichts der Ausdehnungslosigkeit der Gegenwart; Gebet (27–28).
3. Die Zurückweisung der wissenschaftlich verdinglichenden Zeitauffassung (›foris‹):
   a) Diskussion der scheinbar gelehrten Bestimmung des Seins der Zeit durch die Bewegung von Körpern (29–31).
   b) Eingeständnis des Nichtwissens im Blick auf die phänomenal gegebene Wirklichkeit von Verweildauern (›mora temporis‹); Gebet (32).
4. Erneute Prüfung der Tätigkeit des Geistes und Vertiefung der Auslegung (›intus‹):
   a) Hypothese: Zeit als Erstreckung des Geistes (›distentio animi‹); Untersuchung von Zeitverlauf und Zeitmessung beim Singen von Liedern (33–37).
   b) Die vollendete endliche Handlung (›tota actio finita‹) als Bild des Lebens und die Aporie des sich ausstreckenden Geistes (›distentus‹, ›extentus‹, ›intentus‹) nach Einheit (38–39).
5. Die Anknüpfung an die Ausgangsfrage nach Zeit und Ewigkeit (›intimum‹):
   a) Die Entflüchtigung (›et stabo atque solidabor‹) und Be-

wahrung der Besonderheit des Zeitlichen (›in forma mea‹) in der Ewigkeit Gottes (›in te‹) als Augustins Hoffnung (40).

b) Schlußreflexion zum Verhältnis von Zeit und Ewigkeit aus der Perspektive der Zeit; der mächtige Geist (›pollens animus‹) als fiktive Hypothese zur Klärung des Ergebnisses (41).

Augustins Untersuchung der Frage, was Zeit ist, folgt somit in ihrem Aufbau Annahmen, wie Kant sie später formuliert hat, daß nämlich »alle unsere Erkenntnis mit der Erfahrung anfange«, daß »sie darum doch nicht eben alle *aus* der Erfahrung« entspringt.[71] Er beginnt die philosophische Untersuchung mit allgemein zugänglicher Erfahrung und sucht im Ausgang von ihr deren Möglichkeitsbedingungen herauszufinden. Den ersten Anlauf der Zeituntersuchung beginnt er in der Wendung nach außen mit alltäglicher Erfahrung und gewinnt die Einsicht, daß sie durch Bedingungen ermöglicht ist, die im Inneren liegen. Nachdem er gesehen hat, daß der erste Anlauf nur zu Vorstellungen führt, nicht zum Zeitlichen selbst (zu den ›res ipsae‹), legt er die Handlungen des Geistes, in denen Vergangenes, Gegenwärtiges und Zukünftiges vergegenwärtigt wird, als Erstreckung des Geistes aus (›distentio animi‹). In seinem Sichausstrecken wird der Geist aber zerstreckt und vom Unbestand der Zeiten zerrissen, weil er das, worum er sich müht, nicht vollends zu erreichen vermag. Auch im zweiten Anlauf beginnt die Untersuchung wieder mit der äußeren Erfahrung und geht von da zu dem Inneren, das diese Erfahrung ermöglicht.

Augustinus rennt in zweimaligem Anlauf gegen die Grenzen des Unvermögens an, das Sein der Zeit, der Zeiten und des Zeitlichen entsprechend der Sehnsucht zu sichern, die den Vollzügen des menschlichen Geistes zugrundeliegt. Da er die Antwort, auf die er stößt, nicht suchen, sondern nur erhoffen konnte, hat sein Verfahren Ähnlichkeit mit dem Vorgehen Wittgensteins im

[71] Vgl. Kant: *KrV* B 1.

Tractatus logico-philosophicus.[72] Augustinus zeigt aber nicht nur auf ›das Mystische‹, auf ein ›Gefühl der Welt als begrenztes Ganzes‹, nicht nur auf etwas, wovon ›man nicht sprechen kann‹, worüber man also ›schweigen‹ muß.[73] Vielmehr spricht er die Hoffnung aus, daß das Unsagbare Gott sei und daß er in Gott und durch die Wahrheit Gottes Stand und Festigkeit gewinnen werde, aber in seiner ihm eigenen Form (40: »et stabo et solidabor in te, in forma mea ueritate tua«).

5. Erzählung – Reflexion – Meditation: das Zeitproblem im Gesamtplan der Confessiones

Die Betrachtung des Sinnes der Erzählungen aus seinem Leben stößt Augustinus auf die Rätselhaftigkeit der Frage, was Zeit ist, die man gewöhnlich für eine äußere, jedem bekannte Wirklichkeit hält. Es ist der Geist, aus dem die Frage nach der Zeit entspringt und auf den sie zurückschlägt. Indem er durch diese Frage auf die Analyse seines eigenen Seins verwiesen wird, erhebt sich zugleich die Forderung, die Wahrheit in ihrer Konkret-

[72] Obwohl Wittgenstein (*Tlp*) sagt, daß die »*Grenzen meiner Sprache*« die »Grenzen meiner Welt« bedeuten (5.6), läßt er es mit diesen Grenzen nicht gut sein. Sprechend straft er sich gleichsam selbst Lügen, indem er Sätze formuliert, die dem Satz zuwiderlaufen, daß alle Sätze gleichwertig seien (6.4). Der Satz, in dem gesagt wird, daß sich etwas so und so verhält (4.5), wird zunächst zum Ort des möglichen Sinnes von Sätzen. Am Ende des *Tractatus* wird dieser begrenzte Sinn aber durchaus aufgebrochen. Nachdem Wittgenstein gesagt hat, daß alle Sätze gleichwertig seien (6.4), fährt er fort (6.41): »Der Sinn der Welt muß außerhalb ihrer liegen. In der Welt ist alles wie es ist und geschieht alles wie es geschieht: es gibt *in* ihr keinen Wert – und wenn es ihn gäbe, so hätte er keinen Wert. / Wenn es einen Wert gibt, der Wert hat, so muß er außerhalb alles Geschehens und So-Seins liegen. Denn alles Geschehen und So-Sein ist zufällig. / Was es nicht-zufällig macht, kann nicht *in* der Welt liegen; denn sonst wäre dies wieder zufällig. / Es muß außerhalb der Welt liegen.«

[73] Wittgenstein: *Tlp* 6.44, 6.45, 7; auch Augustinus betont indessen die Unbegreiflichkeit Gottes; vgl. *conf.* 1,10 oder *s.* 117,5: »de deo loquimur, quid mirum si non comprehendis? si enim comprehendis, non est deus«.

heit zu suchen. Indem er sieht, daß ihm sein eigenes Sein nur in der Erinnerung an Vergangenes, in der Aufmerksamkeit auf Gegenwärtiges und in der Erwartung von Zukünftigem gegeben ist, erkennt er, daß den Tätigkeiten des Geistes Sein nur zukommt, sofern sie mit konkreten Inhalten aus seinem eigenen Leben und Streben gefüllt sind. Es sind ursprünglich stets nur Einzelne, die Zukünftiges erwarten, ihre Aufmerksamkeit auf Gegenwärtiges richten und sich an Vergangenes erinnern. Es ist konkret je meine Erwartung, meine Aufmerksamkeit und meine Erinnerung, in der Zeitliches gegenwärtig sein kann, sei das Zeitliche nun unmittelbar erlebt oder sei es durch Berichte anderer zugänglich geworden.

Das Projekt der *Confessiones* bezeugt die Einsicht ihres Autors, daß die Vergegenwärtigung des wirklichen Lebens eine zentrale Aufgabe des Denkens ist.[74] Die Lösung dieser Aufgabe fordert die Konkretion zeitlicher Abläufe durch Erzählungen (›narrationes‹) aus dem je eigenen Leben. Ohne Erzählungen bleiben die Strukturen des Lebens abstrakt, durch sie erst tritt zu Tage, wie dieses Leben zunächst und zumeist und immer schon ist, und wie es eigentlich ganz es selbst sein kann. Das Erzählen setzt indessen voraus, daß der Geist den Gang zurück zu sich selbst schon angetreten hat, da es von vornherein des Bezugs auf die eigene Innerlichkeit bedarf und gleichsam auf den Anspruch antwortet, der mich zur Bearbeitung der Frage ruft, wer ich selbst in meinem Inneren bin (»quid ipse intus sim«). Es belegt zudem konkret, daß der Suchende *ist*, indem er sich in die Zeiten ausstreckt, daß sein Geist *als Erstreckung* in die Zeiten existiert (›distentio animi‹). Insofern weisen die er-

[74] Ähnlich revolutionär war das Verfahren Platons, Sokrates als Muster eines Philosophierenden zu einem entscheidenden Angelpunkt seiner Schriftstellerei zu machen; vgl. vor allem die Dialoge zum Prozeß und zum Tod des Sokrates (bes. *Apologie*, *Kriton*, *Phaidon*) und dessen zentrale Rolle in fast allen Dialogen. Zu beachten ist auch, daß die Biographie des Sokrates den Zeitgenossen nicht unbekannt war und daß Platon selbst wichtige Züge dieser Biographie hervorhebt (vgl. *Symposion* 215 a ff.; *Siebenter Brief* 324 b ff.); so bindet Platon sein Philosophieren an die konkrete Existenz eines Einzelnen. Vgl. zusätzlich Xenophon: *Erinnerungen an Sokrates.*

sten neun Bücher, die weitgehend von Erzählungen bestimmt sind, auf die Reflexionen und Meditationen voraus, die Aufgabe der folgenden Bücher sind.

Von Beginn der Erzählungen an richtet Augustinus sein Augenmerk auf die Frage, was mit seiner Zeit geschehen ist, die er bereits gelebt hat und die vergangen ist.[75] Er sieht, daß sein Trachten und Sinnen zunächst unwillkürlich auf das gerichtet war, was Freude bereitet: nämlich zu lieben und geliebt zu werden (*conf.* 2,2: »et quid erat, quod me delectabat, nisi amare et amari?«). Diese Liebe war jedoch zum Scheitern verurteilt, da alles menschliche Streben sich darauf richtet, glücklich im Besitz dessen zu leben, was man liebt, und ohne Furcht, es wieder zu verlieren. Augustinus gelangt durch seine Erfahrungen in ein recht zwiespältiges Verhältnis zum Zeitlichen, das man wider Willen verlieren kann, und nimmt schließlich an, daß zu einem guten Leben des Menschen die Bereitschaft gehöre, sich mit der zeitlichen Endlichkeit des Zeitlichen abzufinden.[76] Gleichwohl erfüllt das Bewußtsein der Sterblichkeit den Menschen mit

[75] Bei der Betrachtung seines Übergangs von der Kindheit in die Knabenzeit überlegt Augustinus, wohin seine frühere Zeit entwichen ist; vgl. *conf.* 1,13: »nonne ab infantia huc pergens ueni in pueritiam? uel potius ipsa in me uenit et successit infantiae? nec discessit illa: quo enim abiit? et tamen iam non erat.« Zur nachträglichen Betrachtung des eigenen Lebenswegs vgl. auch Robert Musil: *Die Amsel*, 548: »Man ändert sich im Laufe solcher Jahre vom Scheitel bis zur Sohle und von den Härchen der Haut bis ins Herz, aber das Verhältnis zueinander bleibt merkwürdigerweise das gleiche und ändert sich sowenig wie die Beziehungen, die jeder einzelne Mensch zu den verschiedenen Herren pflegt, die er der Reihe nach mit Ich anspricht. Es kommt ja nicht darauf an, ob man so empfindet wie der kleine Knabe mit dickem Kopf und blondem Haar, der einst photographiert worden ist; nein, man kann im Grunde nicht einmal sagen, daß man dieses kleine, alberne, ichige Scheusal gern hat.«

[76] Einerseits sieht er, daß ein Mensch, der ohne Furcht zu leben wünscht, etwas Gutes will, nichts Schuldhaftes (›cupiditas non culpanda‹); vgl. *lib. arb.* 1,9: »certe enim bonum cupit, qui cupit uitam metu liberam«. Andererseits bezeichnet er die Liebe, die sich an Verlierbares klammert, als schuldhafte Begierde (›culpabilis cupiditas‹); vgl. *lib. arb.* 1,10: »quam esse iam apparet earum rerum amorem, quas potest quisque inuitus amittere.«

Furcht (*lib. arb.* 3,29: »conscientia mortalitatis timidus«). Und so wird ihm der Sinn seines zeitlichen Lebens fraglich.

Augustinus berichtet, daß er sich in der existenziellen Betroffenheit, die der Tod seines Jugendfreundes in ihm hervorgerufen hat, selbst zur großen Frage geworden ist (*conf.* 4,9: »factus eram ipse mihi magna quaestio«). Nachdem er in dieser Erfahrung sein eigenes Elend und den Verlust seiner Freude am Leben wahrgenommen hat (*conf.* 4,10: »miser enim eram et amiseram gaudium meum«), stellt er die Diagnose, daß ihn die Fesselung seines Geistes an Vergängliches ins Elend gestürzt habe (*conf.* 4,11: »miser eram, et miser est omnis animus uinctus amicitia rerum mortalium«). Er stellt fest, daß jeder Geist zerrissen wird, wenn er Geliebtes verliert, das er nicht preisgeben möchte (»dilaniatur, cum eas amittit«; vgl. auch 39: »dilaniantur cogitationes meae«). Weil er den verstorbenen Freund aber so geliebt hatte, als ob dieser nicht sterben würde (*conf.* 4,11: »quem quasi non moriturum dilexeram«), gerät er in einen Zwiespalt, der ihm die Liebe zum Leben fraglich werden läßt und der sich in einem doppelten Affekt ausdrückt, nämlich in Abscheu vor einem Leben, das so unversehens verloren gehen kann, und gleichwohl auch im Haß des Todes als seines gräßlichsten Feindes (*conf.* 4,11: »sed in me nescio quis affectus nimis huic contrarius ortus erat et taedium uiuendi erat in me grauissimum et moriendi metus«).

Bereits im Zusammenhang mit seinen Überlegungen zu der erzählten Geschichte vom Tod seines Jugendfreundes sieht Augustinus, wie sehr seine Sehnsucht an der Hoffnung hängt, daß sein Weinen von Gott gehört werde (*conf.* 4,10). Im Anklang an den ersten Psalm und an die Seligpreisungen der Bergpredigt beendet er diese Erzählung mit der Zuversicht, daß der Mensch selig sei, der Gott liebt, der den Freund in Gott liebt und den Feind um Gottes willen liebt (*conf.* 4,14: »beatus qui amat te et amicum in te et inimicum propter te«).[77] Schon hier zeigt sich, daß er sich mit der Flüchtigkeit des Zeitlichen nicht zufrieden-

[77] Die Feindesliebe um Gottes willen hängt mit der vorgängigen Liebe Gottes zusammen (vgl. *conf.* 2,1 und 1): »amore amoris tui facio istuc«. Vgl. *1 Joh* 4,19: ἡμεῖς ἀγαπῶμεν, ὅτι αὐτὸς πρῶτος ἠγάπησεν ἡμᾶς.

gibt, auch wenn er sieht, daß die faktischen Verhältnisse vom Menschen fordern, das Ende des Zeitlichen in der Zeit zu ertragen und hinzunehmen. Er fährt an dieser Stelle nämlich fort, daß nur ein Mensch, der aus der Liebe zu Gott und seinen Mitmenschen lebt, keinen ihm teuren Menschen verliere, weil er seine Hoffnung auf den setzt, der alle Menschen liebt und der nicht verloren werden kann, weil er der Ewige ist (vgl. *conf.* 4,14: »solus enim nullum carum amittit, cui omnes in illo cari sunt, qui non amittitur«).

Das erinnernde Bekenntnis der ersten neun Bücher der *Confessiones*, das im Vorgriff auf den Reflexionen und Meditationen der späteren Bücher gründet, kommt erst im explizit vollzogenen Rückgang in die eigene Innerlichkeit zu sich selbst. Die ›memoria‹-Analyse des zehnten Buches knüpft ihrerseits an die Erinnerung der eigenen Geschichte in Erzählungen an und weist auf die Frage nach der Beziehung der Ewigkeit zur Zeit und der Zeit zur Ewigkeit in den abschließenden Büchern voraus. Im zehnten Buch scheint Augustinus alles Zeitliche aus der Unmittelbarkeit der Gottesbegegnung zwar für nichtig zu halten, so daß er im Glück dieses Augenblicks Abstand von allem Zeitlichen sucht, in der Meinung, Gott fordere zwar Mäßigung (›continentia‹), wenn auch nicht Enthaltsamkeit (›abstinentia‹; vgl. *conf.* 10,40).[78] Schon im zehnten Buch zeigt sich, daß Ablehnung des Zeitlichen keine wahre Antwort ist. Vielmehr bereitet dieses Buch, vielleicht unbemerkt, die Untersuchung der Zeit vor, durch die deutlich wird, daß der endliche Geist des Menschen nur *ist*, sofern er sich in die Zeit erstreckt.

Hätte Augustinus im Glück des überschwenglichen Augenblicks, der Selbstgenugsamkeit im stehenden Jetzt verheißt,[79] genug gehabt, wäre ihm der Weg der Mäßigung nicht steinig und zwanghaft erschienen, dann wären die Betrachtungen der späte-

[78] Er berichtet dort, daß sein Herz vom Wort Gottes so getroffen worden sei, daß er fortan Gott geliebt habe (*conf.* 10,8: »percussisti cor meum uerbo tuo, et amaui te«); vgl. auch *conf.* 10,38.

[79] Zum ›stehenden Jetzt‹ vgl. die problemgeschichtlichen Hinweise bei Hermann Schnarr: *Nunc stans.*

ren Bücher unnötig gewesen, in denen Zeit und Welt als Schöpfung Gottes und als Weg des Menschen zur Besonderheit seines Seins rehabilitiert werden.[80] Am deutlichsten tritt der positive Sinn der Zeit in der Besinnung auf das Sein der Zeit im elften Buch zu Tage. Weil die Berührung durch Gott, von der Augustinus im zehnten Buch spricht, in ihm nicht das Verschwinden seines Begehrens bewirkt hat, sondern vielmehr dessen unendliches Anwachsen, spricht er auf dem Scheitelpunkt seines Weges der Selbstreflexion und der Gottsuche im zehnten Buch davon, daß er Gott gekostet habe – und jetzt nach ihm hungere und dürste; daß Gott ihn berührt habe – und er jetzt darauf brenne, den Frieden Gottes zu erlangen (*conf.* 10,38): »gustaui et esurio et sitio, tetigisti me, et exarsi in pacem tuam«.[81]

Augustinus setzt an den Beginn des elften Buches seinen Wunsch, meditierend in die göttliche Weisung einzudringen, die er in den *Heiligen Schriften* findet (2: »meditari in lege tua«). Deren erste Worte, die er zu verstehen sucht, sagen, daß Gott am Anfang Himmel und Erde geschaffen hat. Die Meditation dieser Botschaft rückt die Zeitlichkeit der endlichen Existenz in helles Licht und fordert die Untersuchung der Frage, was Zeit ist und wie sie sich zur Ewigkeit verhält. Sie bezieht sich ebenso auf die Erzählungen zur eigenen Geschichte, da sie ohne sie gehaltlos ist, wie auf die Reflexion des eigenen Seins, das sich in die liebende Beziehung zum ewigen Gott gerufen weiß, den

[80] Die Perspektive des zwölften Buches verdrängt gleichsam das Resultat der Zeitbetrachtung des elften Buches und schließt wieder stärker an Plotin an; vgl. dazu Cornelius Mayer: *Confessiones 12*, in: *CAH* 569ff., bes. 572ff.

[81] Die Aktivität des Kostens geht von Augustinus aus; sie endet in einer Inversion der Aktivität: was er kostet, wird nicht zu ruhigem Besitz. Die Aktivität der Berührung geht von Gott aus; auch sie führt zu einer Inversion der Aktivität: sie weckt das Streben Augustins. Diese wechselseitigen Aktivitäten und deren jeweilige Inversion sind ein Bild des ersehnten wechselseitigen Ineinanderruhens von Gott und Mensch im ewigen Sabbat (*conf.* 13,52f.), das Augustinus als lebendiges Leben begreift, in dem er ganz er selbst geworden ist, ohne Schmerz und Last (*conf.* 10,39): »cum inhaesero tibi ex omni me, nusquam erit mihi dolor et labor, et uiua erit uita mea tota plena te.«

Augustinus als Herrn in dem ersehnten unvergänglichen Reich freier Bürger glaubt (3). Das in Erzählungen vergegenwärtigte Geschehen, das im zehnten Buch reflektiert wird, zeigt die freie Aktivität des Menschen; am Ende erreicht er das Ziel jedoch durch Inversion der Aktivität. Die drei letzten Bücher beginnen mit Gottes Weg zu Welt und Mensch, sofern Gott Zeit und Welt geschaffen hat; am Ende wird das Ziel jedoch durch die Inversion der Aktivität erreicht, weil der Mensch es ist, der sich in der ›distentio animi‹ auf die Ewigkeit ausstreckt.

Augustins Besinnung auf das Wesen der Zeit führt alsbald zu der Einsicht, daß ihr Sein dem begierig suchenden Menschen solange gleichsam zwischen den Fingern zerrinnt, als er versucht, sie als objektive Wirklichkeit zu fassen, sie zu beherrschen und über sie als Besitz zu verfügen. Wollte man die Zeit als ›Ding‹ ansprechen, so zeigt sie sich offenbar wirklich als ein sonderbares Ding, da sie einerseits unfaßbar und nichtig zu sein scheint, andererseits aber doch eine ungeheure Wirkung entfaltet.[82] Die Betrachtung der Zeit als objektiv bestimmbares ›Ding‹ endet infolgedessen in beiden Anläufen der Untersuchung im elften Buch der *Confessiones* aporetisch. Das Sein der Zeit, das Augustinus gleichwohl findet, zeigt sich in der Erstreckung des Geistes in die Zeiten, in der er gegen die Flüchtigkeit und tendenzielle Nichtigkeit des Zeitlichen ankämpft.

Das Streben des Geistes, von dem Augustinus im Blick auf die Zeit spricht, ist das Streben der ›sterblichen Natur‹, von der Platon Sokrates in der Diotima-Rede sagen läßt, daß sie – soweit sie es eben vermag – danach strebe, immer zu sein und unsterblich (*Symposion* 207d: ἡ θνητὴ φύσις ζητεῖ κατὰ τὸ δυνατόν ἀεί τε εἶναι καὶ ἀθάνατος).[83] Platon nimmt im

[82] In der letzten Szene des ersten Aktes des *Rosenkavalier* von Richard Strauss (Musik) und Hugo von Hofmannsthal (Text) sinniert die ihr Altern wahrnehmende Marschallin über die Zeit. Sie beginnt mit den folgenden Worten (40, Z. 8–14): »Die Zeit im Grund, Quin-quin, die Zeit, / die ändert doch nichts an den Sachen. / Die Zeit, die ist ein sonderbares Ding. / Wenn man so hinlebt, ist sie rein gar nichts. / Aber dann auf einmal, / da spürt man nichts als sie: / sie ist um uns herum, sie ist auch in uns drinnen.«

[83] Was Platon als sterbliche Natur (ἡ θνητὴ φύσις) bezeichnet, ist laut

Verlauf des Lebens ein Werden und Vergehen von der Kindheit bis zum Greisenalter wahr, gegen das die sterbliche Natur ankämpft und ihre Identität sucht (207 d: οἷον ἐκ παιδαρίου ὁ αὐτὸς λέγεται, ἕως ἂν πρεσβύτης γένηται). Ihre Anspannung (208 a: μελετᾶν) richtet sich gegen das Vergessen und Verschwinden des Vergangenen, indem sie Erinnerung (μνήμη) ausbildet, um alles Sterbliche zu retten (208 a: τούτῳ γὰρ τῷ τρόπῳ πᾶν τὸ θνητὸν σῴζεται). Immerhin hat Sterbliches durch Anspannung auf das Vergehende, durch Erinnerung also, an der Unsterblichkeit teil (208 b: θνητόν ἀθανασίας μετέχει). Das Ideal wäre nach Platon nicht das Verschwinden der Zeit, sondern eine Zeit, die vom Tod nicht betroffen ist und das Ganze bewahrt (208 c). Soweit Platon sich in der Diotima-Rede auf das Vermögen der sterblichen Natur beschränkt (vgl. κατὰ τὸ δυνατόν), geht es zunächst um ein nicht endendes Gedenken (208 d: ἀθάνατον μνήμην). Solches Gedenken bleibt jedoch insofern ein unzureichendes Surrogat, als die sterblichen Naturen nach wahrer Unsterblichkeit streben (208 e: τοῦ γὰρ ἀθανάτου ἐρῶσιν).

Indem Augustinus das Singen eines wohlbekannten Liedes als Bild der menschlichen Handlungen, als Bild des menschlichen Lebens und der gesamten Weltzeit heranzieht (38), versucht er zu zeigen, daß der menschliche Geist, obwohl die Zeit seines Lebens in flüchtige Augenblicke zersplittert, doch mit allen Fasern danach streben kann, Bestand und Festigkeit zu gewinnen (40). In der Beschränkung auf das Vermögen des Geistes würde Augustinus wohl – wie Platon es zunächst getan hat – bei der Kraft und dem Vermögen menschlicher Erinnerung stehen bleiben. Im Glauben an das Gotteswort, das dem Menschen eine höhere Berufung verheißt, hofft er indessen, über seine Möglichkeit hinaus Einheit zu gewinnen, gereinigt und verflüssigt durch das Feuer göttlicher Liebe (39). Der Glaube an dieses Geschehen gründet nicht auf der Wahrheit, die dem suchenden Menschen zugänglich ist. Wenn das Erhoffte geschieht, ge-

Augustinus die Natur des endlichen Geistes, der im Bewußtsein seiner Sterblichkeit lebt (vgl. *lib. arb.* 3,29: »conscientia mortalitatis«).

schieht es durch die Wahrheit Gottes, allerdings so, daß der Suchende in seiner Endlichkeit Bestand und Festigkeit gewinnt, in seiner in der Zeit gewordenen Form, so daß er zwar weiter von zeitlichem Geschehen – von seiner eigenen Geschichte – geprägt bleibt, aber in eine Zeit eintritt, die alle Flüchtigkeit hinter sich gelassen hat (40: »et stabo et solidabor in te, in forma mea, ueritate tua«).[84]

Die Entflüchtigung des Zeitlichen, der ersehnte Übergang des endlichen Geistes in eine entflüchtigte Zeit, auf die seine grundlegenden, faktischen Vollzüge symbolhaft verweisen (›distentio animi‹), kann auch durch die transzendente Idee der Gleichzeitigkeit begriffen werden.[85] Solche Gleichzeitigkeit, in der dem ruhelosen Geist des Menschen, der sich in die Zukunft, in die Gegenwart und in die Vergangenheit erstreckt, Einheit zukäme und in der er eigentlich und ganz er selbst sein könnte, mag das wirksame Ideal des menschlichen Lebens sein. Wem die in die Transzendenz weisende Hoffnung abenteuerlich erscheint und wer sich nicht traut, den Glauben an Gott und an Gottes Beziehung zur Menschenwelt für eine ernsthafte Möglichkeit zu halten, wird dennoch sehen können, daß Augustins Besinnung auf das Wesen der Zeit denkende Menschen auf den Weg der Erkenntnis ihrer selbst führen kann. Der Mensch *ist* als ›distentio animi‹: er ist erstreckt in die Zeiten und steht eben dadurch in der unabweisbaren Gefahr, durch die fragile und sich dem Zugriff entziehende Flüchtigkeit des Zeitlichen selbst zerstreckt zu werden.

[84] Vgl. den Gedanken von Søren Kierkegaard, der den Sinn des Glaubens Abrahams so auslegt, »daß man die Endlichkeit nicht verliert, sondern sie ganz und gar erwirbt« (vgl. *Furcht und Zittern*, 36).

[85] Vgl. Søren Kierkegaard: *Abschließende unwissenschaftliche Nachschrift zu den Philosophischen Brocken* II, 52: »Jung gewesen, dann älter geworden zu sein und dann schließlich zu sterben, ist eine recht mäßige Existenz [...]. Aber die Momente des Lebens in der Gleichzeitigkeit zu vereinen, das ist gerade die Aufgabe.«

AURELIUS AUGUSTINUS

Was ist Zeit?
(Confessiones XI / Bekenntnisse 11)

CONFESSIONES XI

1 numquid, domine, cum tua sit aeternitas, ignoras, quae tibi
dico, aut ad tempus uides quod fit in tempore? cur ergo tibi tot
rerum narrationes digero? non utique ut per me noueris ea, sed
affectum meum excito in te et eorum, qui haec legunt, ut dica-
Ps 47,2; 95,4; mus omnes: ›magnus dominus et laudabilis ualde‹. iam dixi et
144,3 dicam: amore amoris tui facio istuc. nam et oramus, et tamen
ueritas ait: ›nouit pater uester quid uobis opus sit, priusquam
Mt 6,8 petatis ab eo‹. affectum ergo nostrum patefacimus in te confi-
Ps 32,22 tendo tibi miserias nostras et misericordias tuas ›super nos‹, ut
liberes nos omnino, quoniam coepisti, ut desinamus esse miseri
in nobis et beatificemur in te, quoniam uocasti nos, ut simus
pauperes spiritu et mites et lugentes et esurientes ac sitientes
iustitiam et misericordes et mundicordes et pacifici. ecce narraui
tibi multa, quae potui et quae uolui, quoniam tu prior uoluisti,
Ps 117,1 ut confiterer tibi, ›domino‹ deo meo, ›quoniam bonus‹ es, ›quon-
iam in saeculum misericordia‹ tua.

2 quando autem sufficio lingua calami enuntiare omnia hortamenta tua et omnes terrores tuos et consolationes et gubernationes, quibus me perduxisti praedicare uerbum et sacramentum tuum dispensare populo tuo? et si sufficio haec enuntiare ex ordine, caro mihi ualent stillae temporum. et olim inardesco meditari in lege tua et in ea tibi confiteri scientiam et imperitiam meam, primordia inluminationis tuae et reliquias tene-

BEKENNTNISSE 11[1]

1 Nimmst Du, Herr, in Deiner Ewigkeit denn nicht zur Kenntnis, was ich Dir sage?[2] Oder siehst Du gar für flüchtig und für nichtig an, was in der Zeit geschieht?[3] Warum also erzähle ich Dir überhaupt eine solche Unmenge von Geschichten? Gewiß nicht, damit Du sie durch mich kennenlernst. Vielmehr will ich mein und meiner Leser Trachten und Sinnen anspornen und auf Dich lenken,[4] damit wir alle rufen: ›Groß ist der Herr und überaus zu loben‹.[5] Ich habe es schon gesagt und will es noch einmal sagen: Aus Liebe zu Deiner Liebe tue ich das.[6] Denn wir beten auch, obwohl ›die Wahrheit‹ sagt: ›Euer Vater weiß, wessen ihr bedürft, bevor ihr ihn bittet‹. Indem wir gestehen, daß wir im Elend sind, und darauf vertrauen, daß Du Dich ›unser‹ erbarmst, öffnen wir Dir also die Tür unseres Herzens, damit Du unsere Befreiung vollendest, mit der Du ja schon begonnen hast.[7] Wir öffnen Dir unser Herz, damit wir aufhören, elend zu sein in uns selbst, und beseligt werden in Dir.[8] Denn Du hast uns gerufen, damit wir fortan arm seien im Geiste, sanft und trauernd, hungernd und dürstend nach Gerechtigkeit, barmherzig, lauteren Herzens und friedenstiftend.[9] Siehe, ich habe Dir viel erzählt, was ich konnte und was ich wollte:[10] denn Du hast zuvor gewollt, daß ich Dir meine Bekenntnisse vorlege, ›dem Herrn‹, meinem Gott: ›denn‹ Du bist ›gut‹, und Deine ›Barmherzigkeit‹ richtet ›sich auf die Weltzeit‹.[11]

2 Gelingt es mir aber jemals, schreibend all Deine Ermutigungen und all Deine Schrecknisse auszusprechen, alle Tröstungen und Fingerzeige, durch die Du mich dazu geführt hast, Deinem Volk Dein Wort zu erklären und Dein Sakrament zu verwalten? Auch wenn ich in der Lage bin, alles der Reihe nach zu schildern, sind mir die Tropfen der Zeit dafür zu kostbar. Denn längst brenne ich darauf, Deiner Weisung nachzusinnen[12] und Dir zu bekennen, was ich von ihr weiß und was mir dunkel geblieben ist:[13] die

brarum mearum, quousque deuoretur a fortitudine infirmitas. et nolo in aliud horae diffluant, quas inuenio liberas a necessitatibus reficiendi corporis et intentionis animi et seruitutis, quam debemus hominibus et quam non debemus et tamen reddimus.

Ps 60,2 3 domine ›deus‹ meus, ›intende orationi meae‹, et misericordia
tua exaudiat desiderium meum, quoniam non mihi soli aestuat,
sed usui uult esse fraternae caritati: et uides in corde meo quia
sic est. sacrificem tibi famulatum cogitationis et linguae meae, et
Ps 65,15; 85,1 da quod ›offeram tibi‹. ›inops‹ enim ›et pauper sum‹, tu ›diues in
Rm 10,12 omnes inuocantes te‹, qui securus curam nostri geris. circumcide
ab omni temeritate omnique mendacio interiora et exteriora, la-
bia mea. sint castae deliciae meae scripturae tuae, nec fallar in eis
Ier 8,19; Ps 26,7 nec fallam ex eis. ›domine, attende‹ et ›miserere, domine‹ deus
meus, lux caecorum et uirtus infirmorum statimque lux uidenti-
um et uirtus fortium, attende animam meam et audi clamantem
de profundo. nam nisi adsint et in profundo aures tuae, quo ibi-
Ps 73,16 mus? quo clamabimus? ›tuus est dies et tua est nox‹: ad nutum
tuum momenta transuolant. largire inde spatium meditationibus
nostris in abdita legis tuae neque aduersus pulsantes claudas
eam. neque enim frustra scribi uoluisti tot paginarum opaca
secreta, aut non habent illae siluae ceruos suos recipientes se
in eas et resumentes, ambulantes et pascentes, recumbentes et
Ps 16,5 ruminantes. o domine, ›perfice‹ me et reuela mihi eas. ecce uox
tua gaudium meum, uox tua super affluentiam uoluptatum. da

Anfänge Deines Aufleuchtens[14] und die Reste meiner Finsternis, die währt, bis alle Unsicherheit durch eine beständige Kraft vertilgt wird.[15] Für anderes will ich keine Zeit aufwenden, damit mir die Stunden nicht zerrinnen, die ich von den Notwendigkeiten der leiblichen Erholung, der geistigen Arbeit und von der Pflicht des Dienstes frei finde, den wir den Menschen schulden und auch dann leisten, wenn wir ihn nicht schulden.

3 Herr, mein ›Gott, wende Dich meinem Gebet zu‹. Dein Erbarmen erhöre mein glühendes Begehren,[16] da es nicht mir allein gilt, sondern der freundschaftlichen Liebe dienen will.[17] Du siehst in meinem Herzen, daß es so ist. Opfern will ich Dir die Mühsal meines Denkens und Redens; und Du gib, was ›ich Dir darbringen möchte‹.[18] Denn ›ohnmächtig bin ich und arm‹,[19] Du aber hast ›reiche Gaben für alle, die Dich anrufen‹, und trägst Sorge um uns, obwohl Du selbst frei von Sorgen bist.[20] Tilge alle Unbesonnenheit und alle Lüge von meinen Lippen, den inneren wie den äußeren.[21] Deine Schriften seien meine reinen Genüsse: möge ich nicht getäuscht werden, wenn ich sie lese, und andere nicht täuschen, wenn ich sie auslege.[22] ›Herr, merke auf‹ und ›erbarme Dich, Herr‹, mein Gott, Du bist das Licht der Blinden und die Kraft der Schwachen, und zugleich das Licht der Sehenden und die Kraft der Starken. Wende Dich meiner Seele zu und höre den, der aus der Tiefe ruft.[23] Denn wären Deine Ohren nicht auch in der Tiefe da, wohin können wir dann gehen, wohin rufen?[24] ›Dein ist der Tag und Dein die Nacht‹. Auf Deinen Wink eilt alles Geschehen vorüber.[25] Weite Du also unseren Horizont, wenn wir uns auf die Geheimnisse Deiner Weisung besinnen, und versperre sie denen nicht, die anklopfen. Du hast nicht gewollt, daß so viele Seiten voll dunkler Absonderlichkeiten vergebens aufgeschrieben worden sind.[26] Denn auch jene Wälder haben ihre Hirsche, die sich in sie zurückziehen, sich erquicken, sich ergehen und äsen, sich niederlegen und wiederkäuen.[27] Herr, ›gib‹ mir ›Vollkommenheit‹ und mache sie mir licht. Siehe, Deine Stimme ist meine Freude, Deine Stimme bedeutet mir mehr als die Fülle lustvoller Ver-gnügungen.[28] Gib, was ich liebe:[29] denn ich liebe; aber

quod amo: amo enim. et hoc tu dedisti. ne dona tua deseras nec
herbam tuam spernas sitientem. confitear tibi quidquid inuene-
Ps 25,7 ro in libris tuis et ›audiam uocem laudis‹ et te bibam et conside-
Ps 118,18 rem ›mirabilia de lege tua‹ ab usque principio, in quo fecisti cae-
lum et terram, usque ad regnum tecum perpetuum sanctae
ciuitatis tuae.

Ps 26,7 4 ›domine, miserere mei et exaudi‹ desiderium meum. puto
enim, quod non sit de terra, non de auro et argento et lapidibus
aut decoris uestibus aut honoribus et potestatibus aut uoluptati-
bus carnis neque de necessariis corpori et huic uitae peregrina-
Mt 6,33 tionis nostrae, quae ›omnia‹ nobis ›apponuntur‹ quaerentibus
›regnum et iustitiam‹ tuam. uide, deus meus, unde sit desideri-
um meum. ›narrauerunt mihi iniusti delectationes, sed non sicut
Ps 118,85 lex tua, domine‹. ecce unde est desiderium meum. uide, pater,
Ps 18,15 aspice et uide et approba, et placeat ›in conspectu‹ misericordiae
tuae inuenire me gratiam ante te, ut aperiantur pulsanti mihi
interiora sermonum tuorum. obsecro per dominum nostrum
Iesum Christum filium tuum, ›uirum dexterae tuae, filium ho-
Ps 79,18 minis, quem confirmasti tibi‹ mediatorem tuum et nostrum, per
quem nos quaesisti non quaerentes te, quaesisti autem, ut quae-
reremus te, uerbum tuum, per quod fecisti omnia, in quibus et
me, unicum tuum, per quem uocasti in adoptionem popu-
Rm 8,34 lum credentium, in quo et me: per eum te obsecro, ›qui sedet ad
dexteram‹ tuam ›et te interpellat pro nobis‹, ›in quo sunt omnes
Col 2,3 thesauri sapientiae et scientiae absconditi‹. ipsos quaero in libris
tuis. Moyses de illo scripsit: hoc ipse ait, hoc ueritas ait.

auch das hast Du gegeben. Laß Deine Gaben nicht brachliegen und Dein Gras, wenn es dürstet, nicht verdorren.[30] Bekennen will ich Dir alles, was ich in Deinen Büchern finden werde:[31] ›die Stimme des Lobes will ich hören‹, Dich trinken;[32] ›das Staunenerregende an Deiner Weisung‹[33] will ich von dem Anfang an bedenken, in dem Du Himmel und Erde geschaffen hast, bis zum Reich Deiner heiligen Gemeinschaft freier Bürger, die mit Dir ohne Ende währt.[34]

4 ›Herr, erbarme Dich meiner und erhöre‹ mein Begehren. Denn ich nehme an, daß es nicht von Irdischem, nicht von Gold, Silber, Edelsteinen oder prachtvoller Kleidung herrührt, nicht von Ehre, Macht oder Sinnenlust,[35] auch nicht vom Bedarf des Leibes und dieses Lebens, das wir als Pilger führen: das ›alles wird‹ uns ›dazugegeben‹, wenn wir ›Dein Reich und Deine Gerechtigkeit‹ suchen.[36] Schau, mein Gott, woher mein Begehren rührt.[37] ›Mir erzählten Ungerechte von Vergnügungen, aber nicht so, wie Deine Weisung von ihnen spricht, Herr‹. Sieh, Deine Weisung ist es, die mein Begehren weckt. Schau, Vater, blicke her, schau und heiße es gut; ›im Blick‹ Deines Erbarmens gefalle es Dir, daß ich vor Dir Gnade finde, so daß sich mir das Innere Deiner Worte auftut, wenn ich anklopfe. Inständig bitte ich Dich durch Jesus Christus, unseren Herrn, Deinen Sohn, ›den Mann zu Deiner Rechten, den Menschensohn, den Du‹ als Mittler zwischen Dir und uns ›bestimmt hast‹, durch den Du uns gesucht hast, die wir Dich nicht suchten.[38] Du aber hast gesucht, damit wir Dich suchen,[39] Dein Wort suchen, durch das Du alles – und so auch mich – geschaffen hast. Du hast uns gesucht, damit wir Deinen Einzigen suchen, durch den Du das Volk der Glaubenden gerufen hast, um sie als Kinder anzunehmen, und unter diesen auch mich.[40] Durch ihn, ›der zu‹ Deiner ›Rechten sitzt und sich bei Dir für uns verwendet‹, bitte ich Dich, durch ihn, ›in dem alle Schätze der Weisheit und des Wissens verborgen sind‹.[41] Eben diese Schätze suche ich in Deinen Büchern. Mose hat von ihm geschrieben, das sagt er selbst, das sagt ›die Wahrheit‹.[42]

Gn 1,1 5 audiam et intellegam, quomodo ›in principio‹ fecisti ›caelum et terram‹. scripsit hoc Moyses, scripsit et abiit, transiit hinc a te ad te neque nunc ante me est. nam si esset, tenerem eum et rogarem eum et per te obsecrarem, ut mihi ista panderet, et praeberem aures corporis mei sonis erumpentibus ex ore eius, et si Hebraea uoce loqueretur, frustra pulsaret sensum meum nec inde mentem meam quidquam tangeret; si autem Latine, scirem quid diceret. sed unde scirem, an uerum diceret? quod si et hoc scirem, num ab illo scirem? intus utique mihi, intus in domicilio cogitationis nec Hebraea nec Graeca nec Latina nec barbara ueritas sine oris et linguae organis, sine strepitu syllabarum diceret: uerum dicit et ego statim certus confidenter illi homini tuo dicerem: uerum dicis. cum ergo illum interrogare non possim, te, quo plenus uera dixit, ueritas, rogo, te, deus meus, rogo,
Iob 14,16 ›parce peccatis meis‹, et qui illi seruo tuo dedisti haec dicere, da et mihi haec intellegere.

6 ecce sunt caelum et terra, clamant, quod facta sint; mutantur enim atque uariantur. quidquid autem factum non est et tamen est, non est in eo quidquam, quod ante non erat: quod est mutari atque uariari. clamant etiam, quod se ipsa non fecerint: ideo sumus, quia facta sumus; non ergo eramus, antequam essemus, ut fieri possemus a nobis. et uox dicentium est ipsa euidentia. tu ergo, domine, fecisti ea, qui pulcher es: pulchra sunt enim; qui bonus es: bona sunt enim; qui es: sunt enim. nec ita pulchra sunt nec ita bona sunt nec ita sunt, sicut tu conditor eorum, quo comparato nec pulchra sunt nec bona sunt nec sunt. scimus

5 Hören will ich und einsehen,[43] wie Du ›im Anfang Himmel und Erde‹ geschaffen hast.[44] Geschrieben hat das Mose, geschrieben hat er es und ist weggegangen, von hier hinübergegangen: von Dir gekommen, zu Dir heimgekehrt, und so steht er jetzt nicht vor mir.[45] Wäre er zugegen, so hielte ich ihn fest, befragte ihn und bäte ihn inständig um Deinetwillen, mir alles offenzulegen. Dann lauschte ich den Tönen, die seinem Munde entströmten. Redete er hebräisch, so rührte er vergeblich an mein Ohr: nichts berührte dann meinen Geist. Redete er jedoch lateinisch, so wüßte ich, was er sagt. Woher aber wüßte ich, ob wahr ist, was er sagt? Und wenn ich es wüßte, wüßte ich es etwa von ihm? Nein, vielmehr innen, innen in der Behausung des Denkens, spräche zu mir die Wahrheit[46] – nicht die Wahrheit der Hebräer, der Griechen, der Lateiner oder der Barbaren – ohne Organe des Mundes und der Zunge, ohne Lärm der Silben: was er sagt, ist wahr. Sofort wäre ich gewiß und sagte mit Zuversicht zu diesem Deinem Menschen: was du sagst, ist wahr.[47] Da ich ihn aber nicht befragen kann, bitte ich Dich, denn von Dir erfüllt hat er Wahres gesagt. So bitte ich Dich, ›o Wahrheit‹, bitte ich Dich, o mein Gott:[48] ›Sei mir gnädig trotz meiner Fehltritte‹.[49] Da Du ihn, Deinen Diener, befähigt hast, das zu sagen, befähige nun auch mich, es einzusehen.

6 Siehe, da sind Himmel und Erde; sie rufen, daß sie geschaffen sind; denn sie ändern und wandeln sich.[50] Was nicht geschaffen ist und doch ist, enthält nichts, was nicht schon vorher war und was mit Änderung und Wandlung einhergeht.[51] Himmel und Erde rufen aber, daß sie sich nicht selbst geschaffen haben.[52] Sie rufen: deshalb sind wir da, weil wir geschaffen wurden. Wir waren nicht da, bevor wir da waren: und so konnten wir nicht durch uns selbst geschaffen werden.[53] Und das Wort derer, die so rufen, ist völlig einleuchtend. Du also, Herr, hast sie geschaffen, der Du schön bist: denn sie sind schön; der Du gut bist: denn sie sind gut; der Du bist: denn sie sind. Sie sind nicht so schön, sie sind nicht so gut und sie sind nicht so, wie Du, ihr Schöpfer, bist.[54] Im Vergleich mit Dir sind sie weder schön, noch sind sie gut, noch sind sie überhaupt. Wir wissen

haec, gratias tibi, et scientia nostra scientiae tuae comparata ignorantia est.

7 quomodo autem fecisti caelum et terram et quae machina tam grandis operationis tuae? non enim sicut homo artifex formans corpus de corpore arbitratu animae ualentis imponere utcumque speciem, quam cernit in semet ipsa interno oculo – et unde hoc ualeret, nisi quia tu fecisti eam? – et imponit speciem iam existenti et habenti, ut esset, ueluti terrae aut lapidi aut ligno aut auro aut id genus rerum cuilibet. et unde ista essent, nisi tu instituisses ea? tu fabro corpus, tu animum membris imperitantem fecisti, tu materiam, unde facit aliquid, tu ingenium, quo artem capiat et uideat intus quid faciat foris, tu sensum corporis, quo interprete traiciat ab animo ad materiam id quod facit, et renuntiet animo quid factum sit, ut ille intus consulat praesidentem sibi ueritatem, an bene factum sit. te laudant haec omnia creatorem omnium. sed tu quomodo facis ea? quomodo fecisti, deus,
Gn 1,1 ›caelum et terram‹? non utique in caelo neque in terra fecisti caelum et terram neque in aere aut in aquis, quoniam et haec pertinent ad caelum et terram, neque in uniuerso mundo fecisti uniuersum mundum, quia non erat, ubi fieret, antequam fieret, ut esset. nec manu tenebas aliquid, unde faceres caelum et terram: nam unde tibi hoc, quod tu non feceras, unde aliquid faceres?
Ps 32,9 res? quid enim est, nisi quia tu es? ergo dixisti ›et facta sunt‹ atque in uerbo tuo fecisti ea.

das, Dank sei Dir, obwohl unser Wissen, verglichen mit Deinem Wissen, Unwissenheit ist.[55]

7 Wie aber hast Du Himmel und Erde geschaffen und welchen Werkzeugs hast Du Dich bei dieser gewaltigen Tätigkeit bedient? Denn Du warst nicht tätig wie ein kunstfertiger Mensch, der aus gegebenem Material, so wie er eben will, Werke fertigt und ihnen jede beliebige Form aufzuprägen vermag, die er mit dem inneren Auge in sich selbst erblickt.[56] Wie aber könnte er das, wenn nicht aus dem Grund, daß Du ihn geschaffen hast? Damit die Form Sein erlangt, prägt der Mensch sie einem Stoff auf, der schon existiert und eine Form hat, etwa in Ton, Stein, Holz, Gold oder dergleichen. Woher hätten diese Dinge ihr Sein, hättest nicht Du es ihnen verliehen? Du hast dem, der Werke anfertigt, den Körper geschaffen, Du auch seinen Geist, der die Glieder des Leibes lenkt, Du den Stoff, aus dem er etwas macht, Du seine Begabung, durch die er seine Meisterschaft gewinnen und innen sehen kann, was er außen tun möchte.[57] Du hast die Sinne des Körpers geschaffen, durch deren Vermittlung er das, was er tut, vom Geist auf den Stoff überträgt; und er meldet dem Geist, was getan ist, damit der Geist im Inneren die ihn leitende Wahrheit befragt, ob es gut getan sei.[58] Dich lobt alles das als den Schöpfer von allem.[59] Du aber, wie schaffst Du all dies? Wie hast Du, Gott, ›Himmel und Erde‹ geschaffen? Nicht im Himmel und nicht auf der Erde hast Du Himmel und Erde geschaffen, auch nicht in Luft oder Wasser, da solches zu Himmel und Erde gehört. Auch nicht im Weltall hast Du das Weltall geschaffen. Bevor es wurde und danach da war, gab es ja keinen Ort, an dem es hätte werden können.[60] Auch hattest Du nichts zur Hand, um daraus Himmel und Erde zu schaffen: denn woher solltest Du das haben, was Du nicht zu dem Zweck geschaffen hättest, um daraus etwas zu schaffen?[61] Was ist denn aus einem anderen Grund, als daß es Dich gibt?[62] Demnach war es so: Du hast gesprochen, ›und sie wurden geschaffen‹; in Deinem Wort hast Du sie geschaffen.[63]

8 sed quomodo dixisti? numquid illo modo, quo facta est uox
Lc 9,35 de nube dicens: ›hic est filius meus dilectus‹? illa enim uox acta
atque transacta est, coepta et finita. sonuerunt syllabae atque
transierunt, secunda post primam, tertia post secundam atque
inde ex ordine, donec ultima post ceteras silentiumque post ultimam. unde claret atque eminet, quod creaturae motus expressit
eam seruiens aeternae uoluntati tuae ipse temporalis. et haec ad
tempus facta uerba tua nuntiauit auris exterior menti prudenti,
cuius auris interior posita est ad aeternum uerbum tuum. at illa
comparauit haec uerba temporaliter sonantia cum aeterno in
silentio uerbo tuo et dixit: aliud est longe, longe aliud est. haec
longe infra me sunt nec sunt, quia fugiunt et praetereunt:
Is 40,8 ›uerbum autem‹ dei mei supra me ›manet in aeternum‹. si ergo
uerbis sonantibus et praetereuntibus dixisti, ut fieret caelum et terra, atque ita fecisti caelum et terram, erat iam creatura corporalis ante caelum et terram, cuius motibus temporalibus temporaliter uox illa percurreret. nullum autem corpus ante caelum et terram, aut si erat, id certe sine transitoria uoce feceras, unde transitoriam uocem faceres, qua diceres ut fieret caelum et terra. quidquid enim illud esset, unde talis uox fieret, nisi abs te factum esset, omnino non esset. ut ergo fieret corpus, unde ista uerba fierent, quo uerbo a te dictum est?

9 uocas itaque nos ad intellegendum uerbum, deum apud te deum, quod sempiterne dicitur et eo sempiterne dicuntur omnia. neque enim finitur, quod dicebatur, et dicitur aliud, ut pos-

8 Aber wie hast Du gesprochen? Doch nicht so, wie die Stimme erklang, die aus der Wolke sprach: ›Dieser ist mein geliebter Sohn‹? Denn jene Stimme wurde zum Klingen und Verklingen gebracht, sie begann und endete. Die Silben ertönten und gingen vorüber, die zweite nach der ersten, die dritte nach der zweiten – und so der Reihe nach, bis die letzte den übrigen folgte und nach der letzten Silbe Stille eintrat. Daraus geht klar hervor, daß eine Bewegung von Geschaffenem sie hervorgebracht hat, die zwar Deinem ewigen Willen diente, selbst aber zeitlich war. Diese Deine zeitlich gebildeten, flüchtigen Worte meldete das äußere Ohr dem einsichtigen Geist, dessen inneres Ohr auf Dein ewiges Wort ausgerichtet ist.[64] Dieser verglich die in der Zeit erklingenden Worte mit Deinem in der Stille vernehmbaren, ewigen Wort und sagte: Dein Wort ist von ganz anderer Art, völlig anders. Erklingende Worte stehen weit unter mir;[65] sie sind gar nicht, da sie vorüberfliehen und vergehen:[66] ›Das Wort aber‹ meines Gottes, das über mir ist, ›bleibt in Ewigkeit‹. Wenn Du also mit tönenden und vergehenden Worten gesprochen hast, um Himmel und Erde zu schaffen, wenn Du Himmel und Erde so geschaffen hast, dann gab es körperliche Schöpfung schon vor Himmel und Erde, durch deren zeithafte Bewegungen jene Stimme zeitlich verlaufen konnte.[67] Es gab aber keinen Körper vor Himmel und Erde. Oder wenn es ihn gab, hattest Du ihn gewiß ohne vorübergehende Stimme geschaffen. Durch ihn hättest Du eine vorübergehende Stimme schaffen können, um mit ihr zu sagen, daß Himmel und Erde entstehen sollen. Denn woraus eine solche Stimme auch immer entstanden wäre: hättest nicht Du es geschaffen, besäße es überhaupt kein Sein. Also: mit welchem Wort hast Du gesprochen, damit ein solcher Körper entstünde, aus dem diese Worte hervorgingen?[68]

9 Und deshalb rufst Du uns zur Erkenntnis des Wortes, das Gott ist, weil es bei Dir ist, der Du Gott bist.[69] Dieses Wort wird immerwährend gesprochen und immerwährend wird alles durch es gesprochen. Was in ihm gesagt wurde, kommt nämlich nicht zu Ende, und in ihm wird auch nichts anderes gesagt, so

sint dici omnia, sed simul ac sempiterne omnia: alioquin iam
tempus et mutatio et non uera aeternitas nec uera immortalitas.
1 Cor 1,4 hoc noui, deus meus, et ›gratias ago‹. noui, confiteor tibi, domi-
ne, mecumque nouit et benedicit te quisquis ingratus non est
certae ueritati. nouimus, domine, nouimus, quoniam in quan-
tum quidque non est quod erat et est quod non erat, in tan-
tum moritur et oritur. non ergo quidquam uerbi tui cedit atque
succedit, quoniam uere immortale atque aeternum est. et ideo
uerbo tibi coaeterno simul et sempiterne dicis omnia, quae dicis,
et fit, quidquid dicis ut fiat; nec aliter quam dicendo facis: nec
tamen simul et sempiterna fiunt omnia, quae dicendo facis.

10 cur, quaeso, domine deus meus? utcumque uideo, sed quo-
modo id eloquar nescio, nisi quia omne, quod esse incipit et esse
desinit, tunc esse incipit et tunc desinit, quando debuisse inci-
pere uel desinere in aeterna ratione cognoscitur, ubi nec incipit
aliquid nec desinit. ipsum est uerbum tuum, quod et principium
est, quia et loquitur nobis. sic in euangelio per carnem ait, et hoc
insonuit foris auribus hominum, ut crederetur et intus quaerere-
tur et inueniretur in aeterna ueritate, ubi omnes discipulos bo-
nus et solus magister docet. ibi audio uocem tuam, domine, di-
centis mihi, quoniam ille loquitur nobis, qui docet nos, qui
autem non docet nos, etiam si loquitur, non nobis loquitur. quis
porro nos docet nisi stabilis ueritas? quia et per creaturam muta-
bilem cum admonemur, ad ueritatem stabilem ducimur, ubi uere
discimus, cum stamus et audimus eum et ›gaudio gaudemus
Io 3,29 propter uocem sponsi‹, reddentes nos, unde sumus. et ideo prin-

daß in ihm alles gesagt werden kann, aber alles zugleich und immerwährend: sonst wäre ja bereits Zeit und Veränderung, und nicht wahre Ewigkeit und wahre Unsterblichkeit.[70] Das weiß ich, mein Gott, und ›ich sage Dank‹. Ich weiß es und bekenne es Dir, Herr; und mit mir weiß es und preist Dich jeder, der für zweifelsfreie Wahrheit nicht undankbar ist. Wir wissen es, Herr, wir wissen es: überall dort gibt es Verlöschen und Entstehen, wo etwas nicht mehr da ist, das einst da war, oder wo etwas da ist, das einst nicht da war.[71] Folglich schwindet nichts an Deinem Wort und nichts folgt nach, weil es ja wahrhaft unsterblich und ewig ist. Deswegen sprichst Du zugleich und immerwährend alles, was Du sprichst, durch das Wort, das ebenso ewig ist wie Du.[72] Und es entsteht, was immer Du ins Entstehen rufst; nicht anders als durch Sprechen schaffst Du: und doch entsteht nicht alles zugleich und immerwährend, was Du im Sprechen schaffst.[73]

10 Warum bitte, Herr mein Gott, ist das so? Irgendwie sehe ich es, aber wie ich es ausdrücken soll, weiß ich nicht. Vielleicht ist es so, daß alles, was zu sein anfängt und zu sein aufhört, dann zu sein anfängt und dann aufhört, wenn in der ewigen Vernunft, in der nichts anfängt oder aufhört, erkannt wird, daß es anzufangen oder aufzuhören hatte.[74] Eben das ist Dein Wort, das auch der Ursprung ist, weil es ja auch zu uns spricht.[75] Im Evangelium spricht es durch das Fleisch;[76] und so ertönte es außen für menschliche Ohren, damit es zuerst geglaubt, dann innen gesucht und zuletzt in der ewigen Wahrheit gefunden würde, wo der gute und einzige Lehrer alle Schüler lehrt.[77] Dort höre ich Deine Stimme, Herr, die Stimme dessen, der zu mir spricht, weil der zu uns redet, der uns lehrt. Wer uns aber nicht belehrt, redet nicht zu uns, auch wenn er redet. Wer lehrt uns nun, wenn nicht die beständige Wahrheit es tut? Denn auch dann, wenn uns ein veränderliches Geschöpf zur Erkenntnis anregt, werden wir zur beständigen Wahrheit geführt.[78] Dort lernen wir wahrhaft, wenn wir beständig ausharren, ihn hören und ›uns herzlich über die Stimme des Bräutigams freuen‹,[79] wobei wir uns dem zurückgeben, von dem wir stammen. Denn wenn

cipium quia nisi maneret, cum erraremus, non esset quo rediremus. cum autem redimus ab errore, cognoscendo utique redimus; ut autem cognoscamus, docet nos, quia principium est et loquitur nobis.

Gn 1,1 11 in hoc principio, deus, fecisti ›caelum et terram‹ in uerbo
tuo, in filio tuo, in uirtute tua, in sapientia tua, in ueritate tua
miro modo dicens et miro modo faciens. quis comprehendet?
quis enarrabit? quid est illud, quod interlucet mihi et percutit
cor meum sine laesione? et inhorresco et inardesco: inhorresco,
in quantum dissimilis ei sum, inardesco, in quantum similis ei
sum. sapientia, sapientia ipsa est, quae interlucet mihi, discin-
dens nubilum meum, quod me rursus cooperit deficientem ab ea
caligine atque aggere poenarum mearum, quoniam sic ›infirma-
Ps 30,11 tus est in egestate uigor meus‹, ut non sufferam bonum meum,
Ps 102,3 donec tu, domine, qui ›propitius factus‹ es ›omnibus iniquitati-
bus‹ meis, etiam sanes ›omnes languores‹ meos, quia et redimes
Ps 102,4 ›de corruptione uitam‹ meam et coronabis me ›in miseratione et
misericordia‹ et satiabis ›in bonis desiderium‹ meum, quoniam
Ps 102,5 renouabitur iuuentus mea ›sicut aquilae‹, ›spe enim salui facti
Rm 8,24 sumus‹ ›et promissa tua per patientiam expectamus‹. audiat te
Rm 8,25 intus sermocinantem qui potest; ego fidenter ex oraculo tuo cla-
mabo: ›quam magnificata sunt opera tua, domine, omnia in sapi-
Ps 103,24 entia fecisti‹! et illa principium, et ›in‹ eo ›principio‹ fecisti ›cae-
Gn 1,1 lum et terram‹.

12 nonne ecce pleni sunt uetustatis suae qui nobis dicunt: quid faciebat deus, antequam faceret caelum et terram? si enim uacabat, inquiunt, et non operabatur aliquid, cur non sic semper et

dieser Ursprung nicht Bestand behielte, während wir umherirren, gäbe es nichts, wohin wir zurückkehren könnten. Wenn wir aber vom Irrtum zurückkehren, ist es stets das Erkennen, durch das wir zurückkehren.[80] Damit wir aber erkennen, belehrt uns dieser Lehrer, weil er der Ursprung ist und zu uns redet.[81]

11 In diesem Ursprung, Gott, hast Du ›Himmel und Erde‹ geschaffen, in Deinem Wort, in Deinem Sohn, in Deiner Kraft, in Deiner Weisheit, in Deiner Wahrheit. Aber Du hast auf wundersame Weise gesprochen und auf wundersame Weise geschaffen.[82] Wer wird es begreifen? Wer es auslegen? Was ist das, was mir da aufleuchtet und mein Herz durchbohrt, ohne es zu verletzen?[83] Ich erschauere und ich entbrenne: ich erschauere, sofern ich ihm unähnlich bin; ich entbrenne, sofern ich ihm ähnlich bin.[84] Die Weisheit, die Weisheit selbst ist es, die mir aufleuchtet und die Nebel um mich wegfegt. Diese umhüllen mich jedoch erneut, da das Dunkel und die Mauer, die mich als Strafe für meine Fehltritte umgibt, mein Sehen behindert. Denn ›meine Lebenskraft ist ja in Not und Armut so geschwächt‹, daß ich das, was gut für mich ist, solange nicht ertrage, bis Du, Herr, der Du ›all meinen Fehltritten gnädig geworden‹ bist, auch ›alle‹ meine ›Lauheiten‹ heilen wirst. Du wirst nicht nur ›mein Leben aus dem Verderben‹ retten, sondern mich auch ›in Erbarmen und Barmherzigkeit‹ krönen. Sättigen wirst Du mein ›Begehren nach Gutem‹, wenn meine Jugend erneuert wird ›wie die des Adlers‹.[85] ›Denn durch Hoffnung sind wir heil geworden; und die Erfüllung Deiner Verheißungen erwarten wir in Geduld‹.[86] Wer es kann, höre Dich, der Du im Inneren redest; ich aber will kraft Deiner Verheißung getrost ausrufen: ›Wie herrlich sind Deine Werke, Herr, alles hast Du in Weisheit geschaffen‹![87] Jene Weisheit ist der Ursprung; ›in‹ diesem ›Ursprung‹ hast Du ›Himmel und Erde‹ geschaffen.

12 Sind die Gedanken jener nicht verstaubt und vorgestrig, die uns fragen, was Gott tat, bevor er Himmel und Erde schuf?[88] Wenn er nämlich untätig war und nichts bewirkt hat, fragen sie, warum er nicht weiterhin so untätig blieb, wie er vorher gezö-

deinceps, quemadmodum retro semper cessauit ab opere? si enim ullus motus in deo nouus extitit et uoluntas noua, ut creaturam conderet, quam numquam ante condiderat, quomodo iam uera aeternitas, ubi oritur uoluntas, quae non erat? neque enim uoluntas dei creatura est, sed ante creaturam, quia non crearetur aliquid, nisi creatoris uoluntas praecederet. ad ipsam ergo dei substantiam pertinet uoluntas eius. quod si exortum est aliquid in dei substantia, quod prius non erat, non ueraciter dicitur aeterna illa substantia; si autem dei uoluntas sempiterna erat, ut esset creatura, cur non sempiterna et creatura?

Eph 3,10 13 qui haec dicunt, nondum te intellegunt, o ›sapientia dei‹, lux mentium, nondum intellegunt, quomodo fiant, quae per te atque in te fiunt, et conantur aeterna sapere, sed adhuc in prae-
Ps 5,10 teritis et futuris rerum motibus ›cor eorum‹ uolitat et adhuc ›uanum est‹. quis tenebit illud et figet illud, ut paululum stet et paululum rapiat splendorem semper stantis aeternitatis et comparet cum temporibus numquam stantibus et uideat esse incomparabilem et uideat longum tempus nisi ex multis praetereuntibus morulis, quae simul extendi non possunt, longum non fieri; non autem praeterire quidquam in aeterno, sed totum esse praesens; nullum uero tempus totum esse praesens: et uideat omne praeteritum propelli ex futuro et omne futurum ex praeterito consequi et omne praeteritum ac futurum ab eo, quod semper est praesens, creari et excurrere? quis tenebit cor hominis, ut stet et uideat, quomodo stans dictet futura et praeterita tempora nec

gert hatte, etwas zu schaffen? Wenn in Gott nämlich irgendwann eine neue Bewegung und ein neuer Wille aufgetreten ist, eine Schöpfung zu begründen, wie er sie zuvor nie begründet hatte, ist zu fragen, wie das schon die wahre Ewigkeit sein kann, in der ein Wille entsteht, den es vorher nicht gab.[89] Denn Gottes Wille ist ja kein Geschöpf, sondern vor jedem Geschöpf. Deshalb wäre nichts geschaffen worden, wenn der Wille des Schöpfers nicht vorausgegangen wäre. Gottes Wille gehört folglich zu seinem ureigenen Seinsbestand.[90] Wenn dagegen im Seinsbestand Gottes etwas entstanden ist, was vorher nicht da war, so kann man jenen Seinsbestand nicht in wahrem Sinne ewig nennen. Wenn jedoch der Schöpfungswille Gottes schon immer da war: warum war dann nicht auch die Schöpfung schon immer da?[91]

13 Die so reden, erkennen Dich noch nicht, Du ›Weisheit Gottes‹, Du Licht unseres Geistes, sie sehen noch nicht, wie das geschaffen wird, was durch Dich und in Dir geschaffen wird. Sie versuchen, dem Ewigen nachzuspüren, aber ›ihr Herz‹ taumelt noch zwischen vergangenen und zukünftigen Bewegungen von Zeitlichem hin und her. Es ›ist‹ noch immer ›haltlos‹. Wer wird jenem Herzen Halt und Festigkeit geben, damit es ein wenig Bestand gewinne und ein wenig vom Glanz der immer beständigen Ewigkeit an sich reiße, damit es die Ewigkeit mit den niemals beständigen Zeiten vergleiche und sehe, daß sie unvergleichlich ist?[92] Es möge sehen, daß eine lange Zeit nur lang wird, wenn sie aus vielen vorübergehenden Verweildauern besteht, die sich nicht zugleich erstrecken können.[93] Es begreife, daß im Ewigen nichts vorübergeht, sondern das Ganze gegenwärtig ist, daß aber keine Zeit als ganze gegenwärtig ist. Und es sehe, daß alles Vergangene vom Zukünftigen fortgetrieben wird, alles Zukünftige dem Vergangenen nachfolgt und alles Vergangene und Zukünftige von dem, was immer gegenwärtig ist, geschaffen wird und aus ihm hervorgeht. Wer wird dem Herzen des Menschen Halt geben, damit es Bestand gewinnt und sieht, wie die beständige Ewigkeit die zukünftigen und vergangenen Zeiten bestimmt, ohne selbst zukünftig oder vergan-

Gn 31,29 futura nec praeterita aeternitas? numquid ›manus mea ualet‹ hoc aut manus oris mei per loquellas agit tam grandem rem?

14 ecce respondeo dicenti: quid faciebat deus, antequam faceret caelum et terram? respondeo non illud, quod quidam respondisse perhibetur ilocaliter eludens quaestionis uiolentiam: alta, inquit, scrutantibus gehennas parabat. – aliud est uidere, aliud est ridere. haec non respondeo. libentius enim responderim: nescio, quod nescio quam illud, unde inridetur qui alta interrogauit et laudatur qui falsa respondit. sed dico te, deus noster, omnis creaturae creatorem et, si caeli et terrae nomine omnis creatura intellegitur, audenter dico: antequam faceret deus caelum et terram, non faciebat aliquid. si enim faciebat, quid nisi creaturam faciebat? et utinam sic sciam, quidquid utiliter scire cupio, quemadmodum scio, quod nulla fiebat creatura, antequam fieret ulla creatura.

15 at si cuiusquam uolatilis sensus uagatur per imagines retro temporum et te, deum omnipotentem et omnicreantem et omnitenentem, caeli et terrae artificem, ab opere tanto, antequam id faceres, per innumerabilia saecula cessasse miratur, euigilet atque attendat, quia falsa miratur. nam unde poterant innumerabilia saecula praeterire, quae ipse non feceras, cum sis omnium saeculorum auctor et conditor? aut quae tempora fuissent, quae abs te condita non essent? aut quomodo praeterirent, si numquam fuissent? cum ergo sis operator omnium temporum, si fuit aliquod tempus, antequam faceres caelum et terram, cur dicitur,

gen zu sein? ›Hat meine Hand‹ etwa ›die Kraft‹ dazu? Oder vollbringt die Hand meines Mundes durch Reden so Großartiges?

14 Siehe, was ich dem antworte, der mit der Frage kommt: was tat Gott, bevor er Himmel und Erde schuf? Ich antworte nicht, was einer geantwortet haben soll, der mit einem Scherz der Gewalt dieser Frage auswich und erklärte, Gott habe damals Höllen für Leute gebaut, die über so abgrundtiefe Geheimnisse grübeln.[94] Eine Sache aber ist es, einzusehen, eine andere, zu lachen.[95] Deshalb antworte ich nicht so. Was ich nicht weiß, weiß ich nicht: das will ich lieber sagen als zu scherzen und damit den zu verlachen, der gründliche Fragen stellt, und den zu loben, der Falsches antwortet. Vielmehr behaupte ich, daß Du, unser Gott, der Schöpfer eines jeden Geschöpfes bist. Und wenn man unter dem Ausdruck Himmel und Erde die ganze Schöpfung zu verstehen hat, so behaupte ich kühn: Bevor Gott Himmel und Erde schuf, schuf er überhaupt nichts.[96] Wenn er nämlich schuf, was schuf er dann anderes als ein Geschöpf? Wüßte ich doch alles so gut, was ich zu meinem Besten wissen möchte, wie ich das weiß, daß kein Geschöpf wurde, bevor irgendein Geschöpf wurde.[97]

15 Wer aber auf Flügeln der Phantasie Vorstellungen früherer Zeiten durchschweift und sich wundert, daß Du, der allmächtige, der allschaffende und allerhaltende Gott, Baumeister Himmels und der Erden,[98] über zahllose Jahrhunderte gezögert hättest, ein so großes Werk zu schaffen, bevor Du es schufst, der wache auf und nehme sich in acht, da seiner Verwunderung irrige Annahmen zugrundeliegen.[99] Wie konnten denn zahllose Jahrhunderte vorübergehen, die Du nicht selbst geschaffen hattest, wo Du doch der Urheber und Begründer aller Jahrhunderte bist? Oder welche Zeiten wären das gewesen, die nicht Du begründet hättest? Oder wie wären sie vorübergegangen, wenn sie nie gewesen wären? Du bist also der Begründer aller Zeiten. Wenn es eine Zeit gegeben hat, bevor Du Himmel und Erde geschaffen hast, gibt es dann einen Grund zu erklären, Du habest

Gn 2,3 quod ›ab opere‹ cessabas? id ipsum enim tempus tu feceras, nec
praeterire potuerunt tempora, antequam faceres tempora. si au-
tem ante caelum et terram nullum erat tempus, cur quaeritur,
quid tunc faciebas? non enim erat tunc, ubi non erat tempus.

16 nec tu tempore tempora praecedis: alioquin non omnia tem-
pora praecederes. sed praecedis omnia praeterita celsitudine
semper praesentis aeternitatis et superas omnia futura, quia illa
futura sunt, et cum uenerint, praeterita erunt; ›tu autem idem
Ps 101,28 ipse es, et anni tui non deficiunt‹. anni tui nec eunt nec ueniunt:
isti enim nostri eunt et ueniunt, ut omnes ueniant. anni tui om-
nes simul stant, quoniam stant, nec euntes a uenientibus exclu-
duntur, quia non transeunt: isti autem nostri omnes erunt, cum
2Pt 3,8 omnes non erunt. ›anni‹ tui ›dies unus‹, et dies tuus non cotidie,
sed hodie, quia hodiernus tuus non cedit crastino; neque enim
succedit hesterno. hodiernus tuus aeternitas: ideo coaeternum
Ps 2,7; genuisti, cui dixisti: ›ego hodie genui te‹. omnia tempora tu fe-
Hbr 5,5 cisti et ante omnia tempora tu es, nec aliquo tempore non erat
tempus.

17 nullo ergo tempore non feceras aliquid, quia ipsum tempus tu feceras. et nulla tempora tibi coaeterna sunt, quia tu permanes; at illa si permanerent, non essent tempora. quid est enim tempus? quis hoc facile breuiterque explicauerit? quis hoc ad uerbum de illo proferendum uel cogitatione comprehenderit? quid autem familiarius et notius in loquendo commemoramus quam tempus? et intellegimus utique, cum id loquimur, intelle-

gezögert, ›ein Werk‹ zu vollbringen? Die Zeit selbst nämlich hattest Du geschaffen.[100] Und so konnten auch keine Zeiten vorübergehen, bevor Du die Zeiten geschaffen hast. Wenn es aber vor Himmel und Erde keine Zeit gab, warum fragt man, was Du damals tatest? Es gab doch kein Damals, als es keine Zeit gab.

16 Und so gehst Du nicht in der Zeit den Zeiten voraus: sonst gingst Du nicht allen Zeiten voraus. Vielmehr gehst Du allem Vergangenen in der Höhe der Ewigkeit voraus, die stets gegenwärtig ist. Du überragst auch alles Zukünftige, weil dies noch bevorsteht und, sobald es gekommen ist, schon wieder vergangen sein wird. ›Du aber bist ganz Du selbst, und Deine Jahre schwinden nicht dahin‹.[101] Deine Jahre gehen nicht und kommen nicht: die Jahre unseres Lebens gehen und kommen, damit sie alle kommen können. Deine Jahre bestehen alle zugleich, denn sie stehen: die gehenden werden von kommenden nicht verdrängt, weil sie nicht vorübergehen; unsere aber werden erst ganz sein, wenn sie alle nicht mehr sein werden.[102] Deine ›Jahre‹ sind ›ein Tag‹. Und Dein Tag kommt nicht täglich neu, sondern ist das Heute, weil Dein heutiger Tag einem morgigen Tag nicht weicht; und ebenso folgt er keinem gestrigen Tag nach. Dein Heute ist die Ewigkeit.[103] Deshalb hast du den Gleichewigen gezeugt, dem Du gesagt hast: ›Heute habe ich Dich gezeugt‹. Alle Zeiten hast Du geschaffen, und vor allen Zeiten bist Du; und gewiß gab es keine Zeit, in der es noch keine Zeit gab.[104]

17 Es gab also keine Zeit, in der Du noch nichts geschaffen hattest, weil Du es warst, der die Zeit selbst geschaffen hat. Keine Zeit ist ewig wie Du, weil Du im Sein verharrst. Wenn sie aber im Sein verharrte, wäre sie keine Zeit. Was ist denn überhaupt Zeit?[105] Wer könnte das leicht und kurz erklären? Wer kann etwas über sie zur Sprache bringen oder sie auch nur in Gedanken erfassen? Was aber ist uns im Reden vertrauter und sicherer gegenwärtig als die Zeit? Und wir verstehen das Wort durchaus, wenn wir es aussprechen; wir verstehen auch, wenn wir es

gimus etiam, cum alio loquente id audimus. quid est ergo tempus? si nemo ex me quaerat, scio; si quaerenti explicare uelim, nescio: fidenter tamen dico scire me, quod, si nihil praeteriret, non esset praeteritum tempus, et si nihil adueniret, non esset futurum tempus, et si nihil esset, non esset praesens tempus. duo ergo illa tempora, praeteritum et futurum, quomodo sunt, quando et praeteritum iam non est et futurum nondum est? praesens autem si semper esset praesens nec in praeteritum transiret, non iam esset tempus, sed aeternitas. si ergo praesens, ut tempus sit, ideo fit, quia in praeteritum transit, quomodo et hoc esse dicimus, cui causa, ut sit, illa est, quia non erit, ut scilicet non uere dicamus tempus esse, nisi quia tendit non esse?

18 et tamen dicimus longum tempus et breue tempus neque hoc nisi de praeterito aut futuro dicimus. praeteritum tempus longum uerbi gratia uocamus ante centum annos, futurum itidem longum post centum annos, breue autem praeteritum sic, ut puta dicamus ante decem dies, et breue futurum post decem dies. sed quo pacto longum est aut breue, quod non est? praeteritum enim iam non est et futurum nondum est. non itaque dicamus: longum est, sed dicamus de praeterito: longum fuit, et de
Mi 7,8 futuro: longum erit. domine meus, ›lux mea‹, nonne et hic ueritas tua deridebit hominem? quod enim longum fuit praeteritum tempus, cum iam esset praeteritum, longum fuit, an cum adhuc praesens esset? tunc enim poterat esse longum, quando erat, quod esset longum: praeteritum uero iam non erat; unde nec longum esse poterat, quod omnino non erat. non ergo dicamus:

hören, falls ein anderer es ausspricht. Was also ist die Zeit? Wenn niemand mich danach fragt, weiß ich es; wenn ich es einem Fragenden erklären will, weiß ich es nicht.[106] Trotzdem behaupte ich fest, zu wissen, daß es keine vergangene Zeit gäbe, wenn nichts vorüberginge, keine zukünftige Zeit, wenn nichts herankäme, und keine gegenwärtige Zeit, wenn es nichts gäbe, das da ist. Wie kommt also jenen zwei Zeiten, der vergangenen und der zukünftigen, Sein zu, da einerseits das Vergangene nicht mehr ist und andererseits das Zukünftige noch nicht ist?[107] Wenn das Gegenwärtige aber immer gegenwärtig wäre und nicht ins Vergangensein überginge, wäre es nicht mehr Zeit, sondern Ewigkeit. Wenn also das Gegenwärtige, um Zeit zu sein, deshalb ins Sein kommt, weil es in das Vergangensein übergeht, wie können wir auch ihm Sein zusprechen, wo der Grund seines Seins doch nur darin besteht, daß es sogleich nicht mehr dasein wird? Können wir wirklich nur deshalb behaupten, daß die Zeit ist, weil sie zum Nichtsein strebt?[108]

18 Und doch reden wir von langer Zeit und kurzer Zeit, auch wenn wir das nur im Blick auf Vergangenes oder Zukünftiges tun.[109] Sprechen wir zum Beispiel von hundert Jahren, die vorbei sind, so meinen wir eine lange Zeit, die vergangen ist.[110] Ebenso meinen wir mit hundert Jahren, die bevorstehen, eine lange Zeit, die zukünftig ist. Als kurze Zeit der Vergangenheit bezeichnen wir aber zum Beispiel zehn Tage, die vorbei sind; als kurze Zeit der Zukunft zehn Tage, die bevorstehen. Welche Übereinkunft erlaubt uns aber, etwas lang oder kurz zu nennen, das nicht ist?[111] Denn Vergangenes ist nicht mehr, und Zukünftiges ist noch nicht. Deshalb sollten wir von Vergangenem nicht sagen: es ist lang, sondern: es war lang, und von Zukünftigem: es wird lang sein. Mein Herr, ›mein Licht‹, wird Deine Wahrheit den Menschen nicht auch hier verlachen? War die vergangene Zeit, die lang gewesen ist, denn lang, als sie bereits vergangen war oder als sie noch gegenwärtig war? Sie konnte doch nur lang sein, als es etwas gab, das lang sein könnte. Weil das Vergangene damals aber nicht mehr war, konnte die Zeit nicht lang sein, weil sie überhaupt nicht war. Wir sollten also nicht sa-

longum fuit praeteritum tempus – neque enim inueniemus, quid fuerit longum, quando, ex quo praeteritum est, non est – sed dicamus: longum fuit illud praesens tempus, quia cum praesens esset, longum erat. nondum enim praeterierat, ut non esset, et ideo erat, quod longum esse posset; postea uero quam praeteriit, simul et longum esse destitit, quod esse destitit.

19 uideamus ergo, anima humana, utrum praesens tempus possit esse longum: datum enim tibi est sentire moras atque metiri. quid respondebis mihi? an centum anni praesentes longum tempus est? uide prius, utrum possint praesentes esse centum anni. si enim primus eorum annus agitur, ipse praesens est, nonaginta uero et nouem futuri sunt, et ideo nondum sunt: si autem secundus annus agitur, iam unus est praeteritus, alter praesens, ceteri futuri. atque ita mediorum quemlibet centenarii huius numeri annum praesentem posuerimus: ante illum praeteriti erunt, post illum futuri. quocirca centum anni praesentes esse non poterunt. uide saltem, utrum qui agitur unus ipse sit praesens. et eius enim si primus agitur mensis, futuri sunt ceteri, si secundus, iam et primus praeteriit et reliqui nondum sunt. ergo nec annus, qui agitur, totus est praesens, et si non totus est praesens, non annus est praesens. duodecim enim menses annus est, quorum quilibet unus mensis, qui agitur, ipse praesens est, ceteri aut praeteriti aut futuri. quamquam neque mensis, qui agitur, praesens est, sed unus dies: si primus, futuris ceteris, si nouissimus, praeteritis ceteris, si mediorum quilibet, inter praeteritos et futuros.

gen, daß eine vergangene Zeit lang war. Denn wir werden in ihr nichts finden, was lang wäre, weil sie ja, seit sie vergangen ist, nicht ist. Vielmehr sollten wir sagen: Lang war jene gegenwärtige Zeit, weil sie lang war, als sie gegenwärtig war. Denn da war sie noch nicht zum Nichtsein übergegangen und war insofern etwas, das die Möglichkeit hätte, lang zu sein. Nachher aber, als sie vergangen war, hörte sie zugleich auch auf, lang zu sein, weil sie zu sein aufgehört hat.

19 Laß uns, o Menschenseele, also sehen, ob eine gegenwärtige Zeit lang sein kann:[112] denn dir ist es gegeben, Zeitspannen wahrzunehmen und zu messen.[113] Was wirst du mir antworten? Sind hundert gegenwärtige Jahre eine lange Zeit? Sieh zunächst, ob hundert Jahre wirklich gegenwärtig sein können.[114] Wenn von diesen Jahren nämlich das erste läuft, ist eben dieses Jahr gegenwärtig, neunundneunzig aber stehen noch bevor; sie sind also noch nicht. Wenn aber das zweite Jahr läuft, ist eines schon vergangen, ein anderes gegenwärtig, die übrigen aber stehen noch aus. So könnten wir jedes beliebige Jahr zwischen Anfang und Ende dieser Hundertzahl als gegenwärtig setzen: vor ihm werden jeweils vergangene Jahre sein, nach ihm zukünftige. Demzufolge können hundert Jahre nicht gegenwärtig sein. Sieh weiter, ob wenigstens das eine Jahr, das gerade läuft, gegenwärtig ist. Denn auch da gilt: wenn sein erster Monat läuft, sind die übrigen zukünftig; läuft der zweite Monat, ist der erste schon vergangen, die übrigen aber sind noch nicht da. Also ist auch das gerade laufende Jahr nicht als ganzes gegenwärtig: und wenn es nicht als ganzes gegenwärtig ist, ist nicht das Jahr gegenwärtig. Denn ein Jahr besteht aus zwölf Monaten, von denen der jeweilige einzelne Monat, der gerade läuft, für sich gegenwärtig ist; die übrigen aber sind entweder vergangen oder zukünftig. Dennoch ist auch ein gerade laufender Monat nicht gegenwärtig, sondern eher ein Tag: läuft der erste Tag, sind die übrigen Tage zukünftig, läuft der letzte, sind die übrigen vergangen, läuft ein beliebiger mittlerer Tag, steht er zwischen den vergangenen und den zukünftigen Tagen.

20 ecce praesens tempus, quod solum inueniebamus longum appellandum, uix ad unius diei spatium contractum est. sed discutiamus etiam ipsum, quia nec unus dies totus est praesens. nocturnis enim et diurnis horis omnibus uiginti quattuor expletur, quarum prima ceteras futuras habet, nouissima praeteritas, aliqua uero interiectarum ante se praeteritas, post se futuras. et ipsa una hora fugitiuis particulis agitur: quidquid eius auolauit, praeteritum est, quidquid ei restat, futurum. si quid intellegitur temporis, quod in nullas iam uel minutissimas momentorum partes diuidi possit, id solum est, quod praesens dicatur; quod tamen ita raptim a futuro in praeteritum transuolat, ut nulla morula extendatur. nam si extenditur, diuiditur in praeteritum et futurum: praesens autem nullum habet spatium. ubi est ergo tempus, quod longum dicamus? an futurum? non quidem dicimus: longum est, quia nondum est quod longum sit, sed dicimus: longum erit. quando igitur erit? si enim et tunc adhuc futurum erit, non erit longum, quia quid sit longum nondum erit: si autem tunc erit longum, cum ex futuro quod nondum est esse iam coeperit et praesens factum erit, ut possit esse quod longum sit, iam superioribus uocibus clamat praesens tempus longum se esse non posse.

21 et tamen, domine, sentimus interualla temporum et comparamus sibimet et dicimus alia longiora et alia breuiora. metimur etiam, quanto sit longius aut breuius illud tempus quam illud et respondemus duplum esse hoc uel triplum, illud autem simplum aut tantum hoc esse quantum illud. sed praetereuntia metimur tempora, cum sentiendo metimur; praeterita uero, quae iam non sunt, aut futura, quae nondum sunt, quis metiri potest, nisi

20 So hat sich die gegenwärtige Zeit, von der allein wir fanden, daß sie lang zu nennen sei, auf die Dauer kaum eines Tages verkürzt. Aber zerspalten wir auch diese Zeitspanne, da nicht einmal ein Tag als ganzer gegenwärtig ist.[115] Denn mit der Dauer der Nacht und des Tages füllt sie zusammen vierundzwanzig Stunden aus. Während der ersten Stunde sind die übrigen zukünftig, in der letzten sind sie vergangen; für eine dazwischenliegende aber sind die vergangenen vorbei, die zukünftigen stehen noch aus. Und selbst die eine Stunde wird in flüchtigen Teilchen durchlebt. Was von ihr verflogen ist, ist vergangen, was von ihr aussteht, zukünftig. Wenn man sich ein Stück Zeit vorstellt, das sich nicht mehr in Teile aufspalten läßt, auch nicht in winzigste, so ist es das allein, was gegenwärtig zu nennen wäre.[116] Aber auch dies Stück Zeit fliegt so rasch von der Zukunft in die Vergangenheit hinüber, daß keine Dauer sich erstreckt. Denn wenn es sich erstreckt, läßt es sich in Vergangenes und Zukünftiges aufspalten: was aber gegenwärtig ist, hat keine Ausdehnung.[117] Wo also ist eine Zeit, die wir lang nennen könnten? Etwa in der Zukunft? Von dieser aber sagen wir nicht, daß sie lang ist, weil noch nichts da ist, was lang sein kann. Vielmehr sagen wir, daß sie lang sein wird. Wann wird sie also lang sein? Denn wenn sie dann immer noch zukünftig ist, wird sie nicht lang sein, weil nichts da ist, das lang sein könnte. Ist die Zeit aber erst dann lang, nachdem sie gerade aus Zukünftigem, das noch nicht ist, zu sein begonnen hat und gegenwärtig geworden ist, so daß sie etwas sein kann, was lang ist, dann ruft die gegenwärtige Zeit erneut, daß sie nicht lang sein kann.[118]

21 Und dennoch, Herr, nehmen wir Zeitabschnitte wahr, vergleichen sie miteinander und nennen manche länger, manche kürzer. Wir messen auch, um wieviel länger oder kürzer diese eine Zeit ist als jene, und antworten zum Beispiel, diese sei doppelt oder dreimal so lang, diese andere aber habe einfache Länge oder sei ebenso lang wie jene Zeit. Wir messen die Zeiten aber, wenn sie vorübergehen, da wir sie im Wahrnehmen messen.[119] Wer aber kann Vergangenes messen, das nicht mehr ist, oder Zukünftiges, das noch nicht ist? Doch nur einer, der so dreist

forte audebit quis dicere metiri posse quod non est? cum ergo praeterit tempus, sentiri et metiri potest, cum autem praeterierit, quoniam non est, non potest.

22 quaero, pater, non affirmo: deus meus, praeside mihi et
Ps 22,1 ›rege‹ me. quisnam est, qui dicat mihi non esse tria tempora, sicut pueri didicimus puerosque docuimus, praeteritum, praesens et futurum, sed tantum praesens, quoniam illa duo non sunt? an et ipsa sunt, sed ex aliquo procedit occulto, cum ex futuro fit praesens, et in aliquod recedit occultum, cum ex praesenti fit praeteritum? nam ubi ea uiderunt qui futura cecinerunt, si nondum sunt? neque enim potest uideri id quod non est, et qui narrant praeterita, non utique uera narrarent, si animo illa non cernerent: quae si nulla essent, cerni omnino non possent. sunt ergo et futura et praeterita.

Ps 70,5 23 sine me, ›domine‹, amplius quaerere, ›spes mea‹; non conturbetur intentio mea. si enim sunt futura et praeterita, uolo scire, ubi sint. quod si nondum ualeo, scio tamen, ubicumque sunt, non ibi ea futura esse aut praeterita, sed praesentia. nam si et ibi futura sunt, nondum ibi sunt, si et ibi praeterita sunt, iam non ibi sunt. ubicumque ergo sunt, quaecumque sunt, non sunt nisi praesentia. quamquam praeterita cum uera narrantur, ex memoria proferuntur non res ipsae, quae praeterierunt, sed uerba concepta ex imaginibus earum, quae in animo uelut uestigia per sensus praetereundo fixerunt. pueritia quippe mea, quae iam non est, in tempore praeterito est, quod iam non est; imaginem uero

wäre zu sagen, er könne messen, was nicht ist. Man kann die Zeit also wahrnehmen und messen, während sie vorübergeht; sobald sie aber vorübergegangen ist, kann man es nicht, weil sie dann ja nicht mehr ist.

22 Ich frage, Vater, ich stelle keine Behauptungen auf:[120] mein Gott, schütze und ›leite‹ mich. Wer ist es denn, der mir weismachen will, es gebe nicht drei Zeiten, nicht Vergangenheit, Gegenwart und Zukunft, wie wir als Kinder gelernt und wie wir die Kinder gelehrt haben, sondern nur die Gegenwart, da die beiden anderen Zeiten ja nicht sind? Oder sind sie doch, aber so, daß das Gegenwärtige, wenn es aus dem Zukünftigen entsteht, aus irgendeinem Dunkel hervortritt und in irgendein Dunkel zurückweicht, wenn aus dem Gegenwärtigen Vergangenes wird?[121] Wo haben denn Weissagende das Zukünftige gesehen, wenn es noch nicht ist? Denn was nicht ist, kann auch nicht gesehen werden. Wer Vergangenes erzählt, könnte keinesfalls Wahres erzählen, wenn er es nicht im Geist wahrnähme.[122] Hätte das Vergangene kein Sein, könnte es überhaupt nicht wahrgenommen werden. Also kommt auch dem Zukünftigen und dem Vergangenen Sein zu.[123]

23 Laß mich weiter fragen, ›Herr, Du meine Hoffnung‹; mein Bestreben soll nicht gestört werden. Denn falls es Zukünftiges und Vergangenes gibt, will ich wissen, wo sie sind. Obwohl ich das noch nicht sagen kann, weiß ich doch, daß sie dort, wo immer sie sein mögen, nicht zukünftig oder vergangen, sondern gegenwärtig sind. Denn wenn sie auch dort zukünftig sind, sind sie dort noch nicht; wenn sie auch dort vergangen sind, sind sie dort nicht mehr.[124] Wo immer sie also sind, was sie auch sind: sie sind nur, wenn sie gegenwärtig sind.[125] Wenn man Wahres erzählt, holt man Vergangenes aus dem Gedächtnis hervor. Das sind aber nicht die Sachen selbst, die vorübergegangen sind, sondern Worte, die man aus Bildern der Sachen aufgenommen hat.[126] Diese Sachen haben beim Vorübergehen im Geist durch die Sinne Spuren in das Gedächtnis eingeprägt. Meine Kindheit, die nicht mehr ist, ist gewiß in der vergangenen Zeit, die

eius, cum eam recolo et narro, in praesenti tempore intueor, quia est adhuc in memoria mea. utrum similis sit causa etiam praedicendorum futurorum, ut rerum, quae nondum sunt, iam existentes praesentiantur imagines, confiteor, deus meus, nescio. illud sane scio, nos plerumque praemeditari futuras actiones nostras eamque praemeditationem esse praesentem, actionem autem, quam praemeditamur, nondum esse, quia futura est; quam cum aggressi fuerimus et quod praemeditabamur agere coeperimus, tunc erit illa actio, quia tunc non futura, sed praesens erit.

24 quoquo modo se itaque habeat arcana praesensio futurorum, uideri nisi quod est non potest. quod autem iam est, non futurum sed praesens est. cum ergo uideri dicuntur futura, non ipsa, quae nondum sunt, id est quae futura sunt, sed eorum causae uel signa forsitan uidentur; quae iam sunt: ideo non futura, sed praesentia sunt iam uidentibus, ex quibus futura praedicantur animo concepta. quae rursus conceptiones iam sunt, et eas praesentes apud se intuentur qui illa praedicunt. loquatur mihi aliquod exemplum tanta rerum numerositas. intueor auroram: oriturum solem praenuntio. quod intueor, praesens est, quod praenuntio, futurum: non sol futurus, qui iam est, sed ortus eius, qui nondum est: tamen etiam ortum ipsum nisi animo imaginarer, sicut modo cum id loquor, non eum possem praedicere. sed nec illa aurora, quam in caelo uideo, solis ortus est, quamuis eum praecedat, nec illa imaginatio in animo meo: quae duo praesentia cernuntur, ut futurus ille ante dicatur. futura ergo nondum sunt, et si nondum sunt, non sunt, et si non sunt, uideri

nicht mehr ist. Rufe ich sie mir jedoch ins Gedächtnis und erzähle von ihr, so schaue ich ihr Bild in der Gegenwart, weil sie mir noch im Gedächtnis ist. Ich gestehe, mein Gott, nicht zu wissen, ob auch die Vorhersage von Zukünftigem eine ähnliche Ursache hat. Dann könnten Bilder von etwas, was noch nicht ist, im voraus wahrgenommen werden, als ob diese schon existierten. Wohl weiß ich, daß wir unsere zukünftigen Handlungen meist im voraus bedenken und daß das Vorbedenken gegenwärtig ist.[127] Ich weiß aber auch, daß eine Handlung, die wir vorbedenken, noch nicht ist, da sie zukünftig ist. Erst wenn wir herangetreten sind und zu tun begonnen haben, was wir bedacht hatten, wird die Handlung sein, weil sie dann nicht zukünftig sein wird, sondern gegenwärtig ist.

24 Wie es also auch mit dem geheimnisvollen Voraussehen von Zukünftigem stehen mag: gesehen werden kann nur etwas, was ist. Was aber schon ist, ist nicht zukünftig, sondern gegenwärtig. Wenn man also sagt, daß Zukünftiges gesehen wird, wird es nicht selbst gesehen, weil es noch nicht ist. Womöglich werden aber von ihm Gründe oder Zeichen gesehen. Diese sind schon da. Deshalb sind sie für die, die sie schon sehen, nicht zukünftig, sondern gegenwärtig. Aus ihnen können sie Zukünftiges voraussagen, das im Geist erfaßt wurde. Die Vorstellungen wiederum sind schon da: wer also Zukünftiges voraussagt, erblickt diese bei sich gegenwärtig. Ein beliebiges Beispiel soll die Unzahl möglicher Fälle klarstellen: Ich sehe das Morgenrot und sage den Sonnenaufgang voraus.[128] Was ich sehe, ist gegenwärtig; was ich voraussage, zukünftig. Nicht die Sonne, der schon Sein zukommt, ist zukünftig, sondern ihr Aufgang, dem noch kein Sein zukommt. Doch könnte ich auch den Aufgang selbst nicht vorhersagen, wenn ich ihn mir nicht im Geiste ausmalte, wie jetzt, wenn ich das sage. Aber weder jenes Morgenrot, das ich am Himmel sehe, ist der Sonnenaufgang, so sehr es ihm vorausgehen mag, noch jene Vorstellung in meinem Geist: beide werden zwar als gegenwärtig erfaßt, aber nur so, daß jener als zukünftig vorhergesagt wird.[129] Zukünftiges ist demnach noch nicht; und wenn es noch nicht ist, ist es nicht, und wenn es

omnino non possunt; sed praedici possunt ex praesentibus, quae iam sunt et uidentur.

25 tu itaque, regnator creaturae tuae, quis est modus, quo doces animas ea quae futura sunt? docuisti enim prophetas tuos. quisnam ille modus est, quo doces futura, cui futurum quidquam non est? uel potius de futuris doces praesentia? nam quod non est, nec doceri utique potest. nimis longe est modus iste ab acie
Ps 138,6 mea; inualuit: ex me ›non potero‹ ad illum; potero autem ex te,
Ps 37,11 cum dederis tu, dulce ›lumen‹ occultorum ›oculorum meorum‹.

26 quod autem nunc liquet et claret, nec futura sunt nec praeterita, nec proprie dicitur: tempora sunt tria, praeteritum, praesens et futurum, sed fortasse proprie diceretur: tempora sunt tria, praesens de praeteritis, praesens de praesentibus, praesens de futuris. sunt enim haec in anima tria quaedam et alibi ea non uideo, praesens de praeteritis memoria, praesens de praesentibus contuitus, praesens de futuris expectatio. si haec permittimur dicere, tria tempora uideo fateorque, tria sunt. dicatur etiam: tempora sunt tria, praeteritum, praesens et futurum, sicut abutitur consuetudo; dicatur. ecce non curo nec resisto nec reprehendo, dum tamen intellegatur quod dicitur, neque id, quod futurum est, esse iam, neque id, quod praeteritum est. pauca sunt enim, quae proprie loquimur, plura non proprie, sed agnoscitur quid uelimus.

nicht ist, kann es keinesfalls gesehen werden. Doch läßt es sich aus Gegenwärtigem vorhersagen, das schon da ist und gesehen wird.

25 Deshalb sag Du, der Du Deine Geschöpfe lenkst und regierst: auf welche Weise lehrst Du Seelen sehen, was zukünftig ist? Du hast ja Deine Propheten belehrt.[130] Auf welche Weise lehrst Du jemanden Zukünftiges, für den Zukünftiges doch gar nicht ist? Oder lehrst Du eher Gegenwärtiges im Blick auf Zukünftiges? Denn was nicht ist, kann durchaus nicht gelehrt werden. Allzu fern ist dieser Weg der Belehrung meinem Horizont, er übersteigt meine Kraft: aus mir allein ›werde ich‹ nicht auf ihn gelangen ›können‹; ich werde ihn aber mit Deiner Hilfe erreichen, sobald Du, das süße ›Licht meiner‹ verborgenen ›Augen‹, sie mir gewährst.[131]

26 Das jedoch ist jetzt deutlich und klar:[132] weder Zukünftiges noch Vergangenes ist. Diese Besonderheit der Zeit verfehlt man, wenn man sagt: es gibt drei Zeiten, die vergangene, die gegenwärtige und die zukünftige. Zutreffend könnte man vielleicht sagen: es gibt drei Zeiten, nämlich Gegenwart von Vergangenem, Gegenwart von Gegenwärtigem und Gegenwart von Zukünftigem. Denn diese drei Zeiten sind gewissermaßen in der Seele da: anderswo aber sehe ich sie nicht.[133] Es gibt Gegenwart von Vergangenem: nämlich Erinnerung, Gegenwart von Gegenwärtigem: nämlich Anschauung, Gegenwart von Zukünftigem: nämlich Erwartung. Wenn man uns so zu sprechen erlaubt, sehe ich drei Zeiten und gebe zu, daß es drei sind.[134] Man mag weiter sagen, daß Vergangenheit, Gegenwart und Zukunft die drei Zeiten seien, wie uns die Gewohnheit zu sagen verleitet; mag man so reden. Sieh, ich sorge mich nicht darum, widersetze mich nicht und übe keine Kritik, wenn man bei alledem nur versteht, was man sagt, und nicht behauptet, das, was zukünftig ist, sei schon – oder das, was vergangen ist, sei noch. Denn nur wenig benennen wir zutreffend, das meiste unzutreffend, und doch versteht man, was wir sagen wollen.

27 dixi ergo paulo ante, quod praetereuntia tempora metimur, ut possimus dicere duplum esse hoc temporis ad illud simplum aut tantum hoc quantum illud et si quid aliud de partibus temporum possumus renuntiare metiendo. quocirca, ut dicebam, praetereuntia metimur tempora, et si quis mihi dicat: unde scis? respondeam: scio, quia metimur, nec metiri quae non sunt possumus, et non sunt praeterita uel futura. praesens uero tempus quomodo metimur, quando non habet spatium? metimur ergo, cum praeterit, cum autem praeterierit, non metitur; quid enim metiatur, non erit. sed unde et qua et quo praeterit, cum metitur? unde nisi ex futuro? qua nisi per praesens? quo nisi in praeteritum? ex illo ergo, quod nondum est, per illud, quod spatio caret, in illud, quod iam non est. quid autem metimur nisi tempus in aliquo spatio? neque enim dicimus simpla et dupla et tripla et aequalia et si quid hoc modo in tempore dicimus nisi spatia temporum. in quo ergo spatio metimur tempus praeteriens? utrum in futuro, unde praeterit? sed quod nondum est, non metimur. an in praesenti, qua praeterit? sed nullum spatium non metimur. an in praeterito, quo praeterit? sed quod iam non est, non metimur.

28 exarsit animus meus nosse istuc implicatissimum aenigma. noli claudere, domine deus meus, bone pater, per Christum obsecro, noli claudere desiderio meo ista et usitata et abdita, quominus in ea penetret et dilucescant allucente misericordia tua, domine. quem percontabor de his? et cui fructuosius confi-

27 Ich habe vorhin gesagt, daß wir die Zeiten messen, während sie vorübergehen.[135] So können wir sagen, diese Zeitspanne dauere im Vergleich mit jener Grundeinheit doppelt so lang, oder: sie dauere genau so lang wie jene, und was wir sonst noch über Zeitabschnitte beim Messen ausmachen können. Daher messen wir, wie ich sagte, die Zeiten, während sie vorübergehen. Wenn mich einer fragte, woher ich das weiß, könnte ich antworten: Ich weiß es, weil wir messen und weil wir nicht messen können, was nicht ist; und weil weder Vergangenes noch Zukünftiges ist. Wie messen wir aber eine gegenwärtige Zeit, da sie doch keine Ausdehnung hat? Also messen wir sie, während sie vorübergeht. Wenn sie aber vergangen ist, wird sie nicht gemessen, weil das, was gemessen werden könnte, nicht mehr da ist. Aber woher kommt sie, wodurch eilt sie und wohin entflieht sie, wenn sie gemessen wird? Woher kommt sie, wenn nicht aus der Zukunft? Wodurch eilt sie, wenn nicht durch die Gegenwart? Wohin entflieht sie, wenn nicht in die Vergangenheit? Sie kommt also aus etwas, das noch nicht ist, durcheilt, was keine Ausdehnung besitzt, und entflieht in etwas, das nicht mehr ist. Was aber messen wir, wenn nicht Zeit in irgendeiner Ausdehnung? Denn gerade Ausdehnungen der Zeit meinen wir, wenn wir im Blick auf Zeit von Einheiten, von doppelter, dreifacher und gleicher Länge sprechen.[136] In welcher Ausdehnung messen wir also die vorübergehende Zeit? Etwa in der Zukunft, aus der sie vorübergeht? Aber wir messen nicht das, was noch nicht ist. Oder in der Gegenwart, durch die sie vorübergeht? Aber wir messen nicht das, was ohne Ausdehnung ist. Oder in der Vergangenheit, wohin sie vorübergeht? Aber wir messen nicht das, was nicht mehr ist.

28 Entbrannt ist mein Geist, dieses höchst verwickelten Rätsels inne zu werden.[137] Versperre es mir nicht, Herr, mein Gott, guter Vater. Bei Christus bitte ich Dich inständig, versperre meinem Begehren nicht diese alltägliche, aber doch auch entlegene Wirklichkeit,[138] so daß ich in sie eindringe und sie mir im Lichte Deiner Barmherzigkeit durchsichtig wird, Herr. Wen soll ich darüber befragen? Und wem könnte ich mein Nichtverstehen

tebor imperitiam meam nisi tibi, cui non sunt molesta studia
mea flammantia uehementer in scripturas tuas? da quod amo:
amo enim, et hoc tu dedisti. da, pater, qui uere nosti ›data bona
Mt 7,11 dare filiis‹ tuis, da, quoniam suscepi cognoscere ›et labor est ante
Ps 72,16 me‹, donec aperias. per Christum obsecro, in nomine eius sancti
Ps 115,10 sanctorum nemo mihi obstrepat. et ego ›credidi, propter quod‹
et loquor. haec est spes mea; ad hanc uiuo, ›ut contempler de-
Ps 26,4; lectationem domini‹. ›ecce ueteres posuisti dies meos‹ et trans-
Ps 38,6 eunt, et quomodo, nescio. et dicimus tempus et tempus, tempo-
ra et tempora: quandiu dixit hoc ille, quandiu fecit hoc ille et:
quam longo tempore illud non uidi et: duplum temporis habet
haec syllaba ad illam simplam breuem. dicimus haec et audimus
haec et intellegimur et intellegimus. manifestissima et usitatissi-
ma sunt, et eadem rursus nimis latent et noua est inuentio
eorum.

29 audiui a quodam homine docto, quod solis et lunae ac siderum motus ipsa sint tempora, et non adnui. cur enim non potius omnium corporum motus sint tempora? an uero, si cessarent caeli lumina et moueretur rota figuli, non esset tempus, quo metiremur eos gyros et diceremus aut aequalibus morulis agi, aut si alias tardius, alias uelocius moueretur, alios magis diuturnos esse, alios minus? aut cum haec diceremus, non et nos in tempore loqueremur aut essent in uerbis nostris aliae longae syllabae, aliae breues, nisi quia illae longiore tempore sonuissent, istae breuiore? deus, dona hominibus uidere in paruo communes notitias rerum paruarum atque magnarum. sunt sidera et luminaria caeli in signis et in temporibus et in diebus et in annis.

fruchtbringender bekennen als Dir, da Dir meine heftig flammenden Bemühungen um Deine Schriften nicht lästig sind?[139] Gib, was ich liebe: denn ich liebe; aber auch das hast Du gegeben. Gib, Vater, der Du wahrlich verstehst, Deinen ›Kindern gute Gaben zu geben‹. Gib, da ich es auf mich genommen habe, Erkenntnis zu suchen. ›Denn Mühsal erwartet mich‹, solange Du nicht die Tür zur Einsicht öffnest. Bei Christus bitte ich inständig, im Namen dieses Heiligen aller Heiligen; niemand unterbreche mich. ›Ich habe geglaubt‹ und ›deswegen‹ rede ich auch. Meine Hoffnung, auf die sich mein Leben richtet, ist, ›die Freude des Herrn zu schauen‹. ›Sieh, Du hast bestimmt, daß meine Tage altern‹ und vergehen, und ich weiß nicht, wie mir geschieht. Und doch reden wir immer wieder von Zeit und Zeiten, zum Beispiel: Wann hat er das gesagt? Wann hat er das getan? Wie lange Zeit habe ich das nicht gesehen? Oder auch: Diese Silbe braucht im Vergleich zu jener kurzen das Doppelte an Zeit. Wir sagen solches und hören es; wir werden verstanden und verstehen. Es liegt klar auf der Hand und ist überall gebräuchlich; andererseits ist es zugleich tief verborgen: und so ist neu, was sich im Finden zeigt.[140]

29 Gehört habe ich von einem Gelehrten, die Zeiten seien eigentlich die Bewegungen von Sonne, Mond und Sternen; aber ich habe nicht zugestimmt.[141] Denn warum sollten nicht eher die Bewegungen aller Körper die Zeiten sein? Oder gäbe es, wenn die Himmelslichter stille stünden und sich eine Töpferscheibe bewegte, wirklich keine Zeit, mit der wir ihre Drehungen messen könnten? Könnten wir nicht auch dann sagen, sie seien entweder gleich lang oder – wenn die Scheibe sich mal langsamer, mal schneller bewegt – die einen Drehungen seien länger, die anderen kürzer? Oder redeten wir, wenn wir das sagten, nicht auch in der Zeit? Oder könnte es in unseren Wörtern lange und kurze Silben geben, wenn die einen nicht in längerer Zeit, die anderen in kürzerer ertönten? Gott, laß die Menschen am Kleinen die Einsichten erwerben, die dem Kleinen und Großen gemeinsam sind.[142] Ja, Sterne und Himmelslichter dienen uns als Zeichen und zur Bestimmung der Jahreszeiten, Tage

sunt uero; sed nec ego dixerim circuitum illius ligneolae rotae diem esse, nec tamen ideo tempus non esse ille dixerit.

30 ego scire cupio uim naturamque temporis, quo metimur corporum motus et dicimus illum motum uerbi gratia tempore duplo esse diuturniorem quam istum. nam quaero, quoniam dies dicitur non tantum mora solis super terram, secundum quod aliud est dies, aliud nox, sed etiam totius eius circuitus ab oriente usque orientem, secundum quod dicimus: tot dies transierunt – cum suis enim noctibus dicuntur tot dies, nec extra reputantur spatia noctium – quoniam ergo dies expletur motu solis atque circuitu ab oriente usque orientem, quaero, utrum motus ipse sit dies an mora ipsa, quanta peragitur, an utrumque. si enim primum dies esset, dies ergo esset, etiamsi tanto spatio temporis sol cursum illum peregisset, quantum est horae unius. si secundum, non ergo esset dies, si ab ortu solis usque in ortum alterum tam breuis mora esset, quam est horae unius, sed uiciens et quater circuiret sol, ut expleret diem. si utrumque, nec ille appellaretur dies, si horae spatio sol totum suum gyrum circuiret, nec ille, si sole cessante tantum temporis praeteriret, quanto peragere sol totum ambitum de mane in mane adsolet. non itaque nunc quaeram, quid sit illud, quod uocatur dies, sed quid sit tempus, quo metientes solis circuitum diceremus eum dimidio spatio temporis peractum minus quam solet, si tanto spatio temporis peractus esset, quanto peraguntur horae duodecim, et utrumque tempus comparantes diceremus illud simplum, hoc duplum, etiamsi aliquando illo simplo, aliquando isto duplo sol

und Jahre. Dazu dienen sie. Ich aber will nicht behauptet haben, der Umlauf jener Holzscheibe sei ein Tag; doch soll auch jener Gelehrte nicht sagen, er sei deshalb keine Zeit.

30 Was ich zu wissen begehre, sind Kraft und Wesen der Zeit. Durch sie messen wir Bewegungen von Körpern[143] und sagen, jene Bewegung zum Beispiel dauere länger als diese, da sie die doppelte Zeit einnehme. Ich stelle diese Frage nämlich, weil als Tag ja nicht nur die Verweildauer der Sonne über der Erde bezeichnet wird, die es erlaubt, Tag und Nacht zu unterscheiden, sondern auch die Dauer ihres ganzen Umlaufs vom Aufgang bis zum Wiederaufgang. Demgemäß sagen wir: So viele Tage sind vergangen, wenn wir die Tage mit ihren Nächten meinen und die Dauer der Nächte nicht gesondert rechnen. Weil sich ein Tag also in der Bewegung der Sonne vom Aufgang bis zum Wiederaufgang vollendet, frage ich, ob der Tag nur die Bewegung oder nur die Dauer ist, in der sich die Bewegung vollzieht, oder ob er beides ist. Wenn der Tag nur die Bewegung wäre, so wäre es also auch ein Tag, wenn die Sonne ihren Lauf im Zeitraum einer Stunde vollzogen hätte.[144] Wäre er aber nur die Dauer dieser Bewegung, wäre es also kein Tag, wenn es vom Aufgang der Sonne bis zum Wiederaufgang lediglich eine Stunde dauerte. Vielmehr müßte die Sonne dann vierundzwanzig Umläufe vollziehen, um einen Tag zu vollenden. Wenn der Tag zugleich Bewegung und Dauer wäre, könnte man es weder einen Tag nennen, wenn die Sonne ihren ganzen Kreis in einer Stunde durchliefe, noch wenn bei stillstehender Sonne das Maß an Zeit vorüberginge, in dem die Sonne gewöhnlich einen ganzen Umlauf vom einen zum anderen Morgen vollendet. Deshalb will ich jetzt nicht fragen, was man als Tag bezeichnet, sondern was die Zeit ist. Indem wir mit ihr den Umlauf der Sonne messen, können wir sagen, daß er sich in der Hälfte der gewöhnlichen Zeit vollzogen hätte, wenn er sich in einer Zeit von zwölf Stunden vollzogen hätte. Indem wir beide Zeiten vergleichen, können wir sagen, die eine nehme eine gewisse Zeit ein, die andere aber doppelt so viel, obwohl der Umlauf einmal die einfache, einmal die doppelte Zeit vom Aufgang bis zum

ab oriente usque orientem circuiret. nemo ergo mihi dicat caelestium corporum motus esse tempora, quia et cuiusdam uoto cum sol stetisset, ut uictoriosum proelium perageret, sol stabat, sed tempus ibat. per suum quippe spatium temporis, quod ei sufficeret, illa pugna gesta atque finita est. uideo igitur tempus quandam esse distentionem. sed uideo? an uidere mihi uideor? tu demonstrabis, lux, ueritas.

31 iubes ut approbem, si quis dicat tempus esse motum corporis? non iubes. nam corpus nullum nisi in tempore moueri audio: tu dicis. ipsum autem corporis motum tempus esse non audio: non tu dicis. cum enim mouetur corpus, tempore metior, quandiu moueatur, ex quo moueri incipit, donec desinat. et si non uidi, ex quo coepit, et perseuerat moueri, ut non uideam, cum desinit, non ualeo metiri, nisi forte ex quo uidere incipio, donec desinam. quod si diu uideo, tantummodo longum tempus esse renuntio, non autem, quantum sit, quia et quantum cum dicimus, conlatione dicimus, uelut: tantum hoc, quantum illud aut: duplum hoc ad illud et si quid aliud isto modo. si autem notare potuerimus locorum spatia, unde et quo ueniat corpus, quod mouetur, uel partes eius, si tamquam in torno mouetur, possumus dicere, quantum sit temporis, ex quo ab illo loco usque ad illum locum motus corporis uel partis eius effectus est. cum itaque aliud sit motus corporis, aliud, quo metimur quandiu sit, quis non sentiat, quid horum potius tempus dicendum sit? nam si et uarie corpus aliquando mouetur, aliquando stat,

Wiederaufgang benötigte. Also sage mir keiner, die Bewegungen der Himmelskörper seien die Zeiten. Denn auch damals, als das Gebet eines Mannes die Sonne zum Stillstand gebracht hatte, so daß er den Kampf siegreich beenden konnte, blieb die Sonne stehen, die Zeit aber lief.[145] Zweifellos ist jene Schlacht während der Zeitspanne, die für sie hinreichte, geschlagen und beendet worden. Ich sehe somit, daß die Zeit eine gewisse Erstreckung ist.[146] Aber sehe ich es wirklich? Oder bilde ich mir nur ein, es zu sehen? Du, das Licht und die Wahrheit, sollst es bestätigen.[147]

31 Verlangst Du, daß ich zustimme, wenn jemand die Zeit für die Bewegung eines Körpers ausgibt? Du verlangst es nicht.[148] Denn nichts bewegt sich, außer in der Zeit; ich höre das: Du bist es, der das sagt. Daß aber die Bewegung eines Körpers selbst Zeit sei, höre ich nicht: Nicht Du bist es, der das sagt.[149] Wird nämlich ein Körper bewegt, messe ich mit Hilfe der Zeit ab dem Augenblick, an dem er sich zu bewegen beginnt, bis zu dem, an dem die Bewegung aufhört. Wenn ich den Beginn aber nicht gesehen habe und er fortfährt, sich zu bewegen, so daß ich das Ende nicht sehe, vermag ich nicht zu messen, außer etwa vom Beginn meines Sehens bis zu dessen Ende. Wenn ich das nun lange sehe, kann ich nur berichten, daß die Zeit lang war, nicht aber, wie lang sie war. Denn wenn wir sagen, wie lange etwas dauert, sagen wir es durch einen Vergleich, zum Beispiel: das dauert gerade so lang wie jenes, oder: das dauert doppelt so lang wie jenes; und entsprechend bei anderen Zeitverhältnissen. Wenn wir aber die Abstände der Orte benennen konnten, woher ein Körper kommt und wohin er geht, was sich bewegt oder welche Teile von ihm (etwa bei Drehungen um die eigene Achse), so können wir sagen, wie lang die Zeit ist, in der sich die Bewegung des Körpers oder eines Teils von ihm vom einen Ort zum anderen vollzogen hat. Die eine Sache ist deshalb die Bewegung eines Körpers, die andere, wodurch wir messen, wie lange sie ist. Wer wollte da nicht bemerken, was von beiden eher Zeit zu nennen ist? Wenn ein Körper sich nämlich im Wechsel mal bewegt, mal stillesteht, messen wir nicht nur

non solum motum eius, sed etiam statum tempore metimur et dicimus: tantum stetit, quantum motum est aut: duplo uel triplo stetit ad id quod motum est et si quid aliud nostra dimensio siue comprehenderit siue existimauerit, ut dici solet plus minus. non est ergo tempus corporis motus.

Ps 9,2 32 et confiteor ›tibi, domine‹, ignorare me adhuc, quid sit tempus, et rursus confiteor ›tibi, domine‹, scire me in tempore ista dicere et diu me iam loqui de tempore atque ipsum diu non esse diu nisi mora temporis. quomodo igitur hoc scio, quando quid sit tempus nescio? an forte nescio, quemadmodum dicam quod scio? ei mihi, qui nescio saltem quid nesciam! ecce, deus meus, coram te, quia non mentior: sicut loquor, ita est cor meum. tu
Ps 17,29 inluminabis ›lucernam meam, domine, deus meus‹, inluminabis ›tenebras meas‹.

33 nonne tibi confitetur anima mea confessione ueridica metiri me tempora? itane, deus meus, metior et quid metiar nescio. metior motum corporis tempore. item ipsum tempus nonne metior? an uero corporis motum metirer, quandiu sit et quandiu hinc illuc perueniat, nisi tempus, in quo mouetur, metirer? ipsum ergo tempus unde metior? an tempore breuiore metimur longius sicut spatio cubiti spatium transtri? sic enim uidemur spatio breuis syllabae metiri spatium longae syllabae atque id duplum dicere. ita metimur spatia carminum spatiis uersuum et spatia uersuum spatiis pedum et spatia pedum spatiis syllabarum et spatia longarum spatiis breuium, non in paginis – nam

seine Bewegung, sondern auch seinen Stillstand durch die Zeit. Wir sagen dann: er stand gerade so lange stille, wie er bewegt war, oder: er stand doppelt oder dreimal so lange stille, wie er bewegt war; und was wir sonst noch in unserer Messung erfassen oder schätzen, wobei man zu sagen pflegt: mehr oder weniger genau. Also ist die Zeit nicht die Bewegung eines Körpers.

32 Ich bekenne ›Dir, Herr‹, daß ich bisher nicht weiß, was die Zeit ist. Und noch einmal bekenne ich ›Dir, Herr‹, zu wissen, daß ich das in der Zeit sage und schon lange über die Zeit rede und daß das Wort ›lange‹ nichts anderes bedeutet als eine Zeitspanne. Wie also kann ich das wissen, da ich nicht einmal weiß, was die Zeit ist? Oder weiß ich etwa nur nicht, wie ich sagen soll, was ich weiß? Wehe mir, der ich nicht einmal weiß, was ich nicht weiß![150] Sieh, mein Gott, ich rede vor Dir, ich lüge nicht: wie ich rede, so spricht mein Herz. Du wirst ›meine Laterne‹ zum Leuchten bringen, ›Herr, mein Gott‹, Du wirst ›meine Finsternis‹ hell machen.

33 Sagt meine Seele etwa nicht die Wahrheit, wenn sie vor Dir bekennt, daß ich die Zeiten messe? Messe ich etwa, mein Gott, und weiß nicht, was ich messe? Messe ich, da ich die Bewegung eines Körpers durch die Zeit messe, nicht gerade die Zeit selbst? Oder könnte ich tatsächlich die Bewegung eines Körpers messen, also messen, wie lange sie dauert und wie lange es dauert, bis er von hier nach dort gelangt, wenn ich nicht die Zeit mäße, in der er bewegt wird? Wodurch messe ich also die Zeit selbst?[151] Messen wir etwa eine längere Zeit gerade so mit Hilfe einer kürzeren, wie wir die Länge eines Balkens mit der Länge einer Elle messen?[152] Denn so messen wir die Dauer einer langen Silbe mit der Dauer einer kurzen Silbe und sagen, sie sei doppelt so lang. Ebenso messen wir die Dauer von Gesängen mit der Dauer der Verse, die Dauer der Verse mit der Dauer der Versfüße, die Dauer der Versfüße mit der Dauer der Silben und die Dauer der langen Silben mit der Dauer der kurzen Silben. Freilich messen wir das nicht auf beschriebenen Seiten – denn

eo modo loca metimur, non tempora – sed cum uoces pronuntiando transeunt et dicimus: longum carmen est, nam tot uersibus contexitur; longi uersus, nam tot pedibus constant; longi pedes, nam tot syllabis tenduntur; longa syllaba est, nam dupla est ad breuem. sed neque ita comprehenditur certa mensura temporis, quandoquidem fieri potest, ut ampliore spatio temporis personet uersus breuior, si productius pronuntietur, quam longior, si correptius. ita carmen, ita pes, ita syllaba. inde mihi uisum est nihil esse aliud tempus quam distentionem: sed cuius rei, nescio, et mirum, si non ipsius animi. quid enim metior, obsecro, deus meus, et dico aut indefinite: longius est hoc tempus quam illud aut etiam definite: duplum est hoc ad illud? tempus metior, scio; sed non metior futurum, quia nondum est, non metior praesens, quia nullo spatio tenditur, non metior praeteritum, quia iam non est. quid ergo metior? an praetereuntia tempora, non praeterita? sic enim dixeram.

34 insiste, anime meus, et attende fortiter: ›deus adiutor noster;
Ps 61,9 ipse fecit nos, et non nos‹. attende, ubi albescit ueritas. ecce puta uox corporis incipit sonare et sonat et adhuc sonat et ecce desinit, iamque silentium est, et uox illa praeterita est et non est iam uox. futura erat, antequam sonaret, et non poterat metiri, quia nondum erat, et nunc non potest, quia iam non est. tunc ergo

bei solchem Vorgehen messen wir Räume, nicht Zeiten. Vielmehr messen wir, wenn die Wörter im Aussprechen vorübergehen. Und so sagen wir: Der Gesang ist lang, denn er ist aus so und so vielen Versen zusammengesetzt; lang sind die Verse, denn sie bestehen aus so und so vielen Versfüßen; lang sind die Versfüße, denn sie erstrecken sich über so und so viele Silben; lang ist die Silbe, denn sie mißt das Doppelte einer kurzen. Aber auch so läßt sich kein sicheres Maß der Zeit erfassen, da es eben vorkommen kann, daß ein kürzerer Vers, wenn man ihn gedehnt ausspricht, längere Zeit ertönt als ein längerer Vers, wenn man ihn schnell spricht. Entsprechend verhält es sich mit dem ganzen Gesang, mit dem Versfuß und der Silbe. Darum habe ich den Eindruck gewonnen, daß die Zeit nichts anderes als eine Erstreckung ist. Aber was erstreckt sich da? Ich weiß es nicht; doch wäre es seltsam, wenn die Zeit nicht die Erstreckung des Geistes selbst wäre.[153] Mein Gott, ich bitte Dich! Was messe ich denn, wenn ich in unbestimmter Weise sage: diese Zeit ist länger als jene; oder auch in bestimmter Weise: diese Zeit ist doppelt so lange wie jene? Daß ich die Zeit messe, weiß ich; gleichwohl steht fest: ich messe nicht die zukünftige Zeit, da diese noch nicht ist; ich messe nicht die gegenwärtige Zeit, da diese sich über keinen Zeitraum erstreckt; ich messe nicht die vergangene Zeit, da diese nicht mehr ist. Was also messe ich? Messe ich die Zeiten etwa, während sie vorübergehen und noch nicht vergangen sind? Denn so hatte ich es gesagt.

34 Laß nicht nach, mein Geist, und bleibe mit voller Kraft bei der Sache: ›Gott ist unser Helfer; er ist unser Schöpfer, nicht wir haben uns geschaffen‹.[154] Schau dorthin, wo ›die Wahrheit‹ zu leuchten beginnt. Stelle Dir vor, daß eine körperliche Stimme zu ertönen anfange, daß sie ertöne, weiter ertöne und mit einem Mal aufhöre. Dann ist Schweigen, jene Stimme ist vergangen, keine Stimme ist mehr da. Bevor sie ertönte, war sie zukünftig und konnte nicht gemessen werden, weil sie noch nicht da war. Jetzt dagegen kann sie nicht gemessen werden, weil sie nicht mehr da ist. Damals, als sie ertönte, konnte sie ge-

poterat, cum sonabat, quia tunc erat, quae metiri posset. sed et tunc non stabat; ibat enim et praeteribat. an ideo magis poterat? praeteriens enim tendebatur in aliquod spatium temporis, quo metiri posset, quoniam praesens nullum habet spatium. si ergo tunc poterat, ecce puta altera coepit sonare et adhuc sonat continuato tenore sine ulla distinctione: metiamur eam, dum sonat; cum enim sonare cessauerit, iam praeterita erit et non erit, quae possit metiri. metiamur plane et dicamus, quanta sit. sed adhuc sonat nec metiri potest nisi ab initio sui, quo sonare coepit, usque ad finem, quo desinit. ipsum quippe interuallum metimur ab aliquo initio usque ad aliquem finem. quapropter uox, quae nondum finita est, metiri non potest, ut dicatur, quam longa uel breuis sit, nec dici aut aequalis alicui aut ad aliquam simpla uel dupla uel quid aliud. cum autem finita fuerit, iam non erit. quo pacto igitur metiri poterit? et metimur tamen tempora, nec ea, quae nondum sunt, nec ea, quae iam non sunt, nec ea, quae nulla mora extenduntur, nec ea, quae terminos non habent. nec futura ergo nec praeterita nec praesentia nec praetereuntia tempora metimur et metimur tamen tempora.

Hymn. Ambr. 1,2, 1

35 ›deus creator omnium‹: uersus iste octo syllabarum breuibus et longis alternat syllabis: quattuor itaque breues, prima, tertia, quinta, septima, simplae sunt ad quattuor longas, secundam, quartam, sextam, octauam. hae singulae ad illas singulas duplum habent temporis; pronuntio et renuntio, et ita est, quantum sentitur sensu manifesto. quantum sensus manifestus est, breui syl-

messen werden, weil es damals etwas gab, das gemessen werden konnte. Aber damals ruhte sie auch nicht; sie erklang nämlich und ging vorüber. War es deshalb eher möglich, sie zu messen? Denn die vorübergehende Stimme erstreckte sich in eine Zeitdauer, durch die man sie messen konnte. Die gegenwärtige Zeit aber hat keine Dauer. Wenn also die Stimme damals meßbar war, so nimm nun an, noch eine andere Stimme habe zu tönen begonnen; sie ertönt immer noch ohne jede Unterbrechung oder Pause. Wir wollen sie messen, während sie tönt. Sobald sie nämlich zu tönen aufgehört hat, ist sie schon vergangen – und nichts mehr ist da, was gemessen werden könnte. Messen wir sie also und sagen, wie lange sie ist. Aber bis jetzt tönt sie noch. Gemessen werden kann sie jedoch nur von ihrem Anfang, an dem sie zu tönen begann, bis zum Ende, an dem sie aufhört. Denn, was wir messen, ist ja die Zeit zwischen einem Anfang und einem Ende. Deshalb kann eine Stimme, die noch nicht zu Ende gekommen ist, nicht gemessen werden, so daß man nicht entscheiden kann, ob sie lang oder kurz ist. Auch läßt sich nicht sagen, ob ihre Dauer einer anderen gleicht oder ob sie – bezogen auf irgendeine Dauer – ebenso lang, doppelt so lang oder sonst was ist. Ist sie aber zu Ende gekommen, wird sie nicht mehr sein. Wie also wird man sie messen können? Und doch steht fest: wir messen Zeiten, wenn auch nicht solche, die noch nicht sind, nicht solche, die nicht mehr sind, nicht solche, die sich über keine Dauer erstrecken, und auch nicht solche, die keine Grenzen haben. Wir messen also weder die zukünftigen noch die vergangenen, noch die gegenwärtigen, noch auch die vorübergehenden Zeiten – und doch messen wir Zeiten.[155]

35 ›Deus creator omnium‹ [›Gott, Schöpfer all dessen, was ist‹]: Dieser achtsilbige Vers läßt kurze und lange Silben aufeinander folgen.[156] Die vier kurzen Silben – die erste, dritte, fünfte, siebente – sind einfache Einheiten gegenüber den vier langen – der zweiten, vierten, sechsten und achten. Jede einzelne lange Silbe beansprucht doppelt so viel Zeit wie jede einzelne kurze. Ich rezitiere den Vers und sage ihn erneut auf: es ist so, soweit der Eindruck deutlich ist, den man wahrnimmt. Soweit der

laba longam metior eamque sentio habere bis tantum. sed cum altera post alteram sonat, si prior breuis, longa posterior, quomodo tenebo breuem et quomodo eam longae metiens applicabo, ut inueniam, quod bis tantum habeat, quandoquidem longa sonare non incipit, nisi breuis sonare destiterit? ipsamque longam num praesentem metior, quando nisi finitam non metior? eius autem finitio praeteritio est. quid ergo est, quod metior? ubi est qua metior breuis? ubi est longa, quam metior? ambae sonuerunt, auolauerunt, praeterierunt, iam non sunt: et ego metior fidenterque respondeo, quantum exercitato sensu fiditur, illam simplam esse, illam duplam, in spatio scilicet temporis. neque hoc possum, nisi quia praeterierunt et finitae sunt. non ergo ipsas, quae iam non sunt, sed aliquid in memoria mea metior, quod infixum manet.

36 in te, anime meus, tempora metior. noli mihi obstrepere, quod est: noli tibi obstrepere turbis affectionum tuarum. in te, inquam, tempora metior. affectionem, quam res praetereuntes in te faciunt et, cum illae praeterierint, manet, ipsam metior praesentem, non ea quae praeterierunt, ut fieret; ipsam metior, cum tempora metior. ergo aut ipsa sunt tempora, aut non tempora metior. quid cum metimur silentia et dicimus illud silentium tantum tenuisse temporis, quantum illa uox tenuit, nonne cogitationem tendimus ad mensuram uocis, quasi sonaret, ut aliquid de interuallis silentiorum in spatio temporis renuntiare possimus? nam et uoce atque ore cessante peragimus cogitando carmina et uersus et quemque sermonem motionumque dimensiones quaslibet et de spatiis temporum, quantum illud ad illud sit, renuntiamus non aliter, ac si ea sonando diceremus. uoluerit

Eindruck deutlich ist, messe ich eine lange Silbe mit einer kurzen und stelle fest: sie ist doppelt so lang. Wie aber soll ich, wenn sie nacheinander ertönen – erst die kurze, dann die lange –, die kurze festhalten und wie soll ich sie beim Messen neben die lange bringen, um herausfinden zu können, sie sei doppelt so lang? Denn die lange beginnt ja nicht zu ertönen, ehe die kurze zu tönen aufgehört hat. Und messe ich etwa die lange Silbe selbst, solang sie gegenwärtig ist? Ich kann sie doch erst messen, wenn sie zu Ende gekommen ist. Ihr Zu-Ende-sein aber ist ihr Vergangensein. Was also ist es, was ich messe? Wo ist die kurze Silbe, mit der ich messe? Wo die lange, die ich messe? Beide ertönten, verflogen, gingen vorüber und sind nun nicht mehr.[157] Ich aber messe und antworte, soweit einem geübten Sinn zu trauen ist, mit Zuversicht, die lange Silbe habe die doppelte Zeitdauer der kurzen.[158] Und auch das kann ich nur sagen, weil sie vergangen und beendet sind. Nicht sie selbst, die nicht mehr sind, messe ich also, sondern etwas in meinem Gedächtnis, das in ihm beständig eingeprägt bleibt.[159]

36 In dir, mein Geist, messe ich die Zeiten. Störe mich nicht, das heißt: laß dich nicht durch den Tumult deiner Gemütserregungen stören.[160] In dir, so sagte ich, messe ich die Zeiten.[161] Die Erregung messe ich, die das vorübergehende Zeitliche in dir hervorbringt und die da bleibt, wenn jenes vorübergegangen ist; sie messe ich, weil sie gegenwärtig ist, nicht das, was so vorüberging, daß eine Erregung entstand. Eben diese Erregung messe ich, wenn ich Zeiten messe. Entweder also kommt den Zeiten selbst Sein zu, oder ich messe keine Zeiten. Wie steht es aber, wenn wir Zeiten der Stille messen und sagen, jene Stille habe so lange gedauert wie jener Laut? Richten wir unser Denken dann nicht auf das Zeitmaß des Lauts, als ob er erklänge, damit wir etwas über die Zeitdauer der lautlosen Zwischenräume aussagen können? Denn auch wenn Stimme und Mund verstummen, gehen wir in Gedanken Gesänge, Verse, alle Art Reden und alle möglichen Abmessungen von Bewegungen durch.[162] Und was die Verhältnisse einer Zeitdauer zur anderen angeht, so äußern wir uns nicht anders dazu, als wenn wir laut

aliquis edere longiusculam uocem et constituerit praemeditando, quam longa futura sit, egit utique iste spatium temporis in silentio memoriaeque commendans coepit edere illam uocem, quae sonat, donec ad propositum terminum perducatur: immo sonuit et sonabit: nam quod eius iam peractum est, utique sonuit, quod autem restat, sonabit atque ita peragitur, dum praesens intentio futurum in praeteritum traicit deminutione futuri crescente praeterito, donec consumptione futuri sit totum praeteritum.

37 sed quomodo minuitur aut consumitur futurum, quod nondum est, aut quomodo crescit praeteritum, quod iam non est, nisi quia in animo, qui illud agit, tria sunt? nam et expectat et attendit et meminit, ut id quod expectat per id quod attendit transeat in id quod meminerit. quis igitur negat futura nondum esse? sed tamen iam est in animo expectatio futurorum. et quis negat praeterita iam non esse? sed tamen adhuc est in animo memoria praeteritorum. et quis negat praesens tempus carere spatio, quia in puncto praeterit? sed tamen perdurat attentio, per quam pergat abesse quod aderit. non igitur longum tempus futurum, quod non est, sed longum futurum longa expectatio futuri est, neque longum praeteritum tempus, quod non est, sed longum praeteritum longa memoria praeteriti est.

38 dicturus sum canticum, quod noui: antequam incipiam, in totum expectatio mea tenditur, cum autem coepero, quantum ex illa in praeteritum decerpsero, tenditur et memoria mea,

gesprochen hätten.[163] Wer einen Ton von einiger Länge von sich geben wollte und in der Vorüberlegung festsetzte, wie lang der zukünftige Ton dauern soll, müßte jedenfalls den Zeitraum im Stillen festgesetzt haben. Während er ihn dem Gedächtnis einprägt, beginnt er, jenen Ton von sich zu geben, der so lange ertönt, bis er zum festgesetzten Ende gelangt ist. Richtiger wäre jedoch zu sagen: er ertönte und wird ertönen; denn das, was schon vollzogen ist, ertönte gewiß, was aber noch aussteht, wird erst noch ertönen. So wird der Ton hervorgebracht, indem die gegenwärtige Tätigkeit des Geistes das Zukünftige in sein Vergangensein hinüberzieht. Das geschieht durch Minderung des Zukünftigen bei gleichzeitigem Anwachsen des Vergangenen, bis durch Aufzehrung des Zukünftigen alles der Vergangenheit angehört.[164]

37 Wie aber läßt sich Zukünftiges, das noch nicht ist, mindern oder aufzehren? Oder wie wächst Vergangenes an, das nicht mehr ist? Doch nur, weil es im Geist, der jenes betreibt, drei Tätigkeiten gibt. Denn er erwartet, richtet sich auf etwas und erinnert sich, so daß das, was er erwartet, durch das, worauf er sich richtet, in etwas übergeht, woran er sich erinnern wird.[165] Wer bestreitet nun, daß Zukünftiges noch nicht ist? Gleichwohl ist die Erwartung des Zukünftigen schon im Geist. Wer bestreitet, daß Vergangenes nicht mehr ist? Gleichwohl ist die Erinnerung an das Vergangene im Geist. Und wer bestreitet, daß die Gegenwart keine Ausdehnung hat, weil sie ja im Augenblick vorübergeht? Gleichwohl hält die Aufmerksamkeit an, die das, was herankommt, bis zum Verschwinden verfolgt. Nicht lang ist also die zukünftige Zeit, die noch nicht da ist; eine lange zukünftige Zeit ist vielmehr die Länge von Zukünftigem in der Erwartung. Ebenso wenig lang ist die vergangene Zeit, die nicht mehr da ist; eine lange vergangene Zeit ist vielmehr die in der Erinnerung bewahrte Länge von Vergangenem.[166]

38 Ich will ein Lied singen,[167] das ich kenne. Bevor ich beginne, erstreckt sich meine Erwartung auf das Ganze. Wenn ich aber begonnen habe, erstreckt sich meine Erinnerung über so

atque distenditur uita huius actionis meae in memoriam propter quod dixi et in expectationem propter quod dicturus sum: praesens tamen adest attentio mea, per quam traicitur quod erat futurum, ut fiat praeteritum. quod quanto magis agitur et agitur, tanto breuiata expectatione prolongatur memoria, donec tota expectatio consumatur, cum tota illa actio finita transierit in memoriam. et quod in toto cantico, hoc in singulis particulis eius fit atque in singulis syllabis eius, hoc in actione longiore, cuius forte particula est illud canticum, hoc in tota uita hominis, cuius partes sunt omnes actiones hominis, hoc in toto saeculo
Ps 30,20 ›filiorum hominum‹, cuius partes sunt omnes uitae hominum.

Ps 62,4 39 sed ›quoniam melior est misericordia tua super uitas‹, ecce
Ps 17,36 distentio est uita mea, ›et me suscepit dextera tua‹ in domino
Ps 62,9 meo, mediatore filio hominis inter te unum et nos multos, in
multis per multa, ut per eum ›apprehendam, in quo et appre-
Phil 3,12 hensus sum‹, et a ueteribus diebus conligar sequens unum,
Phil 3,13 ›praeterita oblitus‹, non in ea quae futura et transitura sunt, sed
›in ea quae ante sunt‹ non distentus, sed ›extentus‹, non secun-
dum distentionem, sed ›secundum intentionem sequor ad pal-
Phil 3,14 mam supernae uocationis‹, ubi ›audiam uocem laudis‹ et ›con-
Ps 25,7; Ps 26,4 templer delectationem‹ tuam nec uenientem nec praetereuntem.
Ps 30,11 nunc uero ›anni mei in gemitibus‹, et tu solacium meum, domi-
ne, pater meus aeternus es; at ego in tempora dissilui, quorum
ordinem nescio, et tumultuosis uarietatibus dilaniantur cogita-

viel, wie ich von jener Erwartung genommen und in die Vergangenheit überführt habe.[168] Und tatsächlich zerstreckt sich das Leben dieser meiner Tätigkeit deswegen in Erinnerung, weil ich schon gesprochen habe, und in Erwartung, weil ich noch sprechen werde. Was gleichwohl als Gegenwärtiges da ist, ist meine Aufmerksamkeit, durch die das, was zukünftig war, so vollzogen wird, daß es zu Vergangenem wird. Je mehr das ständig geschieht, desto mehr wird das Erinnerte verlängert und gleichzeitig das Erwartete verkürzt[169] bis die Erwartung ganz aufgezehrt ist,[170] weil dann jene Handlung ganz zu Ende gekommen und in Erinnerung übergegangen ist. Was im ganzen Lied geschieht, geschieht aber auch in seinen einzelnen Teilen und in seinen einzelnen Silben. Das geschieht auch in einer längeren Handlung, von der jenes Lied womöglich ein Teilchen ist. Eben das geschieht in der ganzen Lebenszeit eines Menschen, dessen Teile alle Handlungen des Menschen sind. Es geschieht schließlich auch in der gesamten Weltzeit ›der Menschenkinder‹, deren Teile eben alle Lebenszeiten der Menschen sind.[171]

39 Aber ›da Dein Erbarmen besser ist als unser Leben‹,[172] laß mich sagen: siehe, mein Leben ist zerstreckt.[173] ›Und Deine Rechte hat mich aufgefangen‹ in meinem Herrn, der als Menschensohn Mittler ist zwischen Dir, dem Einen, und uns, den Vielen.[174] Er ist der Mittler in Vielem durch Vieles, so daß ›ich‹ durch ihn den ›erfasse, in dem auch ich erfaßt bin‹, und – weg von den alten Tagen – Einheit erlange; ich folge dem Einen, ›nachdem ich das Vergangene vergessen habe‹.[175] Ich strebe nicht zu etwas, was zukünftig und vorübergehend ist, sondern ›zu dem, was vor allem da ist‹.[176] ›Dem Weg zum Gipfel dieser höheren Berufung folge ich hingerissen‹, nicht als Zerrissener, sondern indem ich mich ›ausstrecke‹.[177] Dort ›werde ich die Stimme des Lobes vernehmen‹ und Deine ›Freude schauen‹, die weder kommt noch vergeht.[178] Jetzt aber gehen ›meine Jahre unter Stöhnen‹ vorüber.[179] Du, Herr, mein Trost, mein Vater, bist ewig. Ich jedoch bin in die Zeiten zersplittert, deren Ordnung ich nicht kenne. Und die Wechselfälle, die mich umtosen, zerreißen solange meine Gedanken, die innersten Fasern mei-

tiones meae, intima uiscera animae meae, donec in te confluam purgatus et liquidus igne amoris tui.

40 et stabo atque solidabor in te, in forma mea, ueritate tua, nec patiar quaestiones hominum, qui poenali morbo plus sitiunt, quam capiunt, et dicunt: quid faciebat deus, antequam faceret caelum et terram? aut quid ei uenit in mentem, ut aliquid faceret, cum antea numquam aliquid fecerit? da illis, domine, bene cogitare, quid dicant, et inuenire, quia non dicitur numquam, ubi non est tempus. qui ergo dicitur numquam fecisse, quid aliud dicitur nisi nullo tempore fecisse? uideant itaque nullum tempus esse posse sine creatura et desinant istam uanitatem
Phil 3,13 loqui. extendantur etiam in ›ea, quae ante sunt‹, et intellegant te ante omnia tempora aeternum creatorem omnium temporum neque ulla tempora tibi esse coaeterna nec ullam creaturam, etiamsi est aliqua supra tempora.

41 domine deus meus, quis ille sinus est alti secreti tui et quam longe inde me proiecerunt consequentia delictorum meorum? sana oculos meos, et congaudeam luci tuae. certe si est tam grandi scientia et praescientia pollens animus, cui cuncta praeterita et futura ita nota sint, sicut mihi unum canticum notissimum, nimium mirabilis est animus iste atque ad horrorem stupendus, quippe quem ita non lateat quidquid peractum et quidquid reliquum saeculorum est, quemadmodum me non latet cantantem illud canticum, quid et quantum eius abierit ab exordio, quid et quantum restet ad finem. sed absit, ut tu, conditor uniuersitatis,

ner Seele,[180] bis ich endlich in Dir wieder zusammenfließe, nachdem ich gereinigt bin und verflüssigt durch das Feuer Deiner Liebe.[181]

40 Dann werde ich Stand und Festigkeit in Dir gewinnen, in meiner Form, durch Deine Wahrheit.[182] Dann werde ich auch die Fragen derer nicht mehr erdulden müssen, die in qualvoller Krankheit nach mehr dürsten, als sie aufnehmen können.[183] Sie fragen, was Gott tat, bevor er Himmel und Erde geschaffen hat, oder: was ihm in den Sinn gekommen ist, daß er etwas schuf, wo er doch vorher niemals etwas geschaffen hatte. Gib ihnen, Herr, die Kraft, gut zu bedenken, was sie sagen, und laß sie finden, daß dort nicht von ›niemals‹ die Rede sein kann, wo es die Zeit nicht gibt. Wenn man also von jemandem sagt, er habe niemals etwas geschaffen, was sagt man dann anderes, als daß er zu keiner Zeit etwas geschaffen habe. Sie mögen deshalb einsehen, daß ohne Geschöpf keine Zeit sein kann, und davon ablassen, solchen Unfug zu reden. Mögen sie sich nach ›dem‹ ausstrecken, ›was vorher da ist‹, und einsehen, daß Du vor allen Zeiten der ewige Schöpfer aller Zeiten bist und daß weder Zeiten noch Geschöpfe ewig sind wie Du ewig bist, auch wenn es ein Geschöpf geben sollte, das über den Zeiten steht.[184]

41 Herr, mein Gott, wer ist es, der das Innerste Deines unergründlichen Geheimnisses ist? Wie weit haben mich die Folgen meiner Vergehen von ihm weggetrieben?[185] Heile meine Augen, und ich will mich an Deinem Licht erfreuen.[186] Wenn es einen mächtigen Geist mit so großem Wissen und Vorherwissen gibt, daß ihm alles Vergangene und Zukünftige ebenso bekannt wäre, wie mir ein einzelnes Lied, das ich sehr gut kenne, dann ist dieser Geist gewiß überaus bewundernswert und erregt ein Erstaunen, das schon Schrecken einjagt.[187] Denn diesem ist ja nichts von all dem verborgen, was immer in der Weltzeit geschehen ist und was in ihr noch aussteht; gerade so, wie mir, wenn ich jenes Lied singe, weder das verborgen ist, was und wieviel von ihm seit Beginn des Vortrags schon vorüber ist, noch das, was und wieviel noch aussteht bis zum Ende. Aber die Vorstellung sei

conditor animarum et corporum, absit, ut ita noueris omnia fu-
tura et praeterita. longe tu, longe mirabilius longeque secretius.
neque enim sicut nota cantantis notumue canticum audientis
expectatione uocum futurarum et memoria praeteritarum uaria-
tur affectus sensusque distenditur, ita tibi aliquid accidit incom-
mutabiliter aeterno, hoc est uere aeterno creatori mentium. sic-
Gn 1,1 ut ergo nosti ›in principio caelum et terram‹ sine uarietate
notitiae tuae, ita fecisti ›in principio caelum et terram‹ sine dis-
tentione actionis tuae. qui intellegit, confiteatur tibi, et qui non
intellegit, confiteatur tibi. o quam excelsus es, et humiles corde
Ps 144,14; sunt domus tua! tu enim ›erigis elisos‹, et non cadunt, quorum
145,8 celsitudo tu es.

fern, daß Du, der Schöpfer des Weltalls, der Schöpfer der Seelen wie der Körper, auf diese Weise alles Zukünftige und Vergangene wüßtest. Nein, Dein Wissen ist ganz anders, weitaus bewundernswerter und weit geheimnisvoller: nicht so wie bei einem, der ein bekanntes Lied singt oder hört. In der Erwartung der kommenden Töne und in der Erinnerung an die verklungenen wechselt bei ihm die Erregung, und die Wahrnehmung wird aufgespalten.[188] Nichts von dieser Art ereignet sich bei Dir, dem unwandelbar Ewigen, der Du der wahrhaft ewige Schöpfer geistiger Wesen bist.[189] Wie Du also ›im Anfang Himmel und Erde‹ erkannt hast, ohne daß Dein Wissen einem Wandel unterlag, so hast Du ›im Anfang Himmel und Erde‹ geschaffen, ohne daß Dein Handeln zersplittert wurde. Wer das einsieht, möge Dir bekennen; auch wer es nicht einsieht, möge Dir bekennnen. O wie erhaben bist Du – und doch sind die von Herzen Demütigen Deine Wohnung. Du nämlich ›richtest die Zerschlagenen auf‹; und sie stürzen nicht, weil sie ihre Höhe durch Dich erlangt haben.[190]

ANMERKUNGEN

[1] Auch in der Übersetzung sind die Passagen gekennzeichnet, die das *CAG* als Zitate ausweist (Stellenangaben am Rand des lateinischen Textes); dies geschieht, um die Bedeutung hervorzuheben, die mit Augustins Bezugnahme auf Texte gegeben ist, die er als geoffenbart glaubt. Es geht um das Wechselspiel von Hören und Verstehen (5: »audiam et intelligam«). Vgl. dagegen Kurt Flasch: *Einleitung*, 31: »Wir sind der Auffassung Verheijens insbesondere darin gefolgt, die zahlreichen Anklänge an die Bibel, speziell die Psalmen, als immanenten Bestandteil der Prosa Augustins anzusehen, der nicht durch drucktechnische Absonderung notiert werden sollte.« Stellen im elften Buch werden nur mit der Nummer des Paragraphen angezeigt (z. B.: 17), Zitationsregeln ansonsten laut *A–L*; Stellen aus den *Confessiones* werden demgemäß mit Nummer von Buch und Paragraphen angeben (z. B.: *conf.* 3,2).

[2] Der Beginn des elften Buches der *Confessiones* lautet in wörtlicher Übersetzung: ›Ob Du wohl, Herr, da Dir die Ewigkeit zugehört, nicht weißt, was ich Dir sage, oder ob Du (nur) auf Zeit hin siehst, was in der Zeit geschieht?‹ Das ›cum‹ wird oft irreführend übersetzt, als ob Gott, weil er ewig sei, auch wissen müsse, was in der Zeit geschieht. Kurt Flasch hat in seinen beiden Übersetzungen (vgl. Literaturverzeichnis) Augustins Problem deutlich gemacht. Seine beiden Verdeutschungen von ›ad tempus‹ (›nur zweitweise‹, ›zeitbedingt‹) weisen jedoch in eine falsche Richtung; zur Kritik vgl. Anm. 3. – In *conf.* 8,1 hatte Augustinus gesagt, daß er sich der Ewigkeit Gottes sicher sei: »de uita tua aeterna certus sum«. Zum Glauben findet er aber erst in dem Augenblick, in dem er an die *Beziehung Gottes zur zeitlichen Welt* glaubt. Schon Platon kennt diese Frage und sagt, der sei zu ermahnen, der zwar annimmt, daß es Götter gibt, aber nicht, daß diese sich um die menschlichen Angelegenheiten kümmern (*Nomoi* 899 d: τὸν δὲ ἡγούμενον μὲν θεοὺς εἶναι, μὴ φροντίζειν δὲ αὐτοὺς τῶν ἀνθρωπίνων πραγμάτων, παραμυθέον). Aristoteles denkt Gott als erstes unbewegt Bewegendes (*Mp* XII, 1073 a 26 f.: τὸ πρῶτον κινοῦν ἀκίνητον), als vollkommenste Seiendheit (1074 b 20: ἀρίστη οὐσία). Ohne explizites Urteil zur Frage, ob es eine Beziehung Gottes zum Menschen gebe, antwortet er auf die Frage, was der göttliche Geist denkt (1074 b 22: τί

νοεῖ;), daß er nur das Göttlichste und Allerwürdigste denke (1074b 26: τό θειότατον καὶ τιμιώτατον νοεῖ), weil jede Änderung nur zu Geringerem führe (1074b 26f.: εἰς χεῖρον γὰρ ἡ μεταβολή); folglich ist das Höchste als Denken zu begreifen und zwar als Denken des Denkens (1074b 33: τὸ ἄριστον ἡ νόησις. – 1074b 34f.: ἔστιν ἡ νόησις νοήσεως νόησις). So stellt sich durch systematisches Gottdenken die angstbesetzte Frage, ob der ewige Gott die Zeit überhaupt zur Kenntnis nimmt und sie beachtet. Vgl. z.B. auch Lactantius mit Erwägungen zu den Folgen der Hypothese, daß kein Gott sich um menschliche Angelegenheiten sorge (*Divinae institutiones* 3,17: »si humanas res deus nullus curat«). Im Hintergrund steht vielleicht auch Platon: *Symposion* 203a: θεὸς δὲ ἀνθρώπῳ οὐ μείγνυται.

[3] Die Eingangsfrage geht von der Befürchtung aus, daß der ewige Gott entweder kein Verhältnis zur Zeit habe (›ignoras‹) oder das, was in der Zeit geschieht, für nichtig nehme (›ad tempus uides‹). Zu ›ad tempus‹ vgl. 8: »et haec ad tempus facta uerba tua nuntiauit auris exterior menti prudenti, cuius auris interior posita est ad aeternum uerbum tuum. at illa comparauit haec uerba temporaliter sonantia cum aeterno in silentio uerbo tuo et dixit: aliud est longe, longe aliud est. haec longe infra me sunt nec sunt, quia fugiunt et praetereunt«. Was ›ad tempus‹ betrachtet wird, ist also flüchtig und nichtig, tendiert zum Nichtsein (17: »non uere dicamus tempus esse, nisi quia tendit non esse«). Die Differenz zwischen Zeit und Ewigkeit setzt dem Glanz der beständigen Ewigkeit die flüchtigen Zeiten entgegen (13: ›splendorem semper stantis aeternitatis [...] temporibus numquam stantibus‹). Es geht um dieselbe Grundunterscheidung wie in Platons *Timaios* (27d: πρῶτον διαιρετέον): denn trotz der Differenz von Sein und Werden (27d/28a: τί τὸ ὂν ἀεί, γένεσιν δὲ οὐκ ἔχον, καὶ τί τὸ γιγνόμενον μὲν ἀεί, ὂν δὲ οὐδέποτε) sucht der *Timaios* den werdenden Gott (34b: θεὸς ἐσόμενος), ein bewegliches Bild des Ewigen (37d: εἰκὼ κινητόν αἰῶνος), ein Bild des Denkbaren als wahrnehmbaren Gott (92c: εἰκών τοῦ νοητοῦ, θεὸς αἰσθητός). Augustinus fragt, ob die Ewigkeit nicht nur die Negation der Zeit, sondern sowohl über die Zeit als auch über deren Negation so erhaben ist, daß er auf die Bewahrung des zeitlich Gewordenen in der Ewigkeit hoffen kann, auf die *Entflüchtigung des Zeitlichen.*

[4] Die Ausdrücke ›affectus‹ (›Trachten und Sinnen‹) und ›excitare‹ (›anspornen und lenken‹) sind doppelt übersetzt. Daß das ›Trachten‹ dem ›Sinnen‹ vorausgeht, zeigt der Weg der *Confessiones*, der mit der unbedachten Suche nach Glückseligkeit beginnt. Zu ›affectus‹ und ›excitatio‹ vgl. auch Anm. 5. Da der von Gott ausgehende Antrieb, Gott zu

loben, das ruhelose Herz des Menschen trifft (*conf.* 1,1: ›cor inquietum‹), wird ›affectus‹ zuweilen auch mit ›Herz‹ übersetzt.

5 Der Beginn des elften Buches markiert einen tiefen Einschnitt und stellt das Gesamtprojekt auf die Probe. Ein Leser, der den Weg des Suchens und Findens in den ersten zehn Büchern verfolgt hat, wird durch kritische Fragen erneut mit der Unsicherheit und Zweideutigkeit der menschlichen Existenz konfrontiert. Es hat inhaltliche Bedeutung, daß die *Confessiones* weder Traktatform haben, noch sich unmittelbar an Leser wenden, sondern als Anrede an Gott verfaßt sind. Diese sprachliche Form lebt von dem Glauben, daß der ewige Gott sich um die in der Zeit lebenden Menschen sorgt. Die Erzählungen und Reflexionen verlören ihren Sinn, wenn Augustinus nicht an die Beziehung Gottes zu den zeitlich lebenden Menschen glaubte. Dieser Glaube wird im Gotteslob am Beginn des ersten Buches vorweggenommen (*conf.* 1,1: »Magnus es, domine, et laudabilis ualde«). Die Ungetrübtheit des gläubigen Anfangs steht in signifikantem Kontrast zum Beginn des elften Buches, der die Nichtzeitlichkeit Gottes ins Spiel bringt und folgende Disjunktion voraussetzt: 1. Der ewige Gott hat keine Beziehung zur Zeit. 2. Das flüchtige Zeitliche ist in den Augen des Ewigen nichtig. 3. Gott kümmert sich trotz seiner Ewigkeit um das Zeitliche. – Obgleich spekulatives Denken der ersten Möglichkeit zuneigen mag (und vermutlich höchstens die zweite Möglichkeit zuläßt), müht Augustinus sich um die dritte Möglichkeit, ohne daß die Ausgangsfrage rhetorisch wird: Er legt die Erzählungen (›narrationes‹) der *Confessiones* als Anregungen (›excitationes‹) aus, die des Menschen Geist und Sinn auf Gott hin antreiben (*retr.* 2,6,1: »in eum excitant humanum intellectum et affectum«). Die ›excitatio‹ geht ursprünglich von Gott aus (*conf.* 1,1: »tu excitas, ut laudare te delectet«). Gott bedarf keiner Information durch den Menschen; der Mensch aber bedarf des Vertrauens, daß Gott trotz seiner Unbedürftigkeit Sorge um den Menschen trage (3: »qui securus curam nostri geris«). Solches Sichsorgen Gottes ist nicht nur eine Lehre biblischen Glaubens, sondern spielt auch bei Platon eine Rolle, laut dem der Welturheber sich um das Geschick der Welt sorgt, wenn er sie in Ausweglosigkeiten sieht (*Politikos* 273 d: ϑεὸς ὁ κοσμήσας αὐτόν, καϑορῶν ἐν ἀπορίαις ὄντα, κηδόμενος [...]).

6 Schon in *conf.* 2,1 heißt es: »amore amoris tui facio istuc«. Der Genitiv in diesem Ausdruck ist ein *genitivus subiectivus*, sofern Gott uns zuerst geliebt hat (vgl. *1 Joh* 4,19: ἡμεῖς ἀγαπῶμεν, ὅτι αὐτὸς πρῶτος ἠγάπησεν ἡμᾶς). Sofern der Mensch der vorgängigen Liebe Gottes antwortet und Gott liebt, handelt es sich jedoch auch um einen *genitivus*

obiectivus. Zum Wechselspiel von Aktivität und Passivität zwischen Gott und Mensch vgl. die Gartenszene (*conf.* 8,19–30); im ekstatischen Ort des Gottfindens (*conf.* 10,37: »in te supra me«) ereignet sich auf dem Höhepunkt des Weges der Gottsuche *reines Finden* in der Inversion der aktiven Suche (*conf.* 10,38).

[7] Im ›confitendo‹ liegt hier der Doppelsinn von ›confessio miseriae‹ und ›confessio fidei‹. Zeichen menschlichen Elends sind laut dem Beginn der *Confessiones* (*conf.* 1,1): ›aliqua portio‹, ›mortalitas‹, ›peccata‹, ›superbia‹. Das Bekenntnis führt zur Öffnung des Herzens und ermöglicht die Vollendung der Freiheit, fordert nicht knechtische Unterwerfung unter Gott oder Auflösung in Gott. Die Bereitschaft, von Gott zu empfangen, ist Werk einer Freiheit, die auch dem Menschen nicht fehlt, dem es an Einsicht und Kraft mangelt (*lib. arb.* 3,52; vgl. Anm. 9). Im zweiten Teil des zehnten Buches (*conf.* 10,40 ff.) sucht Augustinus jedoch Wege, durch ›continentia‹ Heil zu finden. Diese Wege mögen gewissermaßen verzweifelte Versuche der Selbstbefreiung vom Einfluß des Zeitlichen und Sinnlichen sein, der gewiß auch als störend erfahren werden kann; vielleicht antworten sie aber darüber hinaus auf das Erlebnis der Nähe Gottes. In der Reflexion auf den Sinn der Zeit steht auch die Haltbarkeit dieser Antwort auf dem Prüfstand.

[8] Der Anfang der Befreiung liegt im Hören des Rufs Gottes; vgl. *conf.* 8,29: ›Nimm und lies‹ (›tolle, lege‹); weiterhin *conf.* 10,38: ›Du hast gerufen und geschrien‹ (›uocasti et clamasti‹). Das Hören setzt beim Menschen aber Fähigkeit und Bereitschaft dazu voraus; das Hörenkönnen ist mit der Selbsterkenntnis verbunden, die Augustinus in der Frage gesucht hatte, wer er selbst in seinem Inneren sei (*conf.* 10,3–6: »quis sim«, »quis ego sim«, »quid ipse intus sim«, »qualis sim«). Augustinus ist überzeugt, daß alle Menschen ihr Ziel, glückselig zu sein und ohne Furcht zu leben (vgl. *conf.* 10,30 und *lib. arb.* 1,10), zunächst in der Wendung nach außen (›foris‹) zu erreichen suchen. Da sie in solchen Zielen, die sie lieben, Ruhe zu finden wünschen (*conf.* 4,15: »requiescere amat in eis, quae amat«), stört alsbald die Verlierbarkeit des Zeitlichen. Die im Bereich des ›foris‹ zu findende Schönheit der Sinnenlust könnte als das höchste Ziel gelten, wenn sie nicht verlierbar wäre. Da sie aber verlierbar ist, zeigt sie sich als niedere Schönheit (*uera rel.* 74: »hoc totum est uoluptatis regnum et ima pulchritudo. subiacet enim corruptioni. quod si non esset, summa putaretur«). Folglich rät Augustinus, im Anschluß an Worte Plotins (*Enneade* I 6, 8 und 9), von der Wendung nach außen ab (*uera rel.* 72: »noli foras ire, in te ipsum redi. in interiore homine habitat ueritas«; vgl. dazu Fischer: *SSZA*, bes. 206 f.). Im Inneren findet der

Mensch zwar *Wahrheit*, aber nicht *die* Wahrheit, die er gesucht hatte; vgl. Fischer: *UuZ*. Im Anschluß an die Wendung nach außen (›foris‹) und die Rückkehr zu sich selbst (›intus‹) wird das Transzendieren ins Innerste (›intimum‹) notwendig (*uera rel.* 72): »et si tuam naturam mutabilem inueneris, transcende et te ipsum«. Die Selbstübersteigung ist aber keine mögliche Leistung des Menschen, denn es geht um ein Ziel, das dem Menschen innerlicher als sein Innerstes und höher als sein Höchstes ist (*conf.* 3,10: »tu autem eras interior intimo meo et superior summo meo«). Es wird darauf zu achten sein, wie die Befreiung aus den Grenzen der Innerlichkeit erfolgt.

[9] Das Transzendieren der eigenen Innerlichkeit geschieht in einem dialektischen Prozeß, in dem die Freiheit des endlichen Subjekts und die Gnade Gottes zugleich eine Rolle zu spielen haben. Was der Mensch aus eigener Kraft vermag, ist laut Augustinus erstens die Suche nach einer Wahrheit, deren Meister er nicht ist, zweitens das Bekenntnis seiner Schwäche (*lib. arb.* 3,53: »nulli enim homini ablatum est scire utiliter quaeri quod inutiliter ignoratur, et humiliter confitendam esse inbecillitatem, ut quaerenti et confitenti ille subueniat qui nec errat dum subuenit nec laborat«). Es geht um die Suche nach einer Wahrheit, die nicht nach dem Maß des Menschen gedacht wird, im Unterschied zum *homomensura*-Satz des Protagoras (vgl. Platon: *Theaitetos* 152a) oder zur These, »daß die Vernunft nur das einsieht, was sie nach ihrem Entwurfe hervorbringt« (Kant: *KrV* B XIII; Kant bemerkt aber, daß auf diesem Wege das Unbedingte gar nicht gedacht werden kann; vgl. z.B. *KrV* B XXf.). Angesichts dieser Wahrheit bleibt dem Menschen nur das Geständnis der Grenzen seiner Erkenntnis und der Schwäche. Augustinus gelangt zum Transzendieren vermittelst des Gotteswortes, das auf die Praxis im Umgang mit den Anderen lenkt (vgl. auch 2: ›seruitus‹, 3: ›fraterna caritas‹). Das Ideal des Handelns, das uns endgültig befreit, findet Augustinus in den Seligpreisungen der Bergpredigt (*Mt* 5,1–10; *Lk* 6,20–23). Schon laut Platon vollzieht sich die dem Menschen mögliche Annäherung an Gott (*Theaitetos* 176b: ὁμοίωσις θεῷ κατὰ τὸ δυνατόν) auf dem Weg gerechter Praxis: Gott sei niemals irgendwie ungerecht, sondern im höchsten Sinne vollkommen gerecht, so daß kein Mensch ihm ähnlicher werde, als wer unter uns Menschen ebenfalls der Gerechteste ist (*Theaitetos* 176b/c: θεὸς οὐδαμῇ οὐδαμῶς ἄδικος, ἀλλ' ὡς οἷον τε δικαιότατος, καὶ οὐκ ἔστι αὐτῷ ὁμοιότερον οὐδὲν ἢ ὃ ἂν ἡμῶν αὖ γίγνεται ὅτι δικαιότατος). Der Weg zur Transzendenz ereignet sich auch nach Kants Einsicht durch das Bewußtsein des moralischen Gesetzes, in einem reinen Finden, in dem man »noch das ent-

deckt, was man nicht suchte und doch bedarf, nämlich eine Aussicht in eine höhere Ordnung der Dinge, in der wir jetzt schon sind« (*KpV* A 193).

[10] Damit wird noch einmal klar, daß sich die Ausgangsfrage nach der Beziehung Gottes auf die Zeit angstvoll auf die Erzählungen aus Augustins Leben und auf dieses Leben selbst richtet.

[11] Im Wort ›saeculum‹ (abzuleiten von ›serere‹), das den Sinn der Ewigkeit Gottes kontrastiert, geht es um die Abfolge der Generationen und Zeiten. Der Glaube gibt Zuversicht, daß Gottes Barmherzigkeit sich auf die Menschenwelt richtet; Augustinus will einsehen, was er glaubt (5: »audiam et intelligam«). Zum Verhältnis von Glaube und Erkennen vgl. z. B. *lib. arb.* 2,5: »id quod credimus nosse et intellegere cupimus«; *s.* 43,9: »intellege ut credas, crede ut intellegas«; außerdem *mag.* 37; vgl. auch den ähnlichen Impuls bei Origenes: *De principiis* (*Praefatio* 3).

[12] Gemeint sind die fünf Bücher Mose, das ›Gesetz‹ Gottes; Martin Buber nennt sie die *Bücher der Weisung* (vgl. Literaturverzeichnis); Augustinus bezieht sich hier auf *Psalm* 1, der vom Glück des Mannes kündet, der »Lust hat an Seiner Weisung, über Seiner Weisung murmelt tages und nachts« (in der Übersetzung von Buber: *Das Buch der Preisungen*, 9).

[13] ›Confessio‹, ›confiteri‹ (›Bekenntnis‹, ›bekennen‹) wird von Augustinus in einem mehrfachen Sinne gebraucht (vgl. auch Anm. 7); hier als Bekenntnis des Wissens und des Nichtwissens: ›confessio scientiae et imperitiae‹. Als Grundbedeutung nennt Joseph Ratzinger (*Originalität und Überlieferung in Augustins Begriff der ›confessio‹*, passim) das Bekenntnis des Lobes Gottes und der Sünde des Menschen (›confessio laudis et peccati‹); Friedrich-Wilhelm von Herrmann unterscheidet genauer eine vierfache Bedeutung von ›confiteri‹ und ›confessio‹ (*Augustinus* 24): 1. »das Bekenntnis der ›Erbärmlichkeit (miseria)‹«, 2. »das Bekenntnis des göttlichen gnädigen Erbarmens als Lobpreisung des gnädigen Gottes«, 3. »das Bekenntnis des Glaubens«, 4. das Bekennen des Wissens und des Nichtwissens aus *conf.* 11,2: »confiteri scientiam et imperitiam meam«.

[14] Vgl. von Herrmann (*Augustinus* 25): »Die göttliche Illumination entbindet den menschlichen Geist nicht von der Anstrengung der Erkenntnissuche und der Erkenntnisgewinnung.« Illuminatio besagt laut dieser Stelle nicht den Weg der alltäglichen Erkenntnis, wie gelegentlich behauptet wird, sondern Erleuchtung von eschatologischer Dimension. Es ist der Anfang des Aufleuchtens der Sonne,

das ähnlich wie in Platons Höhlengleichnis beginnt (*Politeia* 514 a ff.), das aber laut Augustinus nicht in der Weltzeit zu seinem Ziel kommt.

15 Das ›deuorare‹ wird als In-sich-Aufnehmen, nicht als Zerstörung gefaßt. Das Unbeständige soll nicht der Nichtigkeit anheimgegeben, sondern einverleibt werden. Ziel ist die *Entflüchtigung* des Zeitlichen, das von sich aus zunächst die Tendenz zum *Nichtsein* hat (17; vgl. Hinweise in Anm. 3). Augustinus läßt den Gesamtweg der *Confessiones* mit dem ›cor inquietum‹ (*conf.* 1,1) beginnen und mit der Hoffnung auf die wechselseitige Ruhe des zeitlichen Menschen in Gott und des ewigen Gottes im Menschen enden (*conf.* 13,52 f.).

16 Was wie eine Selbstpreisgabe der endlichen Vernunft wirken mag, ist eine Konsequenz von Augustins Weg der Gottessuche, der ihn mit glühendem Herzen über zahlreiche Aporien zu der Einsicht geführt hat, daß das höchste Ziel menschlicher Suche nach Wahrheit und Glückseligkeit nur gefunden werden kann, wenn es sich von sich selbst her zeigt (vgl. *conf.* 10,37), mit Platons *Siebentem Brief* gesprochen: plötzlich (ἐξαίφνης), wie ein springender Funke (341 c).

17 Die Bitte ist gerechtfertigt, weil die Suche nicht selbstisch ist, sondern auch der Liebe der Anderen dienen will. Vgl. *Sir* 24,47 (*Vulgata*; vgl. laut Einheitsübersetzung: *Sir* 24,34): »videte quoniam non soli mihi laboravi / sed omnibus exquirentibus veritatem.« Ein schönes, kontrastreiches Beispiel zum ›fraterni amoris ardor‹ findet sich in *trin.* 9,11.

18 Zur Dialektik von Freiheit und Gnade vgl. Fischer: *APE*, bes. Kapitel XI, 268–295 (*Der praktische Weg zum höchsten Gut und die Dialektik von Freiheit und Gnade*). Der Mensch kann aus Freiheit indessen nur *wollen* (dies vermag der Wille aber allein durch sich selbst; vgl. *lib. arb.* 1,26: »sola uoluntas [...] per se ipsam«); was jedoch die *Bewirkung* des höchsten vollendeten Gutes angeht, ist er auf Zufälle und Vorzüge der Natur, auf glückliche Fügungen – also in den Augen des Glaubenden: auf die Gnade Gottes – angewiesen. Gegen die These von Flasch (*WiZ* passim; vgl. im Verzeichnis ›Sachen‹ das Stichwort ›Gnadentheorie‹; weiterhin: *Logik des Schreckens*) hält Augustinus trotz seiner Einsicht in die Notwendigkeit der Gnade für die Erlangung der Glückseligkeit an der Freiheit des Willens fest. Flasch sieht selbst gelegentlich, daß sein allgemeines Urteil zu scharf ist (*WiZ* 323): »Nach A sollen wir aber aus Vernunfteinsicht leben können. Dies gilt auch trotz radikaler Gnadenlehre«. Zuzustimmen ist Flasch darin, daß Augustinus die Gnadenlehre zeitweise überborden und dadurch die Freiheit des Menschen gleichsam in der Allmacht Gottes ertrinken ließ.

19 Das mag für heutige Ohren nach übertriebener Selbstverdemüti-

gung klingen; zur Korrektur dieser Einschätzung vgl. Kant, der zum Beispiel in *Reflexion* 7171 sagt (*Akademie-Ausgabe* Band XIX, Berlin 1934, 263), »daß ich zwar die Handlungen durch freyheit, aber die freyheit selbst nicht in meiner Gewalt habe«.

[20] Augustinus setzt voraus, daß das ›Sein‹ des Menschen ›Sorge‹ ist (vgl. Heidegger: z. B. *SuZ* 180 ff.). In dieser Sorge ist der Mensch auf sich gestellt; Augustinus sieht aber, daß der Mensch das Ziel lebendigen Lebens nur durch Gnade erreichen und innehaben kann. – Zu fragen wäre, warum die Demutsgeste ihn nicht bedrückt? Weil es göttliche (nicht als Konkurrenz denkbare) Höhe ist, die ihn anzieht, der er sich zwar verwandt fühlt (höchste Erkenntnis, neidlose Liebe, Gerechtigkeit), wobei er aber zugleich schmerzlich Nähe und Distanz spürt. Von dieser doppelten Erfahrung ist noch mancher Text von Friedrich Nietzsche geprägt (z. B. *KSA* 3,644: *Liebeserklärung*).

[21] Vgl. die Reinigung der Lippen bei der Berufung Jesajas (*Jes* 6,5–8); dazu *Ps* 34,14; *Spr* 4,24; *Ijob* 27,4. Mit der Sprache eines modernen Autors könnte Augustins Intention so wiedergegeben werden (Ludwig Wittgenstein: *Philosophische Bemerkungen*, 7): »Ich möchte sagen ›dieses Buch sei zur Ehre Gottes geschrieben‹, aber das wäre heute eine Schurkerei, d. h. es würde nicht richtig verstanden werden. Es heißt, es ist in gutem Willen geschrieben und soweit es nicht mit gutem Willen, also aus Eitelkeit etc., geschrieben, soweit möchte der Verfasser es verurteilt wissen. Er kann es nicht weiter von diesen Ingredienzen reinigen, als er selbst davon rein ist.«

[22] Auch wegen Augustins nicht unproblematischer Einschätzung von ›uti‹ und ›frui‹ wird ›deliciae‹ mit ›Genüsse‹ übersetzt; ›uoluptas‹ (am Ende des Paragraphen) wird nicht als ›Genuß‹, sondern als ›Vergnügung der Sinnenlust‹ verdeutscht; zu ›uti‹ und ›frui‹ vgl. François Cayré: *BA* 11,558–561; Georg Pfligersdorffer: *Zu den Grundlagen des augustinischen Begriffspaares ›uti-frui‹*; William R. O'Connor: *The* Uti/Frui *Distinction in Augustine's Ethics.*

[23] Vgl. *Ps* 130,1 (*Vulgata* 129,1): »De profundis clamavi ad te Domine«.

[24] Im vierten Buch, in dem Augustinus ein konkretes Geschehen – nämlich seine schmerzlichen Erfahrungen und Reflexionen anläßlich des Todes eines Jugendfreundes – erzählt und reflektiert, hatte er gesagt, daß unsere Hoffnung nichtig wäre, wenn wir nicht zu den Ohren Gottes hin weinten (*conf.* 4,10: »et tamen nisi ad aures tuas ploraremus, nihil residui de spe nostra fieret«).

[25] Diese Stelle weist auf die subjektunabhängige Konstitution der

Zeit, die folglich laut dem elften Buch der *Confessiones* eine Sache des Glaubens ist, weil sie über die Grenzen der Erkenntnis eines endlichen Geistes hinausweist; vgl. auch Lactantius: *Divinae Institutiones* 2,10: »Si autem diuinae prouidentiae nutu, quod negari non potest, ad reparandos homines reseruatus est, apparet in Dei potestate esse uel uitam uel interitum generis humani«.

[26] Vgl. Adrian Schenker: *Gewollt dunkle Wiedergaben in LXX? Am Beispiel von Ps 28 (29),6*; bes. 554f. zu den Gründen, aus denen ›chiffrierte‹ Bibel-Stellen in LXX nicht ›dekodiert‹ wurden.

[27] Die ›Bücher der Weisung‹, das göttliche ›Gesetz‹, besonders die in ihnen enthaltene ›Schöpfungsgeschichte‹, wurden von den Manichäern verachtet, weil diese die Annahme für unvernünftig hielten, daß der gute Gott der Schöpfer der von Übeln strotzenden Welt sein könnte. Nachdem Augustinus durch Ambrosius auf die Wege allegorischer Schriftauslegung gelangt war, sah er, daß deren Dunkelheiten mit Hilfe der Philosophie gelichtet werden können. Er gesteht, daß auch ihm selbst der Sinn der Schriften zunächst undurchsichtig war, daß er aber später als ›Hirsch‹ in die Wälder eingedrungen ist, um sich der Wahrheit der Schrift zu nähern. Das Bild des Hirsches steht für den Menschen, der mit Hilfe Gottes giftige Einwände überwindet und dem die Dunkelheiten der göttlichen Geheimnisse so licht werden, daß er diese am Ende in Freiheit genießen kann (*en. Ps.* 28,9: »›uox domini perficientis ceruos‹. uox enim domini primo perfecit superatores et repulsores uenenosarum linguarum. ›et reuelabit siluas‹. et tunc eis reuelabit opacitates diuinorum librorum et umbracula mysteriorum, ubi cum libertate pascantur«). Der ›Hirsch‹ steht für den Menschen als Gottsucher, der voll Sehnsucht nach den Quellen des Lebens dürstet (*en. Ps.* 41,17; *agon.* 10; *conf.* 13,14; *c. Faust.* 22,86; *en. Ps.* 41,1; 41,3; 41,7; 41,9 und 126,1); der ›Hirsch‹ ist schnell (*en. Ps.* 41,2 und 41,3; *ciu.* 8,15); er ist friedlich (*Gn. litt.* 3,11; *ciu.* 19,12) und arm (*qu.* 2,89); er ist gesellig (*ciu.* 12,22); er überwindet durch seine Lebenskraft die Lockungen der Sünde (*adn. Iob* 39); er tötet die Schlangen, nämlich die Verfehlungen (*en. Ps.* 41,3); er trägt des Anderen Last (*diu. qu.* 71,1; *en. Ps.* 41,4 und 129,4; vgl. auch *ciu.* 18,18); er ist ein Wesen des Glaubens, der Transzendenz; er macht die Liebe vollkommen; er berührt, was über ihm ist (*en. Ps.* 17,34; 41,5 und 41,10); ihm werden die Geheimnisse Gottes offenbart (*en. Ps.* 28,9 und 38,6); die höchsten Berge sind für die Hirsche da (*en. Ps.* 103,3,18).

[28] Die Sinnenlust nähme keinen geringen Rang in Augustins Perspektive ein, wenn sie nicht vergänglich wäre; vgl. *uera rel.* 74: »hoc totum est uoluptatis regnum et ima pulchritudo. subiacet enim corrup-

tioni. quod si non esset, summa putaretur.« Martin Skutella zieht in seiner Ausgabe der *Confessio*nes ›afluentia‹ vor (265); diese Lesart betont die Vergänglichkeit der Sinnenlust (vgl. dort im textkritischen Apparat weitere Lesarten, z. B.: ›superadfluentium‹).

29 Ausdruck der Dialektik von Freiheit und Gnade als Verschränkung göttlichen und menschlichen Wollens, als Beflügelung der Freiheit, nicht als Fremdes, Übergestülptes; vgl. Rudolf Lorenz (*Gnade und Erkenntnis bei Augustinus*, 44): »Gnade und Erkenntnis stehen einander nicht feindlich gegenüber, ja, es scheint eine innere Beziehung zwischen ihnen zu walten.« Abschließend weist Lorenz auf das Problem der ›Zweideutigkeit‹ der Augustinischen Gnadenlehre, die zur Folge hat, »daß die metaphysische Betrachtung der Natur als Gnade letztlich ungeschützt ist gegen die unmetaphysische Betrachtung der Gnade als Natur« (125).

30 Vgl. *Ps* 37,2; *Sir* 51,24; weiterhin *Ez* 9,9.

31 Augustinus akzeptiert die Autorität der *Heiligen Schriften*, bekennt deren Wahrheit jedoch nicht ohne Einsicht. Der Weg der Suche beginnt mit der vernünftigen Entscheidung der Frage, welcher Autorität geglaubt werden solle (*uera rel.* 45: »cui credendum sit«); diese Entscheidung kann sich also nicht wieder auf eine äußere Autorität stützen. Was auf Grund von vernünftig ausgewiesener Autorität geglaubt wird, muß folglich der vernünftigen Überprüfung standhalten. Augustinus läßt sich die Wahrheit also nicht einfach von den *Heiligen Schriften* sagen, sondern weist der Vernunft eine tragende Rolle zu.

32 Augustinus sieht sich als Hungernden und Dürstenden, dessen Hunger und Durst sich auf Gott richten (vgl. *conf.* 3,10); dieser Hunger und Durst erweisen sich als unstillbar (*conf.* 10,38): »uocasti et clamasti et rupisti surditatem meam, coruscasti, splenduisti et fugasti caecitatem meam, flagrasti, et duxi spiritum et anhelo tibi, gustaui et esurio et sitio, tetigisti me, et exarsi in pacem tuam.« Das Begehren wächst in einer wahren Liebesbeziehung mit zunehmender Nähe.

33 Unter ›considerare mirabilia de lege tua‹ ist auch das Bedenken des Staunenerregenden der Welt aus dem Licht der göttlichen Weisung zu verstehen. Alfons Deissler (*Die Psalmen. Ps 90–150*, 124) übersetzt *Psalm* 119 (118),18 folgendermaßen: »Öffne meine Augen, auf daß ich erblicke / die Wunderwelt deiner Unterweisung«. Platon bezeichnet das Staunen als Anfang der Philosophie (*Theaitetos* 155 d: τὸ θαυμάζειν· οὐ γὰρ ἄλλη ἀρχὴ φιλοσοφίας ἢ αὕτη). Augustinus bringt die Schrift, die er als Wort Gottes glaubt, mit dem Staunenerregenden zusammen, das der Vernunft begegnet und so zum Anlaß philosophischen Denkens

wird. Über den Sinn des zitierten Psalmworts hinaus versucht er, sowohl das Staunenerregende an der Schrift zu verstehen, als auch das Staunenerregende der Schöpfung (das ist die ›excitatio‹, die von der Schöpfung ausgeht) mit Hilfe der Schrift zu verstehen; vgl. z. B. auch Kant: *KrV* B 650.

[34] Indem Augustinus auf ein ›regnum perpetuum‹ hofft, auf ein Reich, das unentwegt fortdauert, richtet sich die eschatologische Hoffnung auf einen Verband heiliger Bürger (›sancta ciuitas‹), also auf einen Pluralismus freier und mit Rechten versehener Bürger im Reich Gottes (vgl. 1: »ut liberes nos omnino«; 40: »in forma mea, ueritate tua«), nicht auf ein Untergehen des Endlichen im ›Einen‹. Vgl. auch *ciu.* 22,15; dort nimmt Augustinus den vollkommenen Zustand des Menschen im Alter von 30 Jahren an und glaubt, daß im Reich Gottes sowohl die Schwäche des Verstandes als auch des Leibes überwunden sein wird (*ciu.* 22,16: »nec mentis nec ipsius corporis ulla remanebit infirmitas«). Im Reich Gottes bleiben sogar die Geschlechtsmerkmale erhalten, allerdings so, daß sie nur erfreuen, aber die ›libido‹ nicht wecken (*ciu.* 22,17); ›libido‹ gilt als Begehrlichkeit, die den Begehrenden zum Sklaven macht. Zur Bestimmung des Begriffs der ›libido‹ als schlechter Begierde (›mala cupiditas‹, ›culpabilis cupiditas‹) im Unterschied zu einer Begierde, die nicht zu tadeln ist (›cupiditas non culpanda‹) vgl. *lib. arb.* 1,9 f.; vgl. dazu Fischer: *APE* 236–267, bes. 255 ff.

[35] Im Hintergrund steht Augustins Einsicht, daß uns die Welt mit Gaben lockt, die uns wider Willen im Lauf der Zeit wieder entrissen werden können und faktisch entrissen werden. Dadurch werde unser Geist ruhelos und von Mühsal heimgesucht, indem er vergeblich zu besitzen sucht, wovon er besessen wird (vgl. *uera rel.* 65: »loca offerunt quod amemus, tempora surripiunt quod amamus, et relinquunt in anima turbas phantasmatum, quibus in aliud atque aliud cupiditas incitetur. ita fit inquietus et aerumnosus animus frustra tenere a quibus tenetur exoptans«). Gold verbreitet überirdischen Glanz, Sinnenlust bringt – wenigstens zeitweise – Erfüllungen zustande, die uns Menschen für die Dauer des Erlebens selbstgenugsam zu machen scheinen. Augustinus wertet das Sinnliche nicht ab, sondern spricht davon, daß unser Gefallen auf schönen Körpern ruht, ebenso auf Gold und Silber und dergleichen; besonders erwähnt er die Schönheit der fleischlichen Berührung, bei der die höchste Wirkung auf einer Harmonie in der Wechselfühlung beruhe (*conf.* 2,10: »etenim species est pulchris corporibus et auro et argento et omnibus, et in contactu carnis congruentia ualet plurimum«; zur Übersetzung vgl. Joseph Bernhart: *Confessiones /*

Bekenntnisse, 79 ff.). Das sinnlich Gegebene ist in seiner Schönheit – verglichen mit dem Ziel der höchsten Sehnsucht des Menschen – lediglich ein Zeichen (›signum‹), das auf Unveränderliches verweist; vgl. Cornelius Petrus Mayer: *Zeichen II*, bes. 105–130. Vgl. die prinzipiell negativere Sicht des Körperlichen bei Origenes: *De principiis* III 5 f.

[36] In Anspielung an Kant könnte man sagen, daß auch Augustinus von einem ›Primat der praktischen Vernunft‹ ausgeht, wobei er Platon (vgl. Anm. 9, *Theaitetos* 176 c), aber auch der Bergpredigt folgt. Vgl. Nikolaus von Kues: *De visione dei* 4,11; *Schriften III*, 104 ff.: wer bestrebt ist, Gott zu empfangen, muß zuvor gut (›bonus‹), gerecht (›iustus‹) und barmherzig (›misericors‹) sein. Die Reinheit des Strebens ist laut Cusanus eine frei zu verantwortende Bemühung; gleichwohl antwortet sie Gottes Liebe, welche die Liebe des Menschen entflammt und seine Sehnsucht nach der Süßigkeit des Lebens (›dulcedo vitae‹) entzündet hat.

[37] Augustinus fragt, worauf sein Begehren zielt. Er sieht, daß manches Begehren mehr will als das, worauf es nach oberflächlicher Betrachtung zielt. Stillen zum Beispiel hinreißend leuchtende Edelsteine unser Begehren? Welches Begehren stillen sie und was steht hinter diesem Begehren?

[38] Es geht für Augustinus um wechselseitiges Suchen und Finden. In *conf.* 10,37 f. wird klar, daß dem Geschehen, in dem der Mensch Gott findet, kein Entwurf des suchenden Subjekts vorausgeht; das Finden Gottes kann von keinem Entwurf, keinem inhaltlich bestimmten Wissen geleitet sein; von solch reinem Finden spricht Martin Heidegger: *Was ist Metaphysik?*, 109): »Gibt es am Ende ein Suchen ohne jede Vorwegnahme, ein Suchen, dem ein reines Finden zugehört?«; vgl. dazu auch Kant (*KpV* A 193; vgl. Anm. 9). Reines Finden vergegenwärtigen ebenso die folgenden Verse von Johann Wolfgang von Goethe (*HA* 1,254): »Ich ging im Walde / So für mich hin. / Und nichts zu suchen, / Das war mein Sinn. // Im Schatten sah ich / Ein Blümchen stehn, / Wie Sterne leuchtend, / Wie Äuglein schön.«

[39] Obwohl Gott es ist, der zur Suche lockt (*conf.* 1,1: »tu excitas«), auch wenn die Freiheit des Menschen sich nicht selbst hervorgebracht hat, ist doch nicht alles Gnade (*lib. arb.* 3,53: »nulli enim homini ablatum est scire utiliter quaeri quod inutiliter ignoratur«): die freie Tat des Menschen bleibt gefordert und auch denkerisch für Augustinus erforderlich.

[40] Zur juristischen Metaphorik vgl. *RAC* 1: *Adoption* (bes. 102 ff.); zum anwaltlichen Verhalten des Mittlers vgl. *Hebr* 7,25; 9,24. Paulus

(*Röm* 8,14 ff.) nennt alle, die sich vom Geist Gottes leiten lassen, Söhne Gottes (οὗτοι υἱοί εἰσιν θεοῦ), Kinder Gottes (τέκνα θεοῦ) und Miterben Christi (συγκληρονόμοι Χριστοῦ), wenn wir mit ihm mitleiden, um mit ihm verherrlicht zu werden (vgl. *Eph* 1, 5: προορίσας ἡμᾶς εἰς υἱοθεσίαν). Der Mensch ist also auf Attribute Gottes bezogen, ohne indessen je Gott sein zu können, da er ein endliches Wesen bleibt, das sein Sein nur durch die Zeit erlangen kann. Über die Art der möglichen Nähe und Ferne zu Gott scheint Nicolai Hartmann sich zu täuschen, wenn er deren Sinn atheistisch interpretiert (*Ethik*, 199): »Die Ethik tut – und muß tun – was in den Augen des Frommen Gotteslästerung ist: sie gibt dem Menschen die Attribute der Gottheit. Sie gibt ihm wieder, was er, sein eigenes Wesen verkennend, von sich abgetan und Gott beigelegt hat. Oder, wenn man es anders ausdrücken will, sie läßt die Gottheit herabsteigen von ihrem Weltenthron und im Willen des Menschen wohnen. Dem Menschen fällt das metaphysische Erbe Gottes zu.« Vgl. dazu Fischer: *EdS*.

41 Origenes denkt Gott als Ursprung der Dinge (*De principiis* I 1,6: ›omnium initium‹). Weil Gott für uns laut Origenes nur in vermittelter Weise über die Schöpfung erkennbar ist, sind wir zur Erkenntnis Gottes auf die Vermittlung durch den Sohn angewiesen (I 1,8), den er als die Weisheit Gottes denkt, die selbständig subsisitiert (I 2,2: »unigenitum filium dei sapientiam eius esse substantialiter subsistentem«). Im Sein dieser Weisheit sind von Anbeginn die Kräfte und Umformungen der künftigen Schöpfung enthalten (I 2,2: »in hac ipsa ergo sapientiae substantia quia omnis virtus ac deformatio futurae inerat creaturae«). Dieser Gottessohn gilt als Wahrheit und Leben alles Seienden (I 2,4), als Bild Gottes (›imago‹), als Glanz des göttlichen Lichtes (I 2,7: ›splendor huius lucis‹), das die ganze Schöpfung erleuchtet (›inluminans universam creaturam‹). Der Sohn wird mit *Weish* 7,25 – ähnlich wie in Plotins Begriff der περίλαμψις – als reinster Ausfluß der Herrlichkeit des Allmächtigen bezeichnet (I 2,10: »ἀπόρροια (id est manatio) [...] purissima gloriae omnipotentis«). Es ist nicht eindeutig, ob der Schöpfungsgedanke oder eine Emanationslehre den Kern der Weltentstehungslehre des Origenes ausmachen.

42 *Wahrheit* (›ueritas‹) ist auch für Augustinus ein Gottesname (z.B. *lib. arb.* 2,33 ff., bes.38). Vgl. Werner Beierwaltes: *Deus est veritas*. Gott hat durch das Wort geschaffen (*Joh* 1,3); dieses Wort ist zugleich das wahre Licht (*Joh* 1,9). Sofern Moses von der Schöpfung schreibt, hat er vom ›Wort Gottes‹ geschrieben, das laut neutestamentlichem Glauben Christus ist; vgl. auch *c. Faust.*, wo Augustinus dem Manichäerbischof

Faustus, der diesen Zusammenhang bestreitet (z.B. 16,3), entgegnet, daß sich alles, was Moses geschrieben hat, auf Christus beziehe (16,9): »Moyses omne quod scripsit, de Christo est, id est ad Christum omnino pertinet«.

43 Das ist laut Solignac (*BA* 14,572f.) das Programm (›propos‹) Augustins in *conf.* 11–13.

44 Das Wort ›facere‹ zur Bezeichnung göttlichen Schaffens wird Augustinus im Schrifttext (*Vetus latina*, 3) gelesen haben; vgl. auch Cornelius Mayer: *Creatio, creator, creatura*, 63–65; ›facere‹ ist hier wie ›creare‹ mit ›schaffen‹ zu übersetzen, zumal Augustinus es von der Tätigkeit eines menschlichen ›artifex‹ absetzt (7: »non enim sicut homo artifex«; 11: »miro modo dicens et miro modo faciens«). Der Text widersetzt sich der technomorphen Deutung göttlichen Schaffens, die Flasch Augustinus unterstellt (*WiZ* 310, 315ff.). Bezeichnenderweise vermag er diese Insinuation nicht konsequent durchzuhalten (*WiZ* 316 spricht auch Flasch davon, daß Himmel und Erde im göttlichen Wort *geschaffen* worden seien); gegen die Möglichkeit einer technomorphen Deutung des Schöpfungsgedankens Augustins vgl. auch Solignac: *BA* 14,574: »*Création divine et fabrication humaine*«; weiterhin Fischer: *Confessiones 11*, *CAH* 492 und 511.

45 Augustinus spielt auf das leitende Thema des elften Buches an: die Beziehung des Menschen zur absoluten Vergangenheit, zur absoluten Zukunft und zur absoluten (nicht flüchtigen) Gegenwart; Anklang an das neuplatonische Schema: *exitus-reditus* (ohne es explizit zu übernehmen).

46 Diese Klarheit der Einsicht in eine bleibende Wahrheit ist den überschäumenden Vergnügungen der Sinnenlust überlegen, sofern die Lüste durch ihre Flüchtigkeit viele Fragen offenlassen, auch wenn sie die Wünsche des Menschen für den Augenblick aufs schönste befriedigen.

47 Schon in *mag.* 46 hatte Augustinus gesagt, daß der eine Lehrer aller im Himmel sei: »unus omnium magister in caelis sit«; vgl. auch *Mt* 23,10; *Joh* 3,2 und 6,68.

48 Im Inneren ist der Mensch laut Augustinus Schüler der Wahrheit (*mag.* 41): »intus est discipulus ueritatis«; weitere Hinweise bei Solignac (*BA* 14,280f.).

49 Augustinus nimmt an, daß Gott die Guten belohnt und die Bösen bestraft, weil er gerecht ist und in diesem Sinne Urheber von Übeln (also auch der Verweigerung von Einsicht) sein kann (*lib. arb.* 1,1). Umgekehrt gilt ihm guter Wille als notwendige Vorstufe zur Einsicht. Fraglich bleibt, ob ihm klar ist, wie sehr die Annahme eines Menschen, daß

sein Handeln am Ende belohnt und bestraft werde, zu Problemen führt, weil sie ihn zu berechnendem Verhalten verleiten kann, das die Möglichkeit eines guten Willens verdirbt, der das Gute aus Güte tut.

50 Zum Kosmos sagt Platon, daß er geworden sei, weil er sichtbar und betastbar sei und einen Körper habe (*Timaios* 28 b: Γέγονεν· ὁρατὸς γὰρ ἁπτός τέ ἐστιν καὶ σῶμα ἔχων). Vgl. auch *Röm* 1,20; das kosmologische Argument spielt noch bei Kant – trotz der Gottesbeweiskritik – für die Annehmbarkeit des Daseins Gottes eine positive Rolle (z.B. *KrV* B XXIff.; 594; 612).

51 Vgl. wieder Platons Grundunterscheidung vom Beginn des *Timaios* 27 d/28 a (vgl. Anm. 3).

52 Augustins oft wiederholter Gedanke der ›creatio de nihilo‹ betont, daß Gott die Welt weder *aus sich* noch *aus etwas außerhalb seiner* geschaffen habe; vgl. *conf.* 13,48: »de nihilo enim a te, non de te facta sunt, non de aliqua non tua uel quae antea fuerit, sed de concreata, id est simul a te creata materia, quia eius informitatem sine ulla temporis interpositione formasti.« Dieser Gedanke hat vor allem drei Konsequenzen: 1. Gott war bei der Schöpfung nicht auf Anderes angewiesen; 2. Das Sein der Welt ist nicht das Sein Gottes; 3. In der Welt gibt es die Möglichkeit ursprünglicher Kausalität (dazu vgl. Fischer: *bonum*, bes. 675 f.). Weitere Hinweise bei Solignac (*BA* 14,603–606). Exemplarisch seien einige der zahlreichen Stellen zur ›creatio de nihilo‹ genannt: *sol.* 1,2; *lib. arb.* 1,5; *conf.* 12,25; *Gn. litt.* 7,5 ff.; *c. Fel.* 2,19; *c. Sec.* 19.

53 Zum Prinzip: ›aus nichts wird nichts‹, vgl. z.B. *mus.* 6,57; weiterhin *conf.* 10,9: »non sumus Deus, sed ipse fecit nos« (dazu Solignac: *BA* 14, 573). Der Satz: »aus nichts wird nichts« (»*Ex nihilo nihil fit*«), spielt noch bei Kant eine Rolle (vgl. *KrV* B 228; *VPR* 181).

54 Im Hintergrund dieses Satzes steht das Teilhabedenken (vgl. bes. Platon: *Politeia* 505a–509 b; dort fungiert das Licht der Sonne als Quell von Sein und Werden, Erkennen und Erkanntwerden; vgl. 13: ›lux mentium‹). Augustinus formuliert auf der Grundlage des Teilhabedenkens ein Schema von Gedanken, die später zu Gottesbeweisen umgeformt worden sind; sie beginnen mit der Schönheit und Zweckmäßigkeit der Welt (teleologisch: *ex gubernatione rerum*), führen zu den Graden der Vollkommenheit (ontologisch: *ex gradibus perfectionum*) und schließen mit der Kontingenz der Welt (kosmologisch: *ex contingentia mundi*); Thomas von Aquin hat später in den *fünf Wegen* die umgekehrte Abfolge gewählt (*S.th.* I,2,3: der Beweis *ex contingentia mundi* in den drei ersten Wegen). Solignac: *BA* 14,573 sieht hier die Dialektik von ›*via affirmationis*‹ und ›*via negationis*‹.

[55] In *en. Ps.* 134,4 wird diese doppelte Perspektive erläutert: dem Endlichen, das in der Welt begegnet, kommt Sein zu, solange man es nicht mit Gott vergleicht; vergleicht man es mit dem Sein Gottes, scheint es nicht zu sein (»illo non comparato, sunt; quoniam ab illo sunt; illi autem comparata, non sunt, quia uerum esse incommutabile esse est, quod ille solus est. est enim est, sicut bonorum bonum, bonum est«). Dazu Solignac: *BA* 14, 281 und 550–552; zu *en. Ps.* 134,4 bes. 574: »Formule qui exprime à la fois la transcendance de Dieu sur le plan de l'essence et la dépendance radicale des créatures sur le plan de l'être: tout l'être des créatures est un *être reçu*«.

[56] In aktivischem Blick (vgl. *an. quant.* 44; *trin.* 9,3: »per oculos enim corporis corpora videmus quia radios, qui per eos emicant, et quidquid cernimus tangunt«). Die Gestaltung von endlichem Seiendem durch menschliche Handlungen setzt die hier vorgetragene Analyse eines finalen Prozesses den Hylemorphismus der Philosophie des Aristoteles voraus (eine prägnante Formulierung dieser Lehre bietet *De anima* II, 412 a,6–9). Zur Analyse des finalen Prozesses vgl. Aristoteles: *Physik* 196 b10 ff.; vgl. auch Nicolai Hartmann (z. B. *Teleologisches Denken*, bes. 71–76, 119–125).

[57] Indem Augustinus von Findigkeit (›ingenium‹), aber auch von Armut und Elend (›miseria‹) des Menschen spricht, folgt er Gedanken von Platons *Symposion*, in dem Findigkeit (πόρος) und Armut (πενία) als Eltern des Eros, des Urbildes des Philosophierenden, genannt werden (*Symposion* 203 a–204 c). Augustinus denkt den Menschen – ähnlich wie Platon – als erotisches Wesen, das fragen kann (*conf.* 10,10) und suchen soll (*lib. arb.* 3,53). Damit unterscheidet sich der Mensch wesenhaft von Gott, der als die Wahrheit geglaubt wird (Platon sagt, daß er sich von den Göttern unterscheide, die nicht Weisheit suchen, sondern weise sind; *Symposion* 204 a).

[58] Hier tritt das Zeitproblem implizit in alltäglicher Zeiterfahrung so auf, wie es später in seiner Vergegenwärtigung im Singen eines Liedes (38) ausdrücklich wird. Das ist ›Phänomenologie‹, sofern diese Zeiterfahrungen nicht von der Ewigkeit her ›konzeptualisiert und bewertet‹ werden (gegen Flasch: *WiZ* 317). Soweit Augustinus sie ›zu überwinden‹ sucht, geschieht das aus der immanenten Tendenz der alltäglichen Zeiterfahrung, die sich der Flüchtigkeit der Zeit entgegenstemmt. Die von Flasch (*WiZ* 318) geäußerte Kritik an von Hermann geht folglich fehl.

[59] Indem Augustinus das Schaffen Gottes als ›creatio de nihilo‹ auslegt, denkt er das aufgegebene und mögliche Selbstsein des Endlichen radikaler als Plotin, laut dem das Eine das Ganze ist, das jenes Eine als

Überstrahlung aus dem Einen umgibt, wobei das Eine beharrt: so wie der Glanz der Sonne, der sie umspielt, der ständig aus ihr geboren wird, wobei sie aber beharrt (*Enneade* V 1,6,28–30: περὶ ἐκεῖνο μὲν ὄν, περίλαμψιν ἐξ αὐτοῦ δὲ μένοντος· οἷον ἡλίου τὸ περὶ αὐτὸν λαμπρὸν ὥσπερ περιθέον, ἐξ αὐτοῦ ἀεὶ γεννώμενον, μένοντος δέ).

60 Zur Ortlosigkeit Gottes vgl. *conf.* 10, 37: »et nusquam locus, et recedimus et accedimus, et nusquam locus.« Mit dem Sichöffnen gegenüber einer Wirklichkeit jenseits von Raum und Zeit schließt Augustinus den *regressus in infinitum* aus; er kommt so zu dem ›klaren Abschluß‹, den die Alten laut Wittgenstein gekannt haben (vgl. *Tlp* 6.372).

61 Ein Beispiel bietet Origenes, der den Einwand diskutiert, ob Gott, wenn ihm keine Materie zur Verfügung gestanden hätte, nicht untätig hätte bleiben müssen (*De principiis* II 1,4): »quia deus non potuerit aliquid facere, cum nihil esset, sine dubio futurus erat otiosus, materiam non habens ex qua possit operari.«

62 Platon sagt (*Politeia* 509b), daß das Erkennbare durch das Gute (ὑπὸ τοῦ ἀγαθοῦ) erkannt werde, daß ihm durch das Gute Sein und Wesen zukomme (τὸ εἶναι τε καὶ τὴν οὐσίαν ὑπ' ἐκείνου αὐτοῖς προσεῖναι), daß das Gute selbst aber jenseits der Seiendheit bleibe (ἐπέκεινα τῆς οὐσίας) und sie doch an Kraft und Würde überrage. Endlich Seiendes hätte demgemäß sein Sein – und zugleich seine Wahrheit (Sein und Wesen) – von einem absolut transzendenten Guten. Vgl. Nikolaus von Kues, der einen Inder Sokrates fragen läßt, ob überhaupt etwas gewußt werden könne, wenn Gott unbekannt sei; vgl. *De venatione sapientiae* XII,31 (*Schriften I*, 51): »an deo ignorato sciri aliquid posset«. Nietzsche ist der Denker, der diese Grundannahme Platonischer und platonisierender Philosophie wahrnimmt und zu diskreditieren versucht (*NF* 34 [253]; *KSA* 11,506): »*Wahrheit ist die Art von Irrthum*, ohne welche eine bestimmte Art von lebendigen Wesen nicht leben könnte. Der Werth für das Leben entscheidet zuletzt.« Diese Konsequenz zieht er auch gegen den Positivismus (z. B. *NF* 7 [60]; *KSA* 12,315). Weil er den ›Tod Gottes‹ diagnostiziert (vgl. *Die Fröhliche Wissenschaft*, Nr. 125; *KSA* 3,480f.), hat er die Hoffnung fallen gelassen, daß »es eine ›Wahrheit‹ gäbe, der man sich irgendwie nähern könne« (*NF* 7 [10]; *KSA* 12,299).

63 Augustinus versucht, in das Geschehen der ›creatio de nihilo‹ einzudringen; weitere Hinweise bei Solignac: *BA* 576ff., bes. 578: »le Verbe est par là même ›forma omnium quae sunt‹« (unter Bezug auf *uera. rel.* 66; *trin.* 6,11). Vgl. auch Joseph Moreau: *Le temps et la création selon S. Augustin*, 287: »La parole créatrice n'est autre que le Verbe de Dieu, la

Vérité éternelle qui se découvre à nous dans l'intériorité, [...] cette Vérité qui habite dans l'homme intérieur, et qui lui est à la fois immanente et transcendante«. Zum problemgeschichtlichen Hintergrund vgl. Gerhard May: *Schöpfung aus dem Nichts. Die Entstehung der Lehre von der creatio ex nihilo.*

64 Augustinus betont den Unterschied zwischen einem Sprechen, das sich in der Zeit ereignet und dem ewigen Sprechen Gottes, das unabhängig von Zeit nur mit dem inneren Ohr vernommen wird (vgl. auch *ciu.* 16,1). Auf falsche Fährten leitet Flasch, wenn er sagt (*WiZ* 319): »Das Zeitliche *als solches* hat keinen Sinn [...]. Was vorübergeht, was zeitlich verläuft, *ist* nicht wirklich und hat geringeren Wert.« Flasch insinuiert, ein Wissen zu haben, was Zeit und Zeitliches sind. Augustinus aber *fragt* erst danach – im Ausgang von der ängstigenden Einsicht, daß die Zeit, das Zeitliche (und damit wir selbst) zum Nichtsein zu streben scheinen (17); er fragt jedoch in der Hoffnung, daß sich das Zeitliche am Ende doch *nicht als nichtig* erweisen möge.

65 Indem der Geist unter der Flüchtigkeit des Zeitlichen leidet, ist offenbar, daß er sich im Modus der Defizienz auf etwas Überdauerndes bezieht. Ziel der Suche des Geistes kann nichts sein, was unter ihm steht; sein Ziel ist vielmehr die Erfüllung seiner Hoffnung auf ein ›bleibend *Sein*‹; vgl. auch das Gedicht von Rainer Maria Rilke: *Wunderliches Wort: die Zeit vertreiben* (*Aus dem Nachlaß des Grafen C. W* ›X‹; in: Werke II.1, *Gedichte und Übertragungen*, 123; zu diesem Gedicht vgl. Fischer: *»Kostbar ist mir jeder Tropfen Zeit ...«*, bes. 305–309).

66 Dieses Schicksal haben zeitlich erklingende Worte mit allem Zeitlichen gemein; ›Sein‹ im eminenten Sinn versteht Augustinus mit den Eleaten, mit Heraklit und Platon im Unterschied zu ›Werden‹; vgl. *s.* 7,7: »esse, nomen est incommutabilitatis. omnia enim quae mutantur desinunt esse quod erant et incipiunt esse quod non erant. esse est« (dazu Solignac: *BA* 14,573).

67 Diese hypothetische Erwägung zeigt, daß neuere physikalische Überlegungen zum Weltanfang die von Augustinus erörterte Frage wenig berühren; vgl. z. B. Alan H. Guth: *Die Geburt des Kosmos aus dem Nichts* (bes. 431–439: *Ein Universum ex nihilo*). Die Tatsache, *daß* die Welt ist, bleibt physikalisch unableitbar; höchstens kann gesagt werden, wie Zustände der Welt gewesen sein müssen, damit sich die Folgen, die sich offenbar ergeben haben, ergeben konnten (vgl. Wittgenstein: *Tlp*, bes. 6.432, 6.44 und 6.45).

68 Bevor nichts geschaffen war, konnte das ›Wort Gottes‹ also auch nicht zeitlich auftreten (vgl. *Gn. litt.* 1,15).

69 Vgl. *Joh* 1,1.

70 Plotin deutet die Ewigkeit als Leben des Geistes (*Enneade* III 7,3,11–19), die Seele hingegen als Bild des Geistes; sie denkt nur »durch das (wenn auch geschwächte) Wirken des Geistes« (vgl. Beierwaltes: *Plotin. EuZ* 35–49 und 59). Augustinus vermeidet solche metaphysisch gestuften Ableitungen eines Hervorgangs aus dem Einen und untersucht die Lage des Menschen eher phänomenologisch. Indem er eines der Probleme, die den Menschen belasten, in seiner Sterblichkeit sieht (*conf.* 1,1: »homo circumferens mortalitatem suam«), stellt sich ihm die Frage nach der Unsterblichkeit. Die Sterblichkeit gehört laut Augustinus konstitutiv zum Menschen als Lebewesen (›animal‹), nicht erst als Folge der Sünde Adams. Flasch irrt offenbar, wenn er sagt (*WiZ* 205): »Nach Augustin waren die Menschen *vor* Adams Sünde nicht sterblich«. An der Stelle, an der Augustinus in genauer Überlegung zu dieser Frage spricht, betont er nüchtern, daß die Menschen auch ohne Sünde wie die übrigen Lebewesen sterblich waren (*Gn. litt.* 6,22: »ut videlicet mors corporis non de peccato accidisse videatur, sed naturaliter, ut animalium caeterorum«). Er nimmt allerdings an, daß sie ohne Sünde nicht gestorben wären, weil Gott ihren Tod in einen schmerzfreien Übergang in einen besseren, geistigen Zustand verwandelt hätte (*Gn. litt.* 11,31: »in meliorem spiritalemque habitum sine morte mutari«).

71 Augustinus geht nicht abstrakt vom Nichtsein des Alls aus, um dann den Versuch zu machen, dessen Entstehen aus dem Nichts spekulativ zu begreifen. Vielmehr geht er vom faktisch Gegebenen aus, das ebenso faktisch zu Ende geht; zusätzlich von etwas, das neu entsteht.

72 Hier verbindet Augustinus Motive des Prologs des Evangeliums nach Johannes mit Motiven der spekulativen Metaphysik Plotins. Das Ewige ist demnach unausgedehnt immer mit sich identisch (*Enneade* III 7,2,32: ἀδιάστατον); vgl. dazu auch Beierwaltes (*Plotin. EuZ* 41): »Diese ewige Selbstgegenwart des Denkens im Sein durch das Leben gleicht dem Punkt, in den Alles zugleich denkend versammelt ist«.

73 Weil es keine logisch bruchlose Ableitung des Zeitlichen aus dem ewigen Gott gibt, scheitert die spekulative theologische Kosmogonie. Doch läßt sich ausschließen, daß Gott zur Schöpfung Hilfsmittel benötigt habe oder daß die Zeit in der Zeit geschaffen worden sein könnte. Im Unterschied zu Plotin, laut dem die Seele sich selbst verzeitlicht hat (*Enneade* III 7,11,30: ἡ ψυχὴ ἑαυτὴν ἐχρόνησεν ἀντὶ τοῦ αἰῶνος τοῦτον ποιήσασα), glaubt Augustinus, daß die Zeit von Gott geschaffen sei; vgl. Beierwaltes: *Plotin. EuZ* 62–88, bes. 64 und 75.

74 Auch wenn die Zeit nicht in ihrer Flüchtigkeit in der Ewigkeit ge-

genwärtig sein kann (sofern es in Gott kein Nacheinander, kein ›Noch nicht‹ und ›Nicht mehr‹ gibt), nimmt Augustinus doch eine positive Beziehung Gottes zur Zeit an. Einen Ausweg findet er im Gedanken der ›ratio aeterna‹; aus der Perspektive des Menschen werden mit ihr die unveränderlichen Gesetze des Wirklichen und des Gesollten bezeichnet (vgl. einerseits z. B. *trin.* 10,5; 12,17, andererseits z. B. *c. Faust.* 22,27); aus der Perspektive Gottes, die in der Schriftexegese entfaltet wird, bezeichnet die ›ratio aeterna‹ die Vernunft, die durch den Schöpfungsakt in das zeitliche Wirkliche hineingelangt (vgl. *Gn. litt.* 1,10; 2,6; 4,25). In den *Retractationes* setzt Augustinus sich von der in *Soliloquia* noch übernommenen Anamnesis-Lehre ab und erklärt, daß die unveränderliche Wahrheit nicht durch Wiedererinnerung, sondern nur durch die Gegenwart des Lichtes der ewigen Vernunft erkannt werde (*retr.* 1,4,4: durch das ›lumen rationis aeternae‹).

75 Insofern das Wort einerseits Gott bei Gott ist (*Joh* 1,1), kann es nur gehört und geglaubt werden; andererseits ist es Ursprung von Himmel und Erde, worauf wir durch vernünftige Überlegung verwiesen werden, weil Himmel und Erde rufen, daß sie geschaffen sind (vgl. 6).

76 ›Fleisch‹ steht ganzheitlich für den Menschen. Der neutestamentliche Glaube lehrt, daß die Herrlichkeit Gottes offenbar geworden ist, indem Gottes Wort Fleisch geworden ist und unter uns Menschen gewohnt hat (*Joh* 1,14).

77 Vgl. Anm. 46 mit Hinweisen auf *mag.* 46 und *Mt* 23,10; hier konkretisiert Augustinus den dreistufigen Weg zur Wahrheit, wie er ihn allgemein in *uera rel.* 72 vorgezeichnet hatte: das ›credere‹ entspricht dem ›foris‹, das ›quaerere‹ dem ›intus‹, das ›inuenire‹ dem ›intimum‹. Der wahre Gott kann nur in und durch ihn selbst gefunden werden, nicht im Inneren des Menschen (*conf.* 10,37 f.); vgl. Fischer: *AWG.*

78 Die Bedeutung von ›stabilis ueritas‹ ist hier zwiespältig; wenngleich sie zunächst ohne bestimmten Artikel zu denken ist, sieht Augustinus hinter jeder beständigen, konstanten Wahrheit doch schon die beständige Wahrheit Gottes. Auch die in ihrer Methode ›atheistischen‹ Wissenschaften suchen beständige, konstante Wahrheit. Für Augustinus zielt diese Suche implizit und anonym aber auf ›die beständige Wahrheit‹, die Gott selbst ist. Zwar kann unter der Voraussetzung nach Wahrheit gesucht werden, daß Gott nicht existiert (›etsi deus non daretur‹); sofern aber beständige Wahrheit gesucht wird, wird laut Augustinus implizit Gott gesucht (vgl. dazu Fischer: *Die philosophische Frage nach Gott. Ein Gang durch ihre Stationen*, bes. 250 f.). Gott bleibt deswegen auch in der kritischen Philosophie Kants ein »Ideal ohne Gleichen«

(*KrV* B 639f.). Die extreme Gegenposition, die jedoch mit dem Nihilismus zu kämpfen hat, bietet Nietzsche, sofern er als wahr behauptet, daß es keine Wahrheit gibt (vgl. Anm. 61).

79 Im Blick auf das ›ausharren‹ vgl. das Gleichnis von den klugen und törichten Jungfrauen (*Mt* 25,1–12), im Blick auf die ›Stimme des Bräutigams‹ vgl. *Joh* 3,29.

80 Ausgang (›exitus‹) und Rückkehr (›reditus‹) müssen nicht neuplatonisch verstanden werden: Als Schöpfer ist Gott ›principium‹, von dem alles ausgeht; als ›Herr‹ und ›König‹ in der eschatologischen heiligen Gemeinschaft freier Bürger (vgl. 3: »regnum [...] perpetuum sanctae ciuitatis tuae«) ist er der Mittelpunkt des Ziels, in dessen Nähe alles Geschaffene zurückkehren will. Vgl. Endre von Ivánka (*Plato christianus*, 208–212, hier 209f.): Augustinus gebrauche zwar neuplatonische Bilder, sei aber ein Meister darin, »die vorstellungsmäßige Bildhaftigkeit [...] durch die denkerische Durchdringung wieder zu ›entbildlichen‹. Wir hören zwar vom Sich-Entfernen von Gott, von der Rückkehr zu ihm durch die Rückwendung in das eigene Innere [...], aber die Fragwürdigkeit dieser Bilder, als Bilder, deckt Augustinus mit einem Worte wieder auf«. Irrtum läßt sich laut Augustinus nicht durch Autorität ausmerzen; vgl. seine Vorbehalte gegen blinde Autorität (*lib. arb.* 1,6). Richtig erklärt Flasch, daß laut Augustinus nur die ›stabilis ueritas‹ lehrt (*WiZ* 323): »Entweder ist solche Erkenntnis absoluter Normen möglich oder nicht. Ist sie unmöglich, können wir aus Vernunfteinsicht nicht leben. Nach A sollen wir aber aus Vernunfteinsicht leben können. Dies gilt auch trotz radikaler Gnadenlehre.«

81 Diese Stimme ist jedem bekannt, den die Evidenz wahrer Einsicht trifft; z.B. sehe ich die Evidenz der Wahrheit, daß ich verläßliche Wahrheit suche, auch dann, wenn ich sie bisher nicht gefunden habe und womöglich fürchte, sie nie zu finden, oder gar zweifle, daß es solche Wahrheit gibt. Augustinus hat es in seiner frühen Zeit selbst für annehmbar gehalten, daß die Wahrheit nicht gefunden werden könne (*Acad.* 2,23): »quod illis probabile uisum est, non posse inueniri ueritatem.« In der Auseinandersetzung mit der akademischen Skepsis führt er zwar das alte Argument ins Spiel, daß der Skeptiker nicht als wahr behaupten kann, daß sichere Wahrheit nicht erkannt werden kann, weil die skeptische These dann selbst nicht für wahr gehalten werden kann. Er gesteht aber, daß für die Erkennbarkeit der Wahrheit damit noch nichts gewonnen ist, weil dem Suchenden mit der Retorsion des Skeptizismus sogar die dürftigste Wahrheit – die Einsicht in die Unerreichbarkeit der Wahrheit – entrissen ist. Augustinus gesteht sogar, daß der

Akademiker, der widerlegt zu sein schien, am Ende doch gesiegt hat (*Acad.* 3,30): »Eo fit, ut cum sit victus Academicus, vicerit.« Daraus erhellt, daß Augustinus nicht den Suchenden für den Meister der Wahrheit hält; dieser bleibt angesichts des Ziels seiner Suche vielmehr in Unsicherheit und Zweideutigkeit; vgl. Fischer (*APE*, bes. 175–202).

[82] Zu den göttlichen Namen, die im Spannungsfeld biblischer Rede von Gott und platonisch-neuplatonischen Begriffen spielen, vgl. von Ivánka: *Plato christianus*, bes. 230–240.

[83] Zu bemerken ist, daß die unendliche Wahrheit Gottes zwar machtvoll auftritt, daß sie aber nicht in Konkurrenz zum Endlichen auftritt und folglich dem Endlichen als Endlichem auch nicht Eintrag tut oder Schaden bringt.

[84] Rudolph Berlinger (*Augustins dialogische Metaphysik*, 29) sieht darin den Gipfel der ›kreatürlichen Metaphysik‹ Augustins. Flasch (*WiZ* 325 f.) erklärt, daß man hier nichts mit dem *Leitmotiv des Tremendum und Fascinosum* (vgl. Rudolf Otto: *Das Heilige*) erklären könne, weil dies als »nachkantische Verteidigung« der emotionalen Seite der religiösen Erfahrung zu verstehen sei; Flaschs Abweisung dieser Parallele – wie jeder Parallele zu modernem Denken – verdeckt, daß Augustinus eine Erschütterung zum Ausdruck bringt, die ihm die religiöse Frage aufdrängt; diese Doppelerfahrung der Nähe und Ferne zum Göttlichen tritt aber auch bei Kant auf, der nicht so emotionslos ist, wie Flasch wohl meint; vgl. zum Beispiel den *Beschluß* der *Kritik der praktischen Vernunft* (*KpV* A 288 ff.) mit dem Wort vom ›bestirnten Himmel über mir‹ und dem ›moralischen Gesetz in mir‹. Vgl. auch *conf.* 7,16: »et contremui amore et horrore: et inueni longe me esse a te in regione dissimilitudinis, tamquam audirem uocem tuam de excelso«. Die synchrone Doppelerfahrung von Nähe und Ferne des Göttlichen findet sich auch in *an. quant.* 77: »quo nihil sit secretius, nihil praesentius«. Man kann diese Erfahrung bereits – aber alternativ oder im Nacheinander – bei Plotin finden: sieht der Suchende die Schönheit des Guten nicht, ist er dem Guten unähnlich und fremd; sobald er das Gute sieht, verharrt der Sehende bei ihm und wird ihm ähnlich (*Enneade* I 6,7: μένων ἐν τῷ ϑέᾳ τοῦ τοιούτου καὶ ἀπολαύων αὐτοῦ ὁμοιούμενος). Vgl. auch *trin.* 9,16: »quocirca in quantum deum nouimus similes sumus, sed non ad aequalitatem similes quia nec tantum eum nouimus quantum ipse se.«

[85] Vgl. Dieter Lau (*Aquila*, bes. 430 f.): »Der Adler, der seine Jugend wiedergewinnt, ist Zeichen für den durch Christus zum ewigen Leben (›ad uitam aeternam‹) Erneuerten (*en. Ps.* 102,9 cf. ib. 66,10), für den

neuen Menschen im Neuen Bund (*spir. et litt.* 59), für die menschliche Seele (›anima‹), die durch Christus dazu befähigt wird, eben Christus, das als das Wort Gottes verstandene ewige Brot (*Io* 6,51), aufzunehmen und sich zu sättigen (*en. Ps.* 102,10).«

[86] Zur Differenz zwischen dem gegenwärtigen unvollkommenen Zustand und der erhofften Vollkommenheit vgl. *en. Ps.* 38,13: »nemo ergo se dicat perfectum hic; decipit se, fallit se, seducit se, non potest hic habere perfectionem. et quid prodest, quia perdit humilitatem? ›et nunc quae est exspectatio mea? nonne dominus?‹ cum uenerit, iam non exspectatur; tunc erit illa perfectio; nunc autem quantumcumque transilierit Idithun, adhuc exspectat.« Zum Ausdruck ›Idithun‹ vgl. Goulven Madec (*Ascensio, ascensus*, 473): »nom qui signifie pour A.: ›transiliens eos‹ [...]. C'est l'homme en acte de transcendance, qui dépasse la terre et le ciel, qui se dépasse lui-même et répand son âme au-dessus de lui même (cf. *Ps* 41,5, cité en *en. Ps.* 61,14; 76,2).«

[87] Der Mensch ist demgemäß nicht durch sich selbst und aus eigener Kraft zum Gotteslob fähig; er bedarf, um die Gerechtigkeit und Güte Gottes loben zu können, eines unableitbaren Ansporns (der ›excitatio‹), also des Geschenks der Hoffnung, daß sein Leben am Ende heil wird.

[88] Die Frage ist alt; sie findet sich – spöttisch vorgetragen – schon in Texten, die nicht von der Bibel geprägt sind, so im Lehrgedicht des Lucretius (*De rerum natura* V 168–173): »quidve novi potuit tanto post ante quietos // inlicere ut cuperent vitam mutare priorem? // nam gaudere novis rebus debere videtur // cui veteres obsunt; sed cui nihil accidit aegri // tempore in ante acto, cum pulchre degeret aevom, // quid potuit novitatis amorem accendere tali?« Augustinus scheint auf die Formulierung des Lukrez anzuspielen, daß Freude an Neuem die Lästigkeit alter Ereignisse in der Zeit voraussetzt. Cicero läßt die von Lukrez polemisch zugespitzte Frage aporetisch offen, ob die Welt in der Zeit angefangen hat oder ob der ›Platonicus deus‹ sie unaufhörlich (›sempiternum‹) schafft. Er verfolgt die Frage nach dem Sein der Zeit aber nicht weiter (*De natura deorum* I 20f.): »Ab utroque autem sciscitor, cur mundi aedificatores repente extiterint, innumerabilia saecla dormierint; non enim, si mundus nullus erat, saecla non erant«. Im Kontext christlicher Theologie stellt Origenes diese Frage (*De principiis* III 5,3): »quid ante faciebat deus quam mundus inciperet«. Laut Origenes hat Gott nicht erst mit der Erschaffung dieser Welt zu wirken angefangen: Gott habe vorher schon Welten geschaffen und werde nachher welche schaffen. Obwohl Augustinus eher an Cicero anküpft, stellt

er die Frage als Einwand der Manichäer dar (*Gn. adu. Man.* 1,3): »primum ergo librum ueteris testamenti, qui inscribitur Genesis, sic solent Manichaei reprehendere. quod scriptum est, ›in principio fecit deus caelum et terram‹, quaerunt, in quo principio; et dicunt: si in principio aliquo temporis fecit deus caelum et terram, quid agebat antequam faceret caelum et terram?« Laut Therese Fuhrer hat ihn Ambrosius (vgl. *conf.* 5,23) von der manichäischen ›uetustas‹ erlöst (*Confessiones* 6, *CAH* 241): »Dessen allegorische Schriftauslegung veranlaßt Augustinus dazu, seine Kritik am Alten Testament zu revidieren und sich in der Folge von der manichäischen Lehre zu distanzieren (5,25).« Vgl. Meijering: *AugSch* 40–42; außerdem Flasch: *WiZ* 329. Nebenbei klingt die Paulinische Rede vom alten und neuen Menschen an; vgl. Solignac: *BA* 14, 291 und 581 ff.

89 Wäre Gott wandelbar, müßte er für unzuverlässig gelten; hätte er keine Beziehung zur Zeit, könnten wir keine Hoffnung auf ihn setzen. Beide Möglichkeiten zerstören die Hoffnung, Gott so zu denken, daß der Mensch ihn lauteren Herzens loben kann. Daß es einen lobwürdigen Gott gibt, der die zeitliche Welt geschaffen hat, ist keine Sache der Einsicht, sondern des Glaubens an den sich offenbarenden Gott (*ciu.* 11,4): »quod autem deus fecerit mundum, nulli tutius credimus quam ipsi deo.« Theorien, in denen die Unwandelbarkeit Gottes oder die Beziehung des unwandelbaren Gottes zur Zeit geleugnet wird, bezeichnet er deswegen mit dem Ausdruck ›impietas‹ (*ciu.* 11,4). Durch die ge-setzmäßige Veränderlichkeit und Bewegtheit der Welt, durch ihre atemberaubende Schönheit gibt sie indessen schweigend zu erkennen, daß sie so beschaffen ist, daß sie nur von Gott geschaffen worden sein kann (*ciu.* 11,4: »mundus ipse ordinatissima sua mutabilitate et mobilitate et uisibilium omnium pulcherrima specie quodam modo tacitus et factum se esse et non nisi a deo ineffabiliter«). Was laut Augustinus aus der Welt erkannt werden kann, ist gerade das Phänomen, das Kant zu der Annahme bewegt hat, »daß sich unser Urtheil vom Ganzen in ein sprachloses, aber desto beredteres Erstaunen auflösen muß« (*KrV* B 650).

90 Damit wird keine positive Gotteserkenntnis behauptet, sondern eine negative: Gott kann nicht gedacht werden, wenn nicht Sein und Wille in ihm identisch sind. Worin Sein und Wille Gottes bestehen, ist aber keine Sache menschlicher Erkenntnis. Augustinus ist überzeugt, daß Gott besser im Nichtwissen gewußt wird (*ord.* 2,44: »qui scitur melius nesciendo«), daß es besser ist, ihn im Nichtfinden zu finden, als ihn im Finden nicht zu finden (*conf.* 1,10: »non inueniendo inuenire potius quam inueniendo non inuenire te«); vgl. *trin.* 5,2, wo Gott implizit im

Sinne der ›coincidentia oppositorum‹ gedacht wird (zu diesem Ausdruck, der bei Nikolaus von Kues eine zentrale Rolle spielt, vgl. z. B. *De docta ignorantia* I,4).

91 Vgl. Solignac (*BA* 14, 581): Augustinus richtet sich einerseits gegen die Manichäer, die eine anfanglose Welt annehmen, die nicht von Gott geschaffen ist: »Les premiers mots posent un monde sans commencement, mais *non créé par Dieu*«; andererseits gegen die Neuplatoniker, die ebenfalls sagen, daß die Welt anfanglos sei, aber von Gott geschaffen: »Les seconds posent un monde également sans commencement, mais *créé par Dieu*«. Solignac relativiert seine Aussage, daß die Welt laut den Neuplatonikern *geschaffen* sei, selbst durch den Hinweis auf die Lehre von der ewigen Emanation aus dem Einen (»l'éternelle émanation des êtres à partir de l'Un«).

92 Meijering (*AugSch* 45) erklärt mit Recht (unter Anführung zahlreicher Stellen), daß Augustinus berichtet, von der Schönheit Gottes zu Gott hingerissen zu sein, und sich doch unvermögend findet, Gott bleibend zu genießen (z. B. *conf.* 7,23: »et non stabam frui deo meo, sed rapiebar ad te decore tuo«; zur ›fruitio Dei‹ vgl. *RAC* 8, 538–555; Lorenz: *Fruitio dei bei Augustin*). Im elften Buch bekennt Augustinus (wie in *conf.* 1,1: »et inquietum cor nostrum, donec requiescat in te«), daß er in der Zeit keine Ruhe finden wird; vielleicht gesteht er implizit sogar, daß die asketischen Versuche, die er im zweiten Teil des zehnten Buches propagiert hatte, verfehlt waren (vgl. *conf.* 10,40 ff.; das Leitwort lautet 10,40: »continentiam iubes: da quod iubes et iube quod uis«). Einen von Augustinus inspirierten Mittelweg geht die ›Excitatio ad contemplandum Deum‹ vom Beginn des *Proslogion* (cap. 1) des Anselm von Canterbury.

93 Ähnlich wie Aristoteles befaßt sich Augustinus hier mit der Annahme, daß die Zeit aus Jetztpunkten bestehe; auch Aristoteles hatte diese Theorie am Ende zurückgewiesen (vgl. *Physik* 218 a8: ὁ δὲ χρόνος οὐ δοκεῖ συγκεῖσθαι ἐκ τῶν νῦν).

94 Augustinus grübelt selbst, läßt sich von der quälenden Frage herausfordern; laut Meijering (*AugSch* 48 und 50 f.) könnte Augustinus ›den grimmigen Humor Tertullians‹ im Auge haben; vgl. ebenso Flasch (*WiZ* 333): Augustinus wende sich »gegen eine fideistische Position, vielleicht gegen Tertullian«; vgl. Fischer (*Confessiones 11*, *CAH* 492; bes. Anm. 9).

95 Vgl. Meijering (*AugSch* 44): »Die in diesem Kapitel an Augustin gerichtete kritische Frage ist deshalb so ausserordentlich schwierig für ihn, weil die Voraussetzungen dieser Frage weitgehend seine eigenen

sind.« Augustinus hat deswegen wenig Grund zu hartem Urteil über die Fragesteller (vgl. dazu Anm. 179).

96 Schon Tertullian hat in vergleichbarer Weise davon gesprochen, daß Gott vor aller Zeit da war, daß er aber dennoch die Herrschaft in der Weltzeit geordnet habe (vgl. *Apologeticum* 26): »Videte [...] ne ille vices dominationum ipsis temporibus in saeculo ordinarit, qui ante omne tempus fuit.«

97 Da das Gewordensein der Geschöpfe außer Frage steht und – mit Kant gesagt – die Kausalität der Ursachen in der Welt »selbst etwas *Geschehenes*« ist (*KrV* B 472), kann dieser Teil der Frage mit der Gewißheit des Prinzips vom ausgeschlossenen Widerspruch beantwortet werden.

98 Die gravierenden Mängel des gleichwohl schwer zu vermeidenden Vergleichs des Schöpfergottes mit einem menschlichen Baumeister – oder allgemein: mit der Kunstfertigkeit von Menschen – hat Augustinus schon hervorgehoben (vgl. 7 und 11). Von Gott kann also nur in sehr bedingter Weise als ›artifex‹ gesprochen werden. Auch Platon spricht bekanntlich im *Timaios* eher vorsichtig vom Weltenbaumeister, dem δημιουργός, vgl. z. B. 28a; Platon fügt deswegen sogleich andere Begriffe und Bilder an, um die vermeintliche Eindeutigkeit aufzulösen; vgl. 28 c: ποιητής und πατὴρ τοῦ παντός; 29 d/e: συνιστάς (vgl. dazu Fischer: *Die Ursprungsphilosophie in Platons ›Timaios‹*, bes. 250–254). Augustinus benennt Gott als Allmächtigen (›omnipotens‹), Allschaffenden (›omnicreans‹) und Allerhaltenden (›omnitenens‹). Zu beachten ist, daß die Bestreitung der Zeitlichkeit Gottes nicht verhindert, daß an der Zeit orientierte Bezeichnungen unvermeidlich bleiben (*vor*, *während* und *nach* der Schöpfung). Die Bezeichnung ›artifex‹ wird hier als Hypothese dessen eingeführt, der das durch Phantasie beflügelte Gedankenexperiment durchführt. Diese Hypothese, in der die von Augustinus bestrittene technomorphe Struktur göttlichen Schaffens vorausgesetzt ist, hat laut Augustinus keinen Anspruch auf Wahrheit.

99 Laut Origenes hat Gott vor der Welt schon Welten erschaffen und wird nach ihr welche schaffen (vgl. *De principiis* III 5,3: »non tunc primum, cum visibilem istum mundum fecit deus, coepit operari, sed sicut post corruptionem huius erit alius mundus, ita et antquam hic esset, fuisse alios credimus«); einen anderen Weg zieht Atticus vor, laut dem es »vor der Welt [...] die Zeit des Chaos« gegeben hat, »aus der die Welt erschaffen worden ist« (vgl. dazu Meijering: *AugSch* 53 f.). Augustinus scheint später Ähnliches gesagt zu haben (vgl. *ciu.* 12,16): »erat aliud tempus, quando non erat hoc tempus«.

100 Hat Gott die Zeit geschaffen, so kann sie nicht für nichtig gehalten werden. Augustinus sucht ja gerade nach dem *Sein der Zeit*; also geht es ihm – im Unterschied zu Plotin – nicht um ›Entzeitlichung‹; vgl. Beierwaltes (*Plotin. EuZ* 75): »Zeit *ist* allererst dadurch, daß die im Geiste zeitlos seiende Seele sich verzeitlicht. Durch diese Verzeitlichung wird Zeit zum Leben der Seele.« Augustinus geht es um *Entflüchtigung des Zeitlichen*. Vgl. dazu auch Cornelius Mayer, der hier Thesen von Green (*Saint Augustine on Time*) zusammenfaßt (*Zeichen II*, 155 Anm.): »1. Nach Augustin liegt die Ursache der Zeit nicht in der Emanation einer göttlichen Substanz, sondern in der freien Schöpfungstat Gottes; 2. Zeit ist nicht die Folge eines ›Abfalls‹ irgendeines Seienden, sondern Geschöpf und als solches ein Gut; 3. Plotin sieht die Zeit auf dem Hintergrund der Tätigkeit einer Weltseele, Augustin auf dem der Einzelseele; 4. Für Plotin ist die Weltseele Grund der Bewegung und somit auch der Zeit, für Augustin ist die Zeit nur das Maß der Bewegung, welche die Seele vornimmt; 5. Bei Plotin ist Zeit zyklisch ein Bild der Ewigkeit, bei Augustin linear.«

101 Daß Gott als Wesen erfaßt wird, das nicht fremdbestimmt ist, daß Gott folglich *eigentlich er selbst* ist (›idem ipse‹), daß er zudem keinen Mangel leidet und *ganz er selbst* ist, macht laut Augustinus die Anziehungskraft Gottes für den Menschen aus. Daran erkennt der Mensch, daß er auf Gott hin geschaffen ist (*conf.* 1,1: »quia fecisti nos ad te«), daß er Gott ähnlich ist (vgl. 11). Sofern die Sorge des Menschen sich auf sein eigentliches Ganzseinkönnen richtet, findet er seine Erfüllung in der Verähnlichung mit Gott, soweit solche Verähnlichung zeitlichen Wesen möglich ist (vgl. dazu Platon: *Theaitetos* 176 b; vgl. auch Heidegger: *SuZ*, bes. 231 ff.).

102 Sofern Gott als Ewiger über der Zeit stünde und ganz er selbst wäre, wäre in anthropomorpher Redeweise zu sagen, daß seine Jahre nicht schwinden; zeitliches Sein kann hingegen nur ganz geworden sein, wenn es (im Tod) zu Ende gekommen ist und nichts mehr aussteht.

103 Solignac (*BA* 14, 299; vgl. die beiden ›notes complémentaires‹) erwähnt die Beziehung zu den Gottesnamen ›Ego sum qui sum‹ (*Ex* 3,14) und ›Idipsum‹ (*Ps* 4,9; 121,3); ›Idipsum‹ besagt, daß Gott nicht einmal so, ein andermal anders sei, sondern stets der Selbe bleibe (*conf.* 12,7): »itaque tu, domine, qui non es alias aliud et alias aliter, sed id ipsum et id ipsum et id ipsum« (vgl. dazu Cornelius Mayer: *Confessiones 12*, *CAH*, bes. 564–566). Augustinus verknüpft die biblische Rede vom ›Heute‹ und vom ›Tag‹ Gottes (*Ps* 2,7; *2 Pt* 3,8) zudem mit Platons Gedanken, daß die Ewigkeit immer in Einem verharre (*Timaios* 37 d:

μένοντος αἰῶνος ἐν ἑνί). Zur vorausliegenden und folgenden Problemgeschichte vgl. Hermann Schnarr: *Nunc stans* (*HWP* 6,989–991).

104 Vgl. Meijering (*AugSch* 57): »Zur These, es sei völlig dumm zu sagen, es habe eine Zeit gegeben, in der es keine Zeit gab, vgl. Sextus Empiricus, *Adv. Mathem.* 10,189«.

105 Mit dieser Frage ist Augustinus zum Kern der Aufgabe vorgedrungen, die ihn seit Anfang der *Confessiones* getrieben hat – in den Erzählungen zum Weg der Gottsuche (Buch 1–9) ebenso wie in den Reflexionen des zehnten Buches zur Selbsterkenntnis, zum Gottfinden und zum Weg des Lebens aus der Begegnung mit Gott. Die Aufgabe besteht gleicherweise darin, die Beziehung des Zeitlichen zum Ewigem (vorwiegend in Buch 1–10) als auch die Beziehung des Ewigen zum Zeitlichen zu denken (vor allem Buch 11–13). Augustinus ist überzeugt, daß Menschen dadurch Menschen sind, daß sie faktisch aus dieser wechselseitigen Beziehung leben. Er sieht, daß er selbst nach der Vollendung seiner höchsten Möglichkeiten strebt, nämlich der Erkenntnis des Wahren und dem Wollen des Guten. Zudem sieht er, daß er die Beständigkeit dieser Vollendung erstrebt, die er als zeitlicher Mensch aber nicht sichern kann; so bleibt ihm als Ausweg allein der Glaube, daß Gott den Menschen auf sich hin geschaffen habe, daß Gott von sich aus eine Beziehung zum Zeitlichen habe. An der Antwort auf diese Frage nach dem Sein der Zeit und des Zeitlichen hängt das Gesamtprojekt der *Confessiones*, hängt die Möglichkeit, Gott lauteren Herzens loben zu können. Da das Ziel der *Confessiones* die ›excitatio‹ zum Gotteslob ist (*conf.* 1,1; 11,1; *retr.* 2,6,1), da Augustinus sich zu unbegründetem Lob aber nicht hinreißen läßt, müssen Geist und Sinn erst zu diesem Lob gelockt werden. Damit der Geist gelockt werden kann, muß erforscht sein, was Zeit und Zeitliches sind, was das ist, was in Beziehung zu Gott und dem Ewigen stehen können soll. Wer meint, Augustinus stelle die Frage nach dem Sein der Zeit »*argumentativ* unvermittelt« (Flasch: *WiZ* 338), scheint die Absicht des Vorausgehenden nicht verstanden zu haben.

106 Beierwaltes (*Plotin. EuZ* 147) verweist auf Simplikios, der im Kommentar zur *Physik* des Aristoteles (217 b 29) sowohl die Vertrautheit aller mit der Zeit hervorhebt, als auch betont, daß selbst der Weiseste kaum zu antworten vermag, wenn er gefragt würde, was die Zeit ist (*Simplicii in Physicorum*, 695, 16–20: τοῦ χρόνου ἡ μὲν ὕπαρξις οὐ τοῖς σοφοῖς μόνον, ἀλλὰ καὶ πᾶσίν ἐστι πρόδηλος [...] τί δὲ δήποτέ ἐστιν ὁ χρόνος, ἐρωθητεὶς μόγις ἂν ὁ σοφώτατος ἀποκρίναιτο). Beierwaltes zitiert auch Husserl, der seine Vorlesung 1905 mit der

Erläuterung dieser Stelle begonnen hat (*Zur Phänomenologie des inneren Zeitbewußtseins*, 3): »Natürlich, was Zeit ist, wissen wir alle; sie ist das Allerbekannteste. Sobald wir aber den Versuch machen, uns über das Zeitbewußtsein Rechenschaft zu geben, objektive Zeit und subjektives Zeitbewußtsein in das rechte Verhältnis zu setzen und uns zum Verständnis zu bringen, wie sich zeitliche Objektivität, also individuelle Objektivität überhaupt, im subjektiven Zeitbewußtsein konstituieren kann, ja sowie wir auch nur den Versuch machen, das rein subjektive Zeitbewußtsein, den phänomenologischen Gehalt der Zeiterlebnisse einer Analyse zu unterziehen, verwickeln wir uns in die sonderbarsten Schwierigkeiten, Widersprüche, Verworrenheiten.« Husserls Verständnis der Zeituntersuchung geht nicht fehl, faßt aber nicht den Rahmen, in den sie bei Augustinus gestellt ist. Laut Flasch (*WiZ* 341) deutet Augustinus hier noch einmal an, »daß er sprachfreies Denken kennt«. Es geht Augustinus aber nicht um sprachfreies Denken, sondern um die Destruktion objektiv bestimmenden Denkens. Was er auf Anhieb nicht zu sagen weiß, bleibt doch eine Frage, deren Antwort zur Sprache gebracht werden soll. Das Problem der Zeit ist folglich in der Sprache zu Hause, aber nicht auf Grund von deren Außenansicht zu lösen.

107 Bereits Aristoteles hat Aporien zum Sein der Zeit entfaltet – auch vor dem Hintergrund der Zenonischen Aporien (vgl. *Physik* 237 b 23 ff., bes. 239 b 5 ff.) – und überlegt, ob die Zeit zum Seienden oder zum Nichtseienden gehört und worin ihre Natur besteht (*Physik* 217 b 31 f.: πότερον τῶν ὄντων ἐστιν ἢ τῶν μὴ ὄντων, εἶτα τίς ἡ φύσις αὐτοῦ). Er sieht, daß etwas, das vorübergegangen ist, nicht mehr ist, und etwas, das bevorsteht, noch nicht ist (217 b 33 f.: τὸ μὲν γὰρ αὐτοῦ γέγονε καὶ οὐκ ἔστιν, τὸ δὲ μέλλει καὶ οὔπω ἔστιν). Wenn die Zeit aber aus Nichtseiendem bestünde, schiene sie nicht am Sein teilzuhaben (218 a 2 f.: τὸ δ᾽ ἐκ μὴ ὄντων συγκείμενον ἀδύνατον ἂν εἶναι δόξειε μετέχειν οὐσίας). Sofern die einen Teile der Zeit vorüber sind, die anderen bevorstehen, käme keinem Teil der Zeit Sein zu. Daß die Zeit im Jetzt Sein besäße, bietet keine Lösung, weil das Jetzt kein Teil sei (218 a6: τὸ δὲ νῦν οὐ μέρος). Also kann die Zeit auch nicht aus Jetztpunkten zusammengesetzt sein (218 a8: ὁ δὲ χρόνος οὐ δοκεῖ συγκεῖσθαι ἐκ τῶν νῦν). Gleichwohl hält er für unbestreitbar, daß die Zeit irgendwie am Sein teilhat, weil das Zeitliche früher einmal da war und irgendwann zugrunde gegangen sein muß.

108 Damit wird die Schärfe des Problems sichtbar. Augustinus sucht etwas an der Zeit zu finden, an dem ihr Sein positiv faßbar wird. Zwar spricht er nicht explizit vom ›*Sein zum Tode*‹ (Flasch: *WiZ* 346), aber die

existenzielle Frage nach Sein oder Nichtigkeit unseres eigenen Seins schwingt doch mit, weil wir selbst zeitlich sind. Das Oszillieren zwischen Sein und Nichtsein läßt alles Zeitliche gleichsam gespenstisch werden; vgl. Nietzsche (*Vom Nutzen und Nachtheil der Historie für das Leben, Nr. 1*; *KSA* 1,248): »Es ist ein Wunder: der Augenblick, im Husch da, im Husch vorüber, vorher ein Nichts, nachher ein Nichts, kommt doch als Gespenst wieder und stört die Ruhe eines späteren Augenblicks«. Nietzsche empfiehlt (jedoch verzweifelt) als Heilmittel das Vergessen (*KSA* 1,249): »Bringt endlich der Tod das ersehnte Vergessen, so unterschlägt er doch zugleich dabei die Gegenwart und das Dasein und drückt damit das Siegel auf jene Erkenntniss, dass Dasein nur ein ununterbrochenes Gewesensein ist, ein Ding, das davon lebt, sich selbst zu verneinen und zu verzehren, sich selbst zu widersprechen.«

109 Das trifft so nicht zu: in der Langeweile wird die Gegenwart lähmend lang; jeder Gegenwart, die bedrückend ist, der man am liebsten zu entfliehen sucht, kommt subjektiv das Merkmal des Langseins zu. Augustinus hält sich zunächst an einem Verständnis der Zeit fest, laut dem sie als äußerlich faßbares Geschehen oder als äußerlich faßbare Wirklichkeit gilt. Das Problem einer langen Gegenwart steht noch bevor; es ist das Hauptproblem der Entflüchtigung des Zeitlichen. Am Ende steht die Einsicht, daß die Zeit nicht erfaßt werden kann, solange das erfassende Subjekt nicht mit im Spiel ist; vgl. Berlinger (*Augustins dialogische Metaphysik*, 45): »Die Zeit bleibt ein unausdeutbares Rätsel, solange ich sie nicht aus mir selbst begreife.« Aber auch dann, wenn ich sie aus mir selbst zu begreifen suche, ist ihre Rätselhaftigkeit nicht überwunden, weil der Geist des Menschen laut Augustinus zu eng ist, um sich selbst fassen zu können (*conf.* 10,5: » animus ad habendum se ipsum angustus est«).

110 Augustinus meint eine lange Zeit, die vergangen ist oder noch bevorsteht (›ante‹ und ›post‹ sind hier temporale Adverbien, keine Präpositionen). Nach dem Schluß von 17 leuchtet aber nicht ein, daß vergangene oder zukünftige Ereignisse mehr oder weniger lang sein können. Mit Recht betont Flasch hier die Uneindeutigkeit der Terminologie (*WiZ* 346); zum Sinn des Schwankens im Sprachgebrauch vgl. Fischer: *Confessiones 11*, *CAH* 511 f.

111 Der Ausdruck ›quo pacto‹ kann einfach ›wie‹ bedeuten. Augustinus scheint hier aber zu fragen, ob die Rede von langer oder kurzer Zeit durch Übereinkunft (›pacto‹; im Griechischen: νόμῳ) oder durch die offenbare Natur der Sache (φύσει) zu verstehen ist. Die Phänomene ihrer physischen Untersuchung ergeben, daß die Zeit zum Nichtsein tendiert;

folglich scheint der Zeit nur laut der vom Menschen ›gesetzten‹ Seinsweise Sein zukommen zu können. Zur Herkunft der hier zugrundeliegenden Begriffsspannung vgl. Max Pohlenz: *Nomos und Physis*, bes. 423.

112 Wechsel der Schreibhaltung: vorher stets Anrede an Gott, jetzt Zwiegespräch mit sich selbst im Stil der *Soliloquia*, die Augustinus als Unterredung mit seiner ›ratio‹ durchgeführt hat.

113 In seiner bekannten Definition bestimmt Aristoteles die Zeit als Meßzahl der Bewegung hinsichtlich ›früher‹ und ›später‹ (*Physik* 219b 1f.: τοῦτο γάρ ἐστιν ὁ χρόνος, ἀριθμὸς κινήσεως κατὰ τὸ πρότερον καὶ ὕστερον). Die Überzeugung, die Frage nach dem Sein der Zeit beantwortet zu haben, schwindet sogleich wieder, weil sich zeigt, daß der Ausdruck ›Zahl‹ in dieser Definition unbestimmt ist. Aristoteles erwägt drei Möglichkeiten (219b6f.): nämlich ob die Zahl das Gezählte (ἀριθμούμενον), das Zählbare (ἀριθμητόν) oder das sei, wodurch wir zählen (ᾧ ἀριθμοῦμεν). Im Höhepunkt der Untersuchung gelangt er so zur Frage, wie sich die Zeit zur Seele verhält (223a16f.: πῶς ποτε ἔχει ὁ χρόνος πρὸς ψυχήν). Er gesteht, daß sich mit Fug fragen läßt, ob es überhaupt Zeit geben könnte, wenn es kein Bewußtsein von ihr gäbe (223a21f.: πότερον δὲ μὴ οὔσης ψυχῆς εἴη ἂν ὁ χρόνος ἢ οὔ). Damit beendet Aristoteles die Zeituntersuchung mit dem Hinweis auf die konstitutive Funktion der Seele, des Bewußtseins oder Geistes für das Verstehen des Seins der Zeit, ohne diesen Weg jedoch weiter zu verfolgen.

114 Meijering (vgl. *AugSch* 63f.) nennt Parallelen im Werk Augustins (z.B. *en. Ps.* 38,7: »et tenes dies, qui unam syllabam non tenes? momentis transuolantibus cuncta rapiuntur, torrens rerum flui«) und Vorbilder; vgl. auch die Angaben bei Flasch (*WiZ* 349), der zudem berichtet: »Gegen diese progressive Annihilierung des Jetztpunktes haben Bergson und Yorck, Husserl, Heidegger und Wittgenstein protestiert.« Der von diesen Autoren geäußerte Protest, der Flasch willkommen zu sein scheint, weil er Augustinus diskreditiert, kann sich nicht gegen Augustinus richten, weil Augustinus sich in die Schlange der Protestierenden einreiht; sonst wäre die Zeitabhandlung mit der Annihilierung der Zeit an ihr Ende gekommen.

115 Obwohl man bei dem hier durchgeführten Verfahren schnell weiß, worauf Augustinus zielt, ist seine Langatmigkeit notwendig, um die Kostbarkeit jedes Tropfens der Zeit zu dokumentieren (vgl. dazu 2); das Verfahren bringt nämlich die Fülle zum Ausdruck, die der Zeit trotz ihrer Tendenz zum Nichtsein eigen ist.

116 Zum Problem unteilbarer Zeitteile (›Zeitatom‹) vgl. im Blick auf

Aristoteles Anm. 92 und 106; zu den ›atomi temporis‹ vgl. auch Wilhelm Verwiebe: *Welt und Zeit bei Augustin*, 26.

117 Abgelehnt wird die Annahme von Zeitatomen ebenso wie die der ›Annihilierung‹ der Zeit. Im Text spielen Ausdrücke aus der Grundform ›tendere‹ eine zunehmende Rolle (vgl. Flasch: *WiZ* 349). Was Kant vom Raum sagt (*KrV* B 553: »Dieser ist also ins Unendliche teilbar, ohne doch darum aus unendlich viel Teilen zu bestehen«), hat analog für die Zeit zu gelten.

118 Karen Gloy (*Die Struktur der Augustinischen Zeittheorie*, 84) sieht hier einen Rekurs »auf die bekannte Aristotelische Argumentation aus ›Physik‹ IV,10 (217 b f.)«. Die Tendenz der Zeit zum Nichtsein sei Zeichen der »Seins- und Ursprungsferne der geschöpflichen Zeit von der göttlichen Ewigkeit«; gleichwohl könne man die Gegenwart »Einbruchstelle der Ewigkeit nennen, die das totale Abgleiten der Zeit in Nichts und Nichtigkeit verhindert«. Diese Deutung der Gegenwart hat im elften Buch der *Confessiones* kaum Anhaltspunkte, höchstens den, daß Augustinus gelegentlich den Gedanken der ›creatio continua‹ streift (z. B. 9). Das Sein der Zeit, sofern sie nicht ins Nichts abgleitet, wird in *Confessiones* 11 jedoch phänomenologisch untersucht, also nicht spekulativ gedacht oder gestützt auf die Autorität der Schrift ausgelegt.

119 Von Herrmann (*Augustinus* 75) verweist an dieser Stelle auf den *Wandel im Frageansatz*, nämlich »den *Rückgang des philosophierenden Zeitverständnisses von der Geradehingerichtetheit auf die Zeitverhaltung*«. Erläuternd fährt von Herrmann fort: »Wurde zuvor versucht, das Sein der Gegenwart in unmittelbarer Hinwendung zu ihr zu fassen, so wird von jetzt ab der Versuch unternommen, das Sein der Gegenwart aus der Mitthematisierung der Verhaltungsweise zur Gegenwart zu sichern.«

120 Das Fragenkönnen sieht Augustinus als entscheidende Auszeichnung des Menschen (*conf.* 10,10: »homines autem possunt interrogare«); das ist das ›Vermögen‹ des Menschen, das allerdings schon auf seine Beziehung zum Unendlichen verweist, die Folge der ›excitatio‹ durch Gott ist; spekulative Dogmata – oder gar ein spekulatives System der Wahrheit – zu errichten, übersteigt laut Augustinus das Vermögen des Menschen.

121 Indem Erich Lampey (*Das Zeitproblem nach den Bekenntnissen Augustins*, 50) das Dunkel (›occultum‹) im Anschluß an Marius Victorinus als Nichts faßt und in ihm den »Ursprung der Zeit im transzendenten Nichtsein« sieht, ontologisiert er diesen Begriff in einer Weise, die bei Augustinus keinen Rückhalt hat. Ähnlich Flasch (*WiZ* 354 f.): »A hat

vieles nicht *hinreichend durchdacht*, z. B. nicht die Verräumlichung, die selten grober formuliert wurde als in n. 22,5–8. Man sieht förmlich zu, wie A einen Raum des Okkulten schafft, weil nach seiner ontologischen Dogmatik alles Seiende irgendwo sein muß, um dort gesehen werden zu können.« Mehr Vorsicht in der Interpretation des ›occultum‹ scheint angebracht zu sein: weil das Zukünftige zwar auf uns zukommt, wir aber durchaus nicht wissen, woher es kommt, weil das Vergangene sich von uns entfernt, wir aber nicht wissen, wohin es verschwindet, sind wir hier vor ein Rätsel gestellt. Augustinus äußert sich hier nicht zur Seinsweise dessen, was er ›occultum‹ nennt.

122 Vgl. Josef Weis (*Zeitontologie* 33): »Beim Erzählen der Vergangenheit erzählen wir das Vergangene, d. h. das zeitinhaltliche Geschehen der Vergangenheit, z. B. eine Tätigkeit. Dieses erzählte Geschehen trägt in unserer Erzählung (und allgemeiner in unserer Erinnerung) jedoch immer das Kennzeichen der Gewesenheit, d. h. einer Bezüglichkeit von der Gegenwärtigkeit des Erzählens auf die Vergangenheit des Geschehnisses. Diese Bezogenheit ist ausgedrückt in der vergegenwärtigenden erinnernden Vergegenwärtigung des Vergangenen. Damit ist in der Erinnerung des Vergangenen nicht nur der Inhalt der Vergangenheit, das in der Zeit verlaufende Geschehnis, thematisch, sondern auch die Zeit als solche, nämlich die Zeitphase der Vergangenheit verbunden mit der Zeitphase der Gegenwart durch die gegenwärtige Erinnerung des Vergangenen«.

123 Insbesondere die Frage, ob dem Vergangenen Sein zukommt, betrifft natürlich die ›narrationes‹ der ersten neun Bücher der *Confessiones*. So zeigt sich, daß die Frage nach dem Sein der Zeit eine für das Gesamtprojekt der *Confessiones* unerläßliche Funktion besitzt. Vgl. hierzu auch Jacques Fontaine: *Temps de l'homme et temps de Dieu: le temps du récit autobiographique dans les* Confessions *de saint Augustin.*

124 Flasch (*WiZ* 355 f.) führt gegen unbedachte ›epochale Vorgaben‹ Augustins eine Kritik des Albertus Magnus an: 1. man dürfe »den Jetztpunkt nicht isolieren«; 2. Augustinus verfehle »die spezifische Art des Zusammenhangs der Zeitteile«, indem er sie »als feste Dinge« behandele, »was sie gerade nicht sind«. – Da Augustinus selbst zeigt, daß das Sein der Zeit zwischen den Fingern zerrinnt, wenn man sie wie ein Ding zu fassen sucht, zielt diese Kritik nicht gegen die wahren Intentionen Augustins; vgl. dazu auch Fischer: *Confessiones 11*, *CAH*, bes. 491 f.

125 Der Gegenwart kommt im Blick auf das Vergangene das Primat zu, weil das Vergangene, sofern es wirklich vergangen ist, zunichte ge-

worden ist; im Blick auf das Zukünftige kommt ihr das Primat zu, weil das erwartete Zukünftige bislang unwirklich ist und höchstens den Charakter des Möglichseins besitzt. Diese Zuweisung des Primats hindert nicht, daß der Zukunft doch das Primat für die Übernahme des je eigenen Seins im Sinne der ›vorlaufenden Entschlossenheit‹ zukommt. Vgl. Heidegger (*SuZ* 329): »*Das primäre Phänomen der ursprünglichen und eigentlichen Zeitlichkeit ist die* Zukunft« (vgl. auch *SuZ* 20, 325–327, 329ff., 336ff.).

126 Das schmerzliche Bewußtsein, daß auch in der lebendigsten Erinnerung das Erinnerte nicht selbst gegenwärtig wird (›ex memoria proferuntur non res ipsae‹), drückt Heinrich Heine in folgenden Versen (*Buch der Lieder* III) aus (*Sämtliche Schriften* 1,119): »Ich stand in dunkeln Träumen / Und starrte ihr Bildnis an, / Und das geliebte Antlitz / Heimlich zu leben begann. // Um ihre Lippen zog sich / Ein Lächeln wunderbar, / Und wie von Wehmutstränen / Erglänzte ihr Augenpaar. // Auch meine Tränen flossen / Mir von den Wangen herab – / Und ach, ich kann es nicht glauben, / Daß ich dich verloren hab!« Diese Einsicht hat zur Folge, daß die erste Antwort auf die Frage nach dem Sein der Zeit unzulänglich bleibt (vgl. 26).

127 Augustinus zeigt sich im Blick auf Vorhersagen von großer Nüchternheit: ›Wissen‹, von dem angenommen wird, daß es divinatorisch erlangt worden sei, wird eher ausgeklammert.

128 Augustinus weist also nicht auf ein höheres Wahrnehmungsvermögen von Sehern und Propheten; ebensowenig spricht er von Wahrnehmbarem, das nur ausgewählten Personen zugänglich wäre. Richtig stellt Flasch fest (*WiZ* 353f.): 1. es geht Augustinus nicht nur um »die Erörterung der Zeit des Menschen«. 2. »Wer das Wesen der Zeit analysiert, beschreibt auch das Leben der Menschen und befindet sich insofern nie in einer *rein theoretischen* Untersuchung«. 3. Ein »Zusammenhang mit der Autobiographie besteht«. Gegen Flasch ist einzuwenden, daß der Zusammenhang mit der Autobiographie nicht nur darin liegt, »daß A jetzt, nach vielen Irrwegen, imstande ist, die philosophische Quintessenz des ersten Buches der Bibel darzulegen und dabei die Entstehung der Welt und das Wesen der Zeit in ihrer ganzen Allgemeinheit zu erklären«. Wenn das zuträfe, müßte Flaschs zweite These revidiert werden; die Autobiographie ist sehr viel bedeutender: sie ist die Nagelprobe auf das Anliegen, das Augustinus in den *Confessiones* verfolgt, nämlich die wechselseitige Beziehung von Gott und Mensch zu denken und sie so zu denken, daß der Mensch lauteren Sinnes in das Lob Gottes einstimmen kann.

129 Laut Flasch (*WiZ* 361) geht Augustinus »wieder einen Schritt auf die Skeptiker« zu (besser wäre: gesteht Augustinus die Schwäche der bisherigen Lösung), da das »Zukünftige als Zukünftiges [...] sein Sein nur in meiner *imaginatio* und in meinen *conceptiones*« habe. Er konterkariert damit seine These von der ontologischen Qualität des ›occultum‹ (vgl. Anm. 121).

130 In den nüchternen Reflexionen von *conf.* 11 meidet Augustinus spekulative Erklärungen von der Art, wie sie z.B. schon Tertullian vorgetragen hat, der im *Apologeticum* erklärt (18–20), die Zeit sei *eine* (nicht aufgespalten in Vergangenheit, Gegenwart und Zukunft) für die Weissagungskraft, die Zukünftiges voraussage (20: »unum tempus est divinationi futura praefanti«). In anderen Schriften vertritt Augustinus allerdings selbst ähnliche Thesen (vgl. Solignac: *BA* 14, 312f.). Laut *cons. eu.* 1,37 sind die Propheten entweder von Engeln belehrt oder selbst vom Geist Gottes erhoben (»siue enim angeli ad illos prophetas missi sint, qui eis deum omnium creatorem unum uerum deum, cui uniuersa subiecta sunt, et per sensibilium rerum congruam speciem figurate ostenderent et quemadmodum se coli praeciperet indicarent, siue aliquorum in eis mentes per spiritum sanctum ita sublimatae sint, ut eo uisu ea uiderent quo et ipsi angeli uident«). In *trin.* 4,22 nennt er zunächst natürliche Möglichkeiten, Zukünftiges vorauszusagen, wie sie von Ärzten, Landwirten und Seeleuten praktiziert werden (Konjekturen auf Grund von Erfahrung, scharfer Beobachtung), dann aber auch Erleuchtung durch Vermittlung von Engeln.

131 Vgl. O'Donnell (*Confessions III*, 283): »The *occulti oculi mei* are those of the *homo interior*« (unter Verweis auf *conf.* 7,11 und 10,8f., außerdem auf biblische Hintergründe). Das Licht ist zugleich Licht, das für die Augen leuchtet, und Licht der Augen. Es ist das γένος τρίτον (Platon: *Politeia* 507d/e). Die Aktivität des Auges im Vollzug des Sehens durch Licht bringt auch Johann Wolfgang von Goethe in seinen bekannten Versen aus der Einleitung zur *Farbenlehre* zum Ausdruck (*HA* 13, 324): »Wär' nicht das Auge sonnenhaft, / Wie könnten wir das Licht erblicken? / Lebt' nicht in uns des Gottes eigne Kraft, / Wie könnt' uns Göttliches entzücken?« Augustinus deutet das Sehen als aus sich herausgehende Tat des suchenden Ich (vgl. *an. quant.* 44: ›uirga uisus‹); vgl. dazu auch Fischer: *APE* 197f.

132 Augustinus orientiert sich an einem Ideal, das René Descartes mit der ›idea clara et distincta‹ (z.B. *Meditationes de prima philosophia*, Synopsis 4) bezeichnet; im Unterschied zu Descartes zielt Augustinus jedoch nicht auf ein dogmatisches System, in dem die Wahrheit des

Ganzen von der Metaphysik über die Physik bis zu den Einzelwissenschaften enthalten wäre.

133 Die Funktion der Seele für die Erfassung der Zeit hat Aristoteles abstrakt begründet (Anm. 113), Seneca mit existenziellem Akzent (*De brevitate vitae* VI.4: ›natura currit, ratio dilatat‹). Flasch erklärt zunächst, daß Augustinus Dogmatismen untergrabe (*WiZ* 20): »Die Seelenzeit ist die einzige Weltzeit, von der wir wissen [...]. In dieser vorgestellten Welt gibt es alles, das Außen wie das Innen, das Vergangene wie das Zukünftige.« Dennoch kämpft er angestrengt gegen Versuche (365 ff.), den ›naiven Realismus‹ Augustins »mit dem Kantischen Subjektbegriff zu ›nobilitieren‹«; er deutet Augustinus mit O'Donnell (*Confessions III*,100) als »child of Stoic dogmatism«. Laut von Herrmann (*Augustinus* 151) weist »der Augustinische Rückgang auf die Zeitverhaltungen des zeitverstehenden Geistes seiner *Tendenz* nach in die Richtung des Husserlschen Rückganges auf das objektive Zeitbewußtsein«. Da Augustinus aber »den objektiven Zeitverlauf« voraussetze, sei er »nicht so radikal, daß er die objektive Zeit ausschaltet«. Von Herrmann betont mit Recht, daß Augustinus vom subjektunabhängigen Fließen der Zeit ausgeht (17: »fidenter tamen dico scire me, quod, si nihil praeteriret, non esset praeteritum tempus, et si nihil adueniret, non esset futurum tempus, et si nihil esset, non esset praesens tempus«); damit ist aber kein »objektiver Zeitverlauf« gemeint. Was dieses subjektunabhängige Fließen an sich selbst sei – auch ob es nicht nichts sei – bleibt unbekannt. Ein *Sein* der Zeit wird zunächst nur in der Vergegenwärtigung der Zeiten im Geist gefunden; dabei kann das Sein der Zeit in der Innerlichkeit des Geistes nicht objektiv bestimmt werden.

134 Richtig betont Ulrich Duchrow (*Der sogenannte psychologische Zeitbegriff Augustins*, 269), »daß Augustin die Frage der physikalischen und der geschichtlichen Zeit nicht einfach zugunsten eines ›psychologischen‹ Zeitbegriffs ausklammert, sondern daß er gerade im Zusammenhang seiner Confessiones unausweichlich vor den damit aufgegebenen Problemen steht«. Ebenso trifft zu, daß Augustinus »Aporien nicht verdeckt, sondern sich lange bei ihnen aufhält und sein Scheitern auch zugesteht« (286). Der Vorwurf einer »subjektivistischen Verengung nicht nur in der Philosophie, sondern auch in der Theologie« geht indessen fehl (287). Zur Kritik an Duchrow vgl. auch Ernst A. Schmidt (*Zeit und Geschichte bei Augustin*, 18–32).

135 Flasch erklärt richtig (*WiZ* 347): »Augustins Fragestellung ist nicht wissenschaftstheoretisch, gar protophysikalisch, bezieht sich allerdings auf die Zählbarkeit von Naturvorgängen [...]. Die Zeit*messung*,

von der A spricht, bezieht sich de facto auf Alltagssituationen und Individuen, die zurückblicken oder an die Zukunft denken.« Vgl. dagegen Peter Janich (*Die Protophysik der Zeit*, 259 ff.). Janich beginnt mit der Bemerkung, daß sich für Augustinus »das Zeitproblem auf die Frage« zuspitze: »Wie können wir Zeit messen, da sie doch nicht ›ist‹?« (25). Er relativiert diese These zwar (260), untersucht Augustins Text aber dennoch im Sinne seiner Ausgangsthese und vergleicht ihn differenziert mit einschlägigen Thesen des Aristoteles (z. B. 263). Immerhin meint Janich, im elften Buch wissenschaftstheoretisch beachtenswerte Motive finden zu können (271). Flasch behandelt nicht nur wissenschaftstheoretische, sondern auch ›existenzialistische Aktualisierungen‹ kritisch (*WiZ* 346). Dies folgt schon aus seiner Ausgangsthese (15): »Nichts im XI. Buch der *Confessiones* ist unter den Denk- und Lebensbedingungen der Moderne entstanden.« Diese pathetische Ermahnung verfehlt beim ›modernen‹ Leser jedoch die gewünschte Wirkung, da dieser Leser sich umso mehr über sein eigenes und das von sehr unterschiedlichen Seiten kommende Interesse am Text Augustins wundert. Zur allgemeinen Charakterisierung der Interpretationshaltung Flaschs vgl. Fischer: *Confessiones 11*, *CAH*, bes. 490 ff. und passim.

136 Die Rede von ›simplum‹, ›duplum‹, ›triplum‹ zeigt, »daß es Augustin mehr oder weniger deutlich gewesen sein muß, daß zur Zeitmessung je ein Standard für eine Bewegungsform und eine Maßeinheit erforderlich sind« (vgl. Peter Janich: *Die Protophysik der Zeit*, 271).

137 Das Rätsel wird, wie das Ergebnis zeigt, nicht gelöst. Augustinus ist nicht der Auffassung, die Wahrheit des Seins der Zeit absolut erfassen zu können. Vgl. dagegen John M. Quinn (*Four Faces of Time in St. Augustine*, 186): »Without psychologizing time, he underlines the indispensable psychological component in time grasped in its totality. With subjectivizing time, he pinpoints the indispensable office of the subject in time known it as a whole [...]. He achieves an objective, empirical account of physical time insofar as it is experienced, i.e., insofar as it is held fixed and whole in the subject. He objectively exposes the subjectivity ineliminable from the time-line considered as complete.« In einer früheren Abhandlung (*The Concept of Time in St. Augustine*, 26 ff.) hatte Quinn die psychologische Seite auf der Basis seiner eher polemischen Kant-Deutung und seiner Behauptung des ›robusten Realismus‹ Augustins noch abgelehnt.

138 Das ist eine neue Formulierung für die merkwürdige Tatsache, daß wir zu wissen meinen, was Zeit ist, solange uns niemand fragt, daß

wir aber in Schwierigkeiten kommen, sobald wir über unser – vielleicht vermeintliches – Wissen Rechenschaft abgeben sollen.

[139] Vgl. *conf.* 10,2 (vgl. 10,4f.): »quo fructu tibi confitear«. In Frage steht, ob das Bekenntnis gegenüber Gott zum Weg der Gotteserkenntnis wird. Die Antwort auf diese Frage hängt von Gott ab, weil Augustinus überzeugt ist, daß Gott nicht wie ein Wild aufgestöbert und erjagt werden kann, sondern nur gefunden wird, wenn er sich von sich selbst her zeigt (*conf.* 10,37f.).

[140] Zur Dialektik von Suchen und Finden vgl. *conf.* 10,27. Zum Hintergrund der Idee eines reinen Findens vgl. die Anmerkungen 6; 9; 37.

[141] Überlegungen zur Identität des ›homo doctus‹ finden sich bei O'Donnell (*Confessions III*, 287) und Solignac (*BA* 14, 586; mit weiterer Literatur). Solignac erklärt: »L'opinion de ce savant semble plutôt refléter le syncrétisme philosophique de l'époque: cette idée du temps est en effet un mélange de platonisme, d'aristotelisme et de stoïcisme. Il est curieux de constater que Plotin vise à peu près la même doctrine dans son traité III, VII, ch. 7–9; Augustin semble d'ailleurs, comme on va le voir, lui emprunter quelques arguments.« In der Frage, was Zeit *nicht* ist, folgt Augustinus weitgehend Plotins Argumentation. Auch hier sieht man, daß ›Hören‹ laut Augustinus nicht notwendig zum Glauben führt. Autorität ist zwar wichtig, aber der ›innere Lehrer‹ entscheidet, ob das Gehörte wahr ist (vgl. Anm. 76). Bei dem ›homo doctus‹ denkt von Herrmann an den Stoiker Zenon von Kition (*Augustinus* 111); Meijering (*AugSch* 79) und Beierwaltes verweisen im Anschluß an J.F. Callahan (*Basil of Caesarea. A new source or St. Augustine's Theory of Time*; vgl. dort die Synopse 440–442) auf den Arianer Eunomius, »dessen Zeitdefinition Basilius, adv. Eunomium I 21 überliefert: Χρόνον τοίνυν εἶναι φησι ποιάν τινα κίνησιν ἀστέρων· ἡλίου δηλονότι καὶ σελήνης καὶ τῶν λοιπῶν, ὅσοις καθ' ἑαυτὰ κινεῖσθαι δύναμις ἐστι« (vgl. Beierwaltes: *Plotin. EuZ* 218).

[142] Augustinus kehrt damit das Verfahren Platons in der *Politeia* (367eff.) um, wo zuerst im Großen die Gerechtigkeit in der Polis, dann in der Seele gesucht wird. Voraussetzung ist in beiden Fällen der Gedanke, daß die Welt ein Kosmos ist, dessen Strukturen im Großen wie im Kleinen einander ähneln (vgl. Platon: *Menon* 81d: τῆς φύσεως ἁπάσης συγγενοῦς οὔσης).

[143] Ähnlich stellt Aristoteles die Frage, wodurch wir zählen (*Physik* 219b7: ᾧ ἀριθμοῦμεν); vgl. dazu Anm. 113.

[144] Es spielt für das Argument keine Rolle, ob sich die Sonne um die Erde oder die Erde um die Sonne dreht.

145 Vgl. *Jos* 10,12 ff. Auch Basilius von Caesarea gebraucht die Josua-Geschichte ähnlich (Nachweis bei Callahan: *Basil of Caesarea*, 442).

146 Zum ersten Mal klingt hier Augustins Lösungsformel (›distentio animi‹) an. Zu ihrer Herkunft verweist Solignac (*BA* 14, 588 f.) auf Wurzeln im Denken Plotins (vgl. *Enneade* III 7,11,41: διάστασις ζωῆς); vgl. Meijering (*AugSch* 92); Beierwaltes hebt mit Recht auch den Unterschied zu Plotin hervor (*Plotin. EuZ* 267): »Der wesentliche Unterschied zwischen der plotinischen διάστασις ζυῆς und der augustinischen ›distentio animi‹ besteht darin, daß Augustinus – wenigstens in dieser Formel – die Zeit ausschließlich als ein Konstituens der menschlichen Person denkt, die durch Gedächtnis, Augenblick und Erwartung ihre gesamte Lebens- und Geschichts-Zeit reflektierend und erlebend zu erfassen vermag, während für Plotin das ›Subjekt‹ der Zeit zunächst die Welt-Seele ist, deren Bewegung allererst Abständigkeit in Vorher und Nachher, Vergangenheit, Gegenwart und Zukunft schafft und zugleich als ganze umfaßt«. Augustinus meidet mit dem Verfahren im elften Buch offenbar dogmatisch metaphysische Aussagen und hält sich denkend an das phänomenal Gegebene.

147 ›Licht‹ ist für Augustinus wie ›Wahrheit‹ (vgl. Anm. 41) von der platonischen Tradition her ein Gottesname. Vgl. Plotin: *Enneade* IV 3,17,13 f.; mit Beierwaltes kann gesagt werden (*Plotins Metaphysik des Lichtes*, 96): »Das Eine ist Licht und Licht ist letztlich das Eine: Beide sind unmittelbare und untrennbare Einheit. Weil das Eine Licht ist, sucht es nicht das Licht, es ist also nichts in ihm, was es intendieren könnte, da es immer schon hat, was es suchen könnte, d. h. es denkt nicht, da es das Prinzip von Denken ist. Das Licht erscheint als das Wesen des Einen als Licht überhaupt. Es ist reines Manifestieren, indem es in sich selbst beharrend sich selbst zeigt. Aus sich herausgehend manifestiert es Anderes und zugleich sich selbst im Anderen: Im Geist besondert es sich und wird in ihm als lichter Grund scheinend. Daher ist das manifestierte Andere, der Geist, Widerschein des ursprünglichen Lichtes, sein Abglanz (φῶς ἐκ φωτός)«.

148 Es geht hier nicht um das Verlangen Gottes als einer fremden Autorität, sondern um Gott als die Wahrheit, die allein uns zu lehren vermag, die uns einsehen läßt, was wahr ist (vgl. 5).

149 Am Ende von 30 war Gott als Licht und als Wahrheit vergegenwärtigt worden. Er tritt hier folglich schlechthin als die Stimme der Wahrheit auf: nichts Unwahres hätte insofern mit Gott zu tun; alles Wahre wäre als Wort und Botschaft Gottes zu hören.

150 Augustinus ist sich nur des Mangels bewußt; da er nicht weiß,

was er sucht, kann Gefundenes nicht als Entwurf auftreten. Findet er dennoch, scheint es sich um reines Finden zu handeln.

151 Das ist die entscheidende Frage, die der Argumentation mit Phänomenen der äußeren Erfahrung schließlich ein Ende bereitet und die Aufmerksamkeit auf die innere Erfahrung lenkt.

152 Dazu definiert man Normgrößen; für die Raummessung das ›Urmeter‹, das weiter unterteilt (Zentimeter, Millimeter usw.) und in größere Einheiten gebündelt werden kann (Kilometer); für die Zeitmessung entsprechend Sekunden. Da diese Normgrößen nicht naturgegeben sind, fragt Augustinus nach deren Ursprung und sieht in diesem Ursprung gleichsam die Zeit der Zeit.

153 Erstmals taucht der Ausdruck ›distentio animi‹ auf, in der Augustinus das Sein der Zeit zu fassen sucht; allerdings trägt er ihn im Wissen um seine Problematik vor. In einem Stil, der nicht der Stil Augustins ist, meint Flasch feststellen zu können (*WiZ* 385): »A erklärt den *animus* zum Ort der Zeit. Um eine Art *Wo* handelt es sich auch hier. A formuliert schon an dieser Stelle sein Resultat, obwohl er die Zukunft noch nicht behandelt hat.« Wie sich alsbald zeigt, meint Augustinus selbst nicht, daß die Formel das Problem löse. Sein Denken bleibt auch im Blick auf die Frage nach der Zeit in der Unsicherheit und Zweideutigkeit des ruhelosen Herzens.

154 Die Ablehnung der Selbstschöpfung richtet sich gegen Plotin, der von Selbstverzeitlichung der Seelen spricht, die zugleich deren besonderes Sein hervorbringt (vgl. auch Anm. 72); in *Enneade* V 1,1 nennt Plotin den Fürwitz der Seelen (τόλμα) und ihren Willen, sich selbst zu gehören (τὸ βουληθῆναι δὲ ἑαυτῶν εἶναι), als Grund ihres Selbstwerdens in der Entfernung von Gott. Das Selbstwerden des Endlichen gilt insofern als Abfallen vom Einen und Guten, das nach Möglichkeit rückgängig gemacht werden soll. Zum weiteren vgl. Richard Corradini: *Zeit und Text. Studien zum tempus-Begriff des Augustinus*, bes. 37–44.

155 Indem auch nicht die ›tempora praetereuntia‹ gemessen werden können, wird die Annahme unausweichlich, daß das Sein der Zeit nicht außen, sondern innen zu suchen ist. Es wird sich zeigen, daß es auch innen nicht im gesuchten Sinn gefunden werden kann.

156 Vgl. Flasch (*WiZ* 384): »A, der Rhetor, verdeutlicht die Zeiterfahrung am Hören eines ambrosianischen Hymnus, den er schon im IX. Buch (12,32) zitiert und früher bereits, in *De musica* VI, analysiert hat«. Wörtlich: »Gott, Schöpfer von allem«; in der deutschen Übersetzung sollte wenigstens die Zahl der Silben nachgeahmt werden; nicht gelungen ist die Nachahmung von deren Längen und Kürzen.

157 Damit wird der Gipfel der Aporie erreicht, auf den die Zeitbetrachtung führt. Es ist nicht falsch zu sagen, Augustinus gehe es in der bewußten und erlebten Wahrnehmung um die ›Kohärenz des Zeitlichen‹; weniger zutreffend scheint die Annahme zu sein, Augustinus habe ›ein umfassendes Konzept von Zeit‹ vorgelegt (so Roland Jürgeleit: *Der Zeitbegriff und die Kohärenz des Zeitlichen bei Augustinus*, 210). Trotz aller begrifflichen Arbeit mündet diese am Ende nicht in einen Begriff, der alles zureichend erklärt, sondern in die Sehnsucht nach der Entflüchtigung des Zeitlichen.

158 Was Augustinus mit Zuversicht antwortet, lautet wörtlich übersetzt: »die eine Silbe sei von einfacher Länge, die andere von doppelter, im Blick auf den Raum, natürlich der Zeit« Wie selbstverständlich bedient Augustinus sich hier – ohne Skrupel – seines geübten Sinnes. Die radikale, gegen jede Art von sinnlicher Lust gerichtete Enthaltsamkeitskur, die er sich im zweiten Teil des zehnten Buches verordnen zu müssen gemeint hat (*conf.* 10,40 ff.), wird damit als brauchbare Lebensordnung ad absurdum geführt. Augustinus selbst ist ja lebhaft und mit allen Sinnen auf die äußere Wirklichkeit zugegangen, hat aber auch deren Problematik erfahren. Bezüglich seiner teilweise überkritischen Thesen, die sogar den Kirchengesang betreffen (*conf.* 10,49), fragt er sich jedoch selbst, ob er die Strenge nicht zu weit treibe (*conf.* 10,50). Was er in diesem Kontext als Sünde bestimmt, leuchtet nicht so leicht ein und scheint mehr von manichäischen und neuplatonischen als von biblischen Maßgaben bestimmt zu sein.

159 Was Zeit an sich selbst sein mag, unabhängig von ihrer Erfassung durch den Menschen, versucht Augustinus nicht zu beantworten, außer daß zu ihr ›aduenire‹, ›praeterire‹ und ›esse‹ gehören (vgl. 17) und daß Gott als Schöpfer der Zeit genannt wird. Lampey hingegen behauptet für Augustinus eine dogmatische (wenn auch nur negative) Position zum Sein der Zeit (vgl. *Das Zeitproblem*, 62): »Die Zeiten sind nicht, das wird ausdrücklich jedesmal im Nebensatz wiederholt.« Er behauptet dies, obwohl Augustinus doch offensichtlich um die Möglichkeit ringt, ein Sein der Zeit und des Zeitlichen zu denken. Zudem spricht Lampey von der sich zeitigenden Seele (ebd.): »Aber es ist die zeitliche ›Ausdehnung der Seele‹ (*distentio animi*, XI,26,33), es ist ein bestimmter zeitlicher Akt der Seele von spezifischer Dauer. Diese Dauer ist zeitliche Dauer und kommt der Seele nicht zu als ›intelligibles Wesen‹, als unsterbliche Substanz, sondern kommt ihr zu, sofern sie erkennend, wissend, fühlend, wollend usw. an den veränderlichen Dingen der Welt teilnimmt. Das *occultum* ist das geheimnisvolle ›Versteck‹ der Zeit, dar-

in sie nichtseiend sich zeitigt«. Damit liefert er keine Interpretation Augustins, sondern könnte er eher an Gedanken Plotins anknüpfen.

160 ›Affectiones‹ werden hier als Erregungen gedacht, die vermittelst sinnlicher Wahrnehmung hervorgerufen worden sind; sie haben als Material der Erkenntnis theoretische Bedeutung, sprechen aber auch die emotionalen und praktischen Vermögen des Menschen an. Im ersten Satz steht die emotionale Seite im Vordergrund, da der Tumult der ›affectiones‹ den Geist aus der Ruhe bringt, die er für die Untersuchung benötigt. Im weiteren herrscht die theoretische Bedeutung vor. Die Rede von ›Zuständen der Seele‹, von denen Platon spricht (*Politeia* 511 d: παθήματα ἐν τῇ ψυχῇ), trifft nicht auf diese ›affectiones‹ zu; vergleichbarer ist Kant, laut dem alle »Anschauungen als sinnlich [...] auf Affectionen« beruhen (*KrV* B 93). Unsere Erkenntnis begänne gar nicht, »geschähe es nicht durch Gegenstände, die unsere Sinne rühren« (*KrV* B 1); diese Rührung der Sinne führt zu einer »Perception, die sich lediglich auf das Subject als die Modification seines Zustandes bezieht« und die Kant als »Empfindung (*sensatio*)« bezeichnet (*KrV* B 376). Die Übersetzung ›Eindruck‹ für ›affectio‹, die auch Weis mit Recht ablehnt (*Zeitontologie* 80), wäre eher ein Pendant für ›impressio‹.

161 Mit ›Zeiten‹ (›tempora‹) sind hier Zeitabschnitte von bestimmter Länge gemeint.

162 Vgl. Heidegger (*SuZ* 165): »Der Mensch zeigt sich als Seiendes, das redet. Das bedeutet nicht, daß ihm die Möglichkeit der stimmlichen Verlautbarung eignet, sondern daß dieses Seiende ist in der Weise des Entdeckens der Welt und des Daseins selbst.« Als Modi der Rede, in denen sich Artikulation der Verständlichkeit vollzieht, gelten *Sprechen*, *Hören* und *Schweigen*.

163 Generalpausen in Musikwerken können ein Hören herrufen, obwohl äußerlich nichts erklingt; ein eindrucksvolles Beispiel bietet Joseph Haydn: *Trio in D* (Hoboken XV: 16), Takt 69. Das plötzliche Einhalten der lebhaften und jedem halbwegs aufmerksamen Hörer des Werks bis dahin schon gut bekannten Melodie verleitet ihn unwillkürlich dazu, deren Gang in die folgende Stille hinein innerlich und lautlos fortzuführen.

164 Vgl. dazu Hermann-Josef Kaiser (*Zeit und Memoria*, 32 f.): »Die ›memoria‹ ist aber nicht allein Grundlage des Zeitfaktors in der sinnlichen Wahrnehmung, sondern sie sichert auch im Fluß der Gedanken die Kontinuität des Zeiterlebens.«

165 Vgl. Flasch, der sich in seiner Erläuterung gelegentlich einiger Grundbegriffe der Existenzialanalytik Heideggers bedient (*WiZ* 389):

»*Attentio* ist Zuwendung der Seele, aktives Erfassen des Gegenwärtigen, Bewußtsein beim Haben seelischer Inhalte, zu denen auch die Affektionen gehören. Sie ist Anstrengung, die bei Schwierigkeiten wächst. Sie ist Konzentration, die der Tendenz zur Zerstreuung widersteht. Sie ist Sorge der Seele für sich selbst.«

166 Die lange Erwartung (›longa expectatio‹) ist die erwartete Länge, eine bestimmte Länge der Zeit, die vom Geist erwartet wird, der sich auf die Zukunft richtet. Entsprechendes gilt für die ›longa memoria‹. Wenn Zukünftiges überhaupt nicht ist, außer in den Verhältnissen, die jetzt schon sind und auf Grund ihrer Beschaffenheit bestimmte zukünftige Verhältnisse zur Folge haben werden, kann es als solches nur in der Erwartung eines Geistes sein. Laut 38 könnte man übersetzen, daß es langes Erwartetes gibt, etwas, das vermittelst der Tätigkeit des Erwartens als lang vorgestellt wird (entsprechend gibt es langes Erinnertes, also etwas, das vermittelst des Erinnerns als lang vorgestellt wird). Zwar kann man auch vom Vergangenen sagen, daß es als solches nicht ist, weil es eben nicht mehr ist; sein Seinsmodus unterscheidet sich indessen (obwohl er wie der des Zukünftigen negativ zu fassen ist) deutlich von dem des Zukünftigen, weil das Vergangene einmal gegenwärtig war, wenn auch als solches nur flüchtig. Immerhin ist auch das Vergangene aus der Gegenwart verschwunden, so daß es Gegenwart nur im Geist hat, dessen Dauer aber selbst wiederum endlich ist (er ist einst ins Dasein gelangt; der Tod steht ihm bevor). Augustins Problem hängt damit zusammen, daß das Zeitliche auf etwas bloß von einem solchen endlichen Geist Repräsentiertes reduziert zu werden droht. Das Zeitliche ist flüchtig und erlangt nur durch subjektive Repräsentation Sein und Beharrlichkeit. Diese Repräsentation ist unzureichend, weil es Augustinus um das Sein des Vergänglichen geht, nicht um das Sein der Vorstellungen von ihm. Zudem ist auch die Dauer dieser Repräsentation unzureichend, weil das vorstellende Subjekt selbst zeitlich vergänglich ist. – Vgl. Flasch (*WiZ* 390): »Da die Zukunft nicht existiert, kann sie auch nicht lang sein. Was allein die langdauernde Zukunft als etwas Reales sichert, ist ein langdauerndes Erwarten der Zukunft, *longa expectatio futuri.* Dasselbe gilt für Vergangenheit und Erinnern.« Diese Deutung scheint irrig, sofern es kein ›langdauerndes Erwarten‹ geben kann, da auch dieses Erwarten in die Zeiten zersplittert. Vielmehr geht es um die vorausgesehene Länge von Zukünftigem und um die in der Erinnerung bewahrte Länge von Vergangenem. Zutreffend erklärt von Herrmann (*Augustinus* 141): »Sagt nun Augustinus, eine lange Vergangenheit sei eine lange Erinnerung an Vergangenes, so meint er nicht ein lang sich erstreckendes Erinnern, son-

dern eine erinnerte, im Abfließen festgehaltene lange vergangene Dauer. Denn das Erinnern selbst als Vollzugsweise muß nicht dieselbe Länge haben wie die erinnerte, d.h. hier festgehaltene vergangene Dauer. Desgleichen muß das erwartende Vorweghalten nicht dieselbe Länge haben wie die darin erwartete, vorweggehaltene künftige Dauer.«

[167] Husserl scheint mit dem folgenden Text einen Kommentar zu dieser Stelle zu geben (*Zur Phänomenologie des inneren Zeitbewußtseins*, 23): »Nehmen wir das Beispiel einer Melodie oder eines zusammenhängenden Stückes einer Melodie. Die Sache scheint zunächst sehr einfach: wir hören die Melodie, d.h. wir nehmen sie wahr, denn Hören ist ja Wahrnehmen. Indessen, der erste Ton erklingt, dann kommt der zweite, dann der dritte usw. Müssen wir nicht sagen: wenn der zweite Ton erklingt, so höre ich *ihn*, aber ich höre den ersten nicht mehr usw.? Ich höre also in Wahrheit nicht die Melodie, sondern nur den einzelnen gegenwärtigen Ton. Daß das abgelaufene Stück der Melodie für mich gegenständlich ist, verdanke ich – so wird man geneigt sein zu sagen – der Erinnerung; und daß ich, bei dem jeweiligen Ton angekommen, nicht voraussetze, daß das *alles* sei, verdanke ich der vorblickenden Erwartung.« Vgl. Rudolf Bernet (*Einleitung*, XI): »Das im Husserl-Archiv zu Leuven aufbewahrte Handexemplar der ›Confessiones‹ beweist, daß Husserl das XI. Buch aufmerksam gelesen hat. Dies nimmt nicht wunder, denn er läßt sich in seiner phänomenologischen Beschreibung des inneren Zeitbewußtseins so sehr durch die Beobachtungen und impliziten Voraussetzungen der Augustinischen Zeitanalyse inspirieren, daß man geradezu von Husserlschen ›Randbemerkungen‹ zu *Augustinus* sprechen möchte.«

[168] Die Ernte der Zeit kommt gleichsam in die Scheune der ›memoria‹ (vgl. das Bild des Gedächtnisses als Magens des Geistes *conf.* 10,21: »memoria quasi uenter est animi«). August Faust hebt die Unfertigkeit der Tätigkeit der Seele hervor (*Der Möglichkeitsgedanke. Systemgeschichtliche Untersuchungen. Zweiter Teil: Christliche Philosophie*, 51): »Die ursprünglich erlebte Zeit ist also bei Augustin durchaus nicht (wie bei den Stoikern) eine fertige Erstreckung, sie ist kein Erstrecktsein, sondern vielmehr ein Sichstrecken, und zwar ein Sichstrecken der Seele.« Zu Unrecht rückt Faust Augustinus in die Nähe Plotinischer Gedanken, indem er sagt, daß »bei Augustin das Sichverzeitlichen zum kreatürlichen Wesen der Einzelseele gehört«. Er resümiert gleichwohl zutreffend (51f.): »Alles Geschaffene in der Welt trägt zeitlichen Charakter, und als Geschöpf ist auch die Seele in die Zeit hinein erschaffen. Sie kann also in der Welt nur existieren, nur ›leben‹, indem sie

selbst sich auf zeitliche Weise erstreckt durch exspectatio, attentio und memoria; lediglich in diesem Sinne darf man sagen: distentio est vita mea.«

169 Die Länge der Erinnerung und der Erwartung steht hier für die Länge des Erinnerten und des Erwarteten; durch die erinnerten und erwarteten Inhalte wird gleichsam auch die Länge der Akte und die Ausdehnung der Vermögen bestimmt.

170 Mit dem ›consumatur‹ knüpft Augustinus an das ›deuoretur‹ (2) an. Entscheidend ist die Frage nach dem Sinn dieses Verzehrtwerdens der Zeit: was man verschluckt, ist tief im Magen, hat man gleichsam verinnerlicht, also nicht von sich abgetrennt. Die Sehnsucht des Geistes ist es, daß Zeit ›entflüchtigt‹ werde; das Leben des Geistes soll gerade nicht ›entzeitlicht‹ werden. Zum Bild der ›memoria‹ als Magen der Seele vgl. auch Kaiser: *Augustinus. Zeit und ›Memoria‹*, 3.

171 Der Geist streckt sich in der ›distentio animi‹ zwar in die Zeiten und auf das Zeitliche aus, um sie zu bewahren, scheitert aber bei dem Versuch. Die ›distentio animi‹ ist folglich nur ein *Symbol* der Entflüchtigung des Zeitlichen (vgl. dazu Fischer: *Confessiones 11*, *CAH* 495, 508, 516f., 534, 539f.). Weil er nicht auf das ›tertium comparationis‹ achtet, führt die von Flasch gestellte Frage in die Irre, »ob diese Übertragung vom Liedvortrag auf das Einzelleben und vom Einzelleben auf die Menschheit nach den Prinzipien der Augustinischen Zeitlehre möglich ist« (*WiZ* 393). Die Zukunft *ist* doch in der Tat nur insoweit, wie sich meine Erwartung schon in der Gegenwart auf sie ›erstreckt‹. Dieses ›Sicherstrecken‹ bedeutet aber nicht, daß ich – wie dem Singen eines von vornherein bekannten Liedes – schon die Inhalte vorhersehen könnte, die sich in der Zukunft ergeben. Flasch fährt in ungeschmeidiger Auslegung fort: »A beschreibt in n. 38,12–13 das Menschenleben so, als bestünde es nur aus den von mir vorbedachten, eigenen *actiones*. Dies erfordert sein theoretischer Ansatz hier, aber es ist nicht wahr.« Beide Insinuationen sind unzutreffend: Sofern das elfte Buch eine ›Meditation‹ der ›Erzählungen‹ der ersten neun Bücher und der ›Reflexionen‹ des zehnten Buches darstellen, liegt auf der Hand, daß es sich in der Erwartung der Zukunft durchaus um Unvorhergesehenes und Unvorhersehbares handeln kann. Sofern in der Erwartung der Zukunft immer ein aktiver Entwurf wirksam ist, ist es doch stets meine Zukunft, auf die sich meine *actiones* gerichtet haben, auch wenn ich nicht weiß, »was in den mir unbekannten Absichten anderer Personen noch schlummert und was irgendwelche Naturvorgänge mir antun werden« (ebd.). Schon Weis hat das Verhältnis von »erlebter oder noch

zu erlebender Wirklichkeit« weit treffender erläutert (*Zeitontologie* 99).

[172] Der Mensch streckt sich so in die Zeiten aus, daß er – wie im Riesenbett des Prokrustes – zerstreckt wird, weil er das, was er zu erreichen sucht – nämlich die Gegenwärtigkeit des Zeitlichen – nicht erreicht. Diese negative Einschätzung des Lebens spricht auch Nietzsche aus (*Vom Nutzen und Nachtheil der Historie für das Leben, Nr. 1*; *KSA* 1, 248): der Mensch werde durch »Kampf, Leiden und Ueberdruss« erinnert, »was sein Dasein im Grunde ist – ein nie zu vollendendes Imperfectum«. Der Mensch erscheint als »wunderlicher Bruch«, den der Anblick des sorglosen Lebens der Tiere so ergreift, »als ob er eines verlorenen Paradieses gedächte«.

[173] Das Verhältnis zu Husserl und Heidegger untersucht von Herrmann (*Augustinus* 198–202). Zu Husserl (198f.): »Was *Augustinus* als intentio oder attentio, als expectatio und als memoria der distentio animi analytisch freigelegt hat, erhält in *Husserls* Analysen des inneren Zeitbewußtseins die Bezeichnungen Urimpression, Retention und Protention. Damit ist aber *Augustinus* der erste, der in den primären Bereich der ursprünglichen zeitkonstituierenden Bewußtseinsweisen vorgestoßen war.« Zu Heidegger (200): für ihn sei »die distentio animi ein *Zeiger*, der in den *ekstatischen Charakter* des Daseins und in die ekstatisch-horizontale Zeitlichkeit des Daseins hineinzeigt [...]. Wenn *Augustinus* das Wesen der Zeit in der distentio animi, im dreifachen Sicherstrecken des Geistes sieht, dann ist für ihn die Zeit nicht das *bloße* Nacheinander der abfolgenden Jetztpunkte, dann sieht er das Wesen der Zeit nicht in der nivellierten Jetztfolge, sondern dann ahnt er, daß das *Wesen der Zeit* das *Wesen der Existenz des Menschen* ist, daß der *Mensch* sein *Wesen* im *dreifach zeitigenden Sicherstrecken* hat.« Resümierend heißt es (200): »Für *Husserl* befindet sich *Augustinus* auf dem Weg, der in das *innere Zeitbewußtsein* führt; für *Heidegger* ist *Augustinus* unterwegs zur *existenzialen Zeitlichkeit* des Daseins.«

[174] Das neuplatonische Vokabular vom ›Einen‹, vom ›Mittler‹ und von uns ›Vielen‹ wird hier zwar affirmativ gebraucht (vgl. auch *trin.* 4,11), dennoch ist diese Sprechweise kein Ergebnis der Untersuchungen im elften Buch. Mit gutem Grund weist Henri-Irenée Marrou auf den konstitutionellen Gegensatz des Augustinischen Denkens zu einer Ontologie, die das überzeitliche Wesen der Dinge erfassen zu können meint (*Das Janusantlitz der historischen Zeit bei Augustin*, 362): »Innerhalb einer Philosophie der Wesenheit erscheint die Zeit immer ein we-

nig als ein Ärgernis. Die Zeit ist ihr das Fließende, Unerfaßliche, wo das Sein nur im ungreifbaren Augenblick in Erscheinung tritt, in jener geheimnisvollen Gegenwart, die zwischen einer unwiderruflich versunkenen Vergangenheit und einer Zukunft, auf die wir noch nicht rechnen können, wie zernichtet ist.« Insofern bewegt sich Augustinus in der Nähe biblischen Denkens, wie er es in den Psalmenerläuterungen entfaltet, wo er von den vorüberfliegenden Augenblicken spricht und vom Eindruck, daß unsere Tage nicht *sind*, daß sie dahingehen, ehe sie gekommen sind (*en. Ps.* 38,7): »momentis transuolantibus cuncta rapiuntur, torrens rerum fluit; de quo torrente ille in uia bibit pro nobis, qui iam exaltauit caput. isti ergo dies non sunt; ante abeunt paene, quam ueniant«.

175 Nicht das Vergangene überhaupt soll vergessen werden, sondern der flüchtige Modus des zeitlichen Daseins des Menschen, in dem ständig das, was dasein wird, übergeht in das, was nicht mehr ist. Dem Vergessen verfallen soll also eigentlich das Vergangensein des Vergangenen. Flasch gibt dazu eine zwiespältige Stellungnahme ab. Er sagt zuerst (*WiZ* 398): »A begrüßt mit Paulus, daß man vergißt, was hinter einem liegt«, fügt aber sogleich hinzu: »Dies kommt überraschend nach so vielen Ausführungen über die *memoria*; man darf es wohl so deuten, daß wir das Zeitliche insgesamt vergessen, d.h. aus unserer Wert- und Willensrichtung ausschließen sollen. Abgeleitet aus seinen Zeitanalysen hat A dies nicht.« Vermutlich wird man dem Text eher gerecht, wenn man nicht die Annahme zugrundelegt, daß das Zeitliche insgesamt vergessen werden soll. Vergessen werden soll vielmehr nur die Flüchtigkeit der Zeit, in der das Ich zersplittert: die Wahrheit des Zeitlichen soll in den einen folgenden Tag gesammelt werden.

176 Der durch den Glauben an Gottes Barmherzigkeit erwartete Zustand wird nicht als Ewigkeit oder Gleichewigkeit bezeichnet. Klar ist aber die Notwendigkeit der Überschreitung dessen, was der Mensch kraft seines endlichen Geistes zustande bringt (›intus‹). Der Ausdruck ›quae ante sunt‹ (vgl. auch *conf.* 13,14) weist auf die Notwendigkeit reinen Findens. Vgl. Faust (*Der Möglichkeitsgedanke II*, 55): »Die wahre extentio und intentio dagegen erstrebt immer mehr als Zeitliches; sie zielt auf unwandelbare Einheit, aber nicht durch plötzliche, unerstreckte ἕνωσις (im Sinne Plotins), sondern durch Zurücklegung des erstreckten Heilsweges im Sinne Jesu Christi.« Zusammenfassend sagt Faust: »Die innerweltliche und zeitgebundene Existenz braucht also keineswegs zu verschwinden, damit ihr letzter Sinn zutage trete; dennoch ist dieser Sinn aller Existenz selber durchaus überweltlich und überzeitlich.« Zur

Deutung des ›ante‹ vgl. weiterhin Duchrow (*Der sogenannte psychologische Zeitbegriff*, 284) und Flasch (*WiZ* 397).

177 Der Weg zum ›intimum‹ zerstört nicht das Endliche, ist aber auch nicht ableitbar von ihm; er bedarf der Inversion der Aktivität. Trotz aller Unterschiede zwischen Plotin und Augustinus nennt Cornelius Mayer mit Recht ein Motiv, das Augustinus mit Platon und Plotin gemeinsam ist (*Zeichen II* 156): »das gemeinsame Ziel ist die Überwindung der gegenwärtigen Seinsverfassung durch Einüben in die Schau des Ewigen. Solche Einübung fördert aufs wirksamste die Beschäftigung mit der Zeit, weil sie der geeignetste Stimulus zur Betrachtung der Ewigkeit ist.«

178 Dort erst wird die Ruhe des menschlichen Herzens in Gott erreicht sein, die als im Leben unerreichbares Ziel schon vorweg genannt worden war (*conf.* 1,1: »inquietum cor nostrum, donec requiescat in te«). Augustinus hofft auf diese erfüllende Ruhe in doppelter Weise, nämlich als einem wechselseitigen Ruhen des Menschen in Gott (13,51: »sabbato uitae aeternae requiescamus in te«) und Gottes im Menschen (13,52: »tunc enim requiesces in nobis«).

179 Dieses Stöhnen kann durchaus mit der ›gerüsteten Freude‹ verbunden sein, von der Heidegger spricht (*SuZ* 310): »Das als Sein zum Tode bestimmte Gewissen-haben-wollen bedeutet auch keine weltflüchtige Abgeschiedenheit, sondern bringt illusionslos in die Entschlossenheit des ›Handelns‹. Die vorlaufende Entschlossenheit entstammt auch nicht einer die Existenz und ihre Möglichkeiten überfliegenden ›idealistischen‹ Zumutung, sondern entspringt dem nüchternen Verstehen faktischer Grundmöglichkeiten des Daseins. Mit der nüchternen Angst, die vor das vereinzelte Seinkönnen bringt, geht die gerüstete Freude an dieser Möglichkeit zusammen.«

180 ›Cogitatio‹ ist Substantiv zu ›cogito‹, laut Georges I, 1237: »(eig. coigito, aus co = com u. agito), im Geiste (dah. auch mit dem Zusatz cum animo, in animo, secum) zusammenstellen, *denken*«. Augustinus sagt also: was der Geist am flüchtig Zeitlichen durch seine Handlung vorstellend, denkend zusammenbringt, wird durch die ihn umtosenden Wechselfälle wieder auseinander gerissen. Mit Recht weist Flasch (*WiZ* 150–159) auf Beziehungen zwischen Seneca und dem elften Buch der *Confessiones.* Er stellt Senecas Schrift *De breuitate uitae* als ›Werbeschrift für das theoretische Leben‹ dar (zu den drei Lebensweisen, vor allem zum theoretischen, betrachtenden Leben vgl. Aristoteles: *NE* 1095b 17ff.). Indem Seneca vom Weisen Herrschaft über die Zeit, abgelöstes Leben, Überlegenheit über das Schicksal fordert, verlangt er laut Flasch

»Übermenschliches« (*WiZ* 152; vgl. *NE* 1177b26ff.). Im Gegensatz zur Diagnose Augustins ist das Leben des Weisen laut Seneca bereits in Sicherheit (*De breuitate vitae* VII.9: »uita iam in tuto est«). Irrig erscheint Flaschs Annahme (*WiZ* 152), daß Augustinus Senecas ›Tendenz auf Entzeitlichung‹ teile. Auch Seneca geht es ja nicht um Entzeitlichung, sondern um die Überwindung der Flüchtigkeit des Zeitlichen durch die Sammlung der Zeiten in lebendiges Leben (*De breuitate vitae* X.V: »Longam illi uitam facit omnium temporum in unum collatio«). Flasch sagt selbst (*WiZ* 155): »Nicht, daß der Weise unmittelbar zum Ewigen überginge. Die Zeiterfahrung bleibt ihm. Aber sie verwandelt sich oder vielmehr, er verwandelt sie.« Im Unterschied zu Augustinus nimmt Seneca jedoch an, daß der Weise die Entflüchtigung selbst besorgen könne. Augustinus schätzt die Kraft des Menschen zurückhaltender ein. Er sieht, daß die ›memoria‹ nur *Bilder* vom Vergangenen bewahren kann, nicht aber die ›res ipsae‹, und erkennt so, daß der Mensch, wenn er sich die Hoffnung bewahrt, die Hoffnung nur auf Gott setzen kann. – Als Beispiel für einen Weisen, dem sowohl die Gewißheit fehlt, die Flüchtigkeit des Zeitlichen selbst überwinden zu können, als auch die Hoffnung auf Rettung in Gott vgl. Nietzsche (*Vom Nutzen und Nachtheil der Historie für das Leben, Nr. 1*; *KSA* 1,250): »Denkt euch das äusserste Beispiel, einen Menschen, der die Kraft zu vergessen gar nicht besässe, der verurtheilt wäre, überall ein Werden zu sehen: ein Solcher glaubt nicht mehr an sein eigenes Sein, glaubt nicht mehr an sich, sieht alles in bewegte Punkte auseinander fliessen und verliert sich in diesem Strome des Werdens«.

181 Ganzsein ist das Gegenteil der Zersplitterung. Das Flüssigsein ist vielleicht auch ein Gegenbild zur biblischen Rede von der Herzenshärte. Vgl. noch einmal Nietzsche (*Vom Nutzen und Nachtheil der Historie für das Leben, Nr. 1*; *KSA* 1,249), der als die Angst des Menschen erkennt, daß er ›ein nie zu vollendendes Imperfectum‹ ist. Die Vollendung der Zeit ist – in einer Art ›Gleichzeitigkeit‹ (vgl. Søren Kierkegaard: *Abschließende unwissenschaftliche Nachschrift zu den Philosophischen Brocken. Zweiter Teil*, 52) – seine höchste Sehnsucht.

182 In einem Brief vom 13. Mai 1908 an Abbé Wehrlé schreibt Maurice Blondel von der Einholung unserer gelebten Zeit in die Ewigkeit (*Lettres philosophiques*, 276): »Il me semble que les idées dont nous nous sommes entretenus ensemble sur la réintégration du temps dans l'éternité peuvent être facilement rattachées à la doctrine de saint Augustin, qui, dans les *Confessions*, notamment livre XI, développe avec une admirable richesse de sentiments et d'idées la simultanéité de tout

ce que notre expérience présente nous amène à égrener sur le parcours de notre ascension progressive en Dieu.« Der Brief endet mit einer Wendung, die das ›in forma mea‹ aufnimmt (277): »Et, en ce qui touche la question particulière du temps, on peut ajouter: *opportet duravisse ut vita nostra sit aeterna et maneat nostra.*«

183 Diese Krankheit muß nicht als Strafe verhängt sein; ›poenalis‹ hat für Augustinus durchaus auch den Sinn des Qualvollen (vgl. *conf.* 1,20; auf diese Stelle verweist auch Georges: *Ausführliches Handwörterbuch*, Band II, 1752). Augustinus formuliert hier vielmehr ein Gegenbild zum hungernden und dürstenden Tantalus; er bedauert die ausweglose Lage derer, die sich mit solchen Fragen abquälen (›poenali morbo plus sitiunt quam capiunt‹): er selbst nimmt das Problem ernst (vgl. Anm. 94) und will nicht darüber lachen (14); irreführend sind folglich die bissigen Insinuationen von Flasch (*WiZ* 403): »Der Abschnitt endet mit guten christlichen Wünschen für die so verächtlich beachteten Gegner«. Augustins Bemerkung belegt die Lästigkeit der ihn selbst quälenden Vexierfrage, zumal er sogleich eine Ermunterung zu einem besseren Weg anfügt (40: »extendantur etiam in ›ea, quae ante sunt‹, et intellegant te ante omnia tempora aeternum creatorem omnium temporum«).

184 Das könnten Geschöpfe sein, die nicht sündigen und nicht irren können und so schon das Maß an Unwandelbarkeit besäßen, das Geschöpfen möglich ist, z. B. die nicht gefallenen Geister (›sancti angeli‹), zu denen Origenes sagt (*De principiis* I 5,3): »semper sancti fuerunt et sancti sunt sanctique erunt, et neque receperunt umquam neque recipere poterunt peccati locum.«

185 Daß Verfehlungen nicht ohne Einfluß auf die Erkenntniskraft sind, ist eine These, die auch ohne theologische Erklärungsmuster vertreten werden kann. Zur Argumentation Augustins vgl. z. B. *lib. arb.* 1,4; 1,22; 2,37 (im Anschluß an *Jo* 8,31 ff.); 3,30. Wenn es überhaupt Übles gibt, das Menschen zugerechnet werden kann, muß der Mensch als Erstursache des Übeltuns gelten (vgl. *lib. arb.* 3,49: »aut igitur uoluntas est prima causa peccandi aut nullum peccatum est prima causa peccandi«). Aus der Verantwortung des Menschen für seine Verfehlungen resultieren laut Augustinus zwei Strafübel, nämlich Unwissenheit und Schwäche (*lib. arb.* 3,52): »nam sunt reuera omni peccanti animae duo ista poenalia, ignorantia et difficultas.«

186 Einerseits spielt Augustinus auf den durch individuelle Verfehlungen beeinträchtigten Zustand des menschlichen Erkenntnisvermögens an (Anm. 181), gewiß spielt aber auch die Sünde Adams eine Rolle, die Augustinus zu einer teilweise nicht unproblematischen Erbsün-

denlehre ausgebaut hat; andererseits steht im Hintergrund Platons Höhlengleichnis, laut dem der Weg zum wahren Licht den Gefesselten die Lösung und Heilung von ihren Banden und von ihrem Unverstande bringt (*Politeia* 515c: λύσιν τε καὶ τῶν δεσμῶν καὶ τῆς ἀφροσύνης); bei dieser Lösung von den Fesseln verlangt eine klare Wahrnehmung wegen der Überhelligkeit des Lichtes Gewöhnung (*Politeia* 516a: συνήθεια).

187 Es handelt sich um eine hypothetische Erwägung Augustins, die epochale Vorstellungsbilder benutzt. Die Vorstellung von einem Geist mit so großem Wissen spielt wohl auf Gedanken von Origenes an, weniger auf »die Frage nach Zentralgeist oder Weltseele« (so Flasch: *WiZ* 407). Obwohl solche Anspielungen im Hintergrund stehen mögen, handelt es sich offenbar um ein Gedankenexperiment, mit dem Augustinus ähnliche Zwecke wie Laplace mit seinem ›Weltgeist‹ verfolgt (vgl. dazu Emil du Bois-Reymond: *Über die Grenzen des Naturerkennens*, bes. 17 ff.). Vgl. auch die richtige Bemerkung von Flasch (*WiZ* 224): »Dieser *animus* ist nicht mehr der plotinische Zugleichbesitz eines vollkommenen Lebens; er ist zersplittert trotz seiner Einheitsstiftungen, die offenbar nur Unbedeutendes, eben Zeitliches, koordinieren.«

188 Der zeitlich sich erstreckende Gesang dient als Bild für das Leben des zeitlichen Menschen. Der Gesang wird im Vortrag in ähnlichem Sinne zerstreckt, wie das Leben des Menschen in seiner Lebenszeit zerstreckt wird.

189 Gott ist laut Augustinus nicht nur der Schöpfer der geistigen Wesen, sondern auch der Schöpfer der Zeit und der Schöpfer von Himmel und Erde. Gleichwohl scheint hier der Vorrang der Schöpfung geistiger Wesen in ähnlicher Weise wie bei Origenes auf; vgl. dazu Lothar Lies: *Origenes' ›Peri Archon‹. Eine undogmatische Dogmatik*, zur Schöpfung bes. 68 ff.

190 Wörtliche Übersetzung: ›Denn Du richtest die Zerschlagenen auf; und die fallen nicht, deren Höhe Du bist.‹ Augustinus knüpft abschließend an die Bergpredigt an (vgl. 1; dazu Anm. 9). Schon in 16 hatte er von der ›celsitudo semper praesentis aeternitatis‹ gesprochen.

ABKÜRZUNGEN

Werke Augustins werden nach den Abkürzungen des Augustinus-Lexikons (=*A-L*) zitiert. Die in dieser Ausgabe benutzten Werke werden hier mit einer deutschen Übersetzung des lateinischen Titels aufgeführt (in Klammern das Entstehungsdatum nach Peter Brown: Augustinus von Hippo, 481–495; das *A-L* nennt für die *Confessiones* – abweichend von Brown – als Entstehungszeit die Jahre 396–400).

Zur Zitation der Werke Augustins

Zitate aus Werken Augustins - und so auch aus den *Confessiones* - werden, gemäß den Regeln des Augustinus-Lexikon, durch Nummer des Buches und der Paragraphen angegeben; z.B. sechster Paragraph des ersten Buches von *De libero arbitrio: lib. arb.* 1,6 (die Nummern der Kapitel werden immer weggelassen, da die kleinteiligere Paragraphen-Einteilung ein leichtes Auffinden der Stellen ermöglicht); elfter Paragraph des vierten Buches der *Confessiones*: *conf.* 4,11; bei Zitaten aus dem elften Buch der *Confessiones* wird nur die Nummer des Paragraphen angegeben (z. B. 17: Paragraph 17 des elften Buches).

Acad.	De Academicis (Contra Academicos): Über (gegen) die Akademiker (386)
adn. Iob	Adnotationes in Iob: Anmerkungen zum Buch Ijob (399)
agon.	De agone christiano: Der christliche Kampf (396)
an. quant.	De animae quantitate: Die Größe der Seele (388)
conf.	Confessiones: Bekenntnisse (397–401)
cons. eu.	De consensu euangelistarum: Die Einmütigkeit der Evangelisten (400)
ciu.	De ciuitate dei: Der Gottesstaat (413–425)
c. Faust.	Contra Faustum Manichaeum: Gegen den Manichäer Faustus (397)
c. Fel.	Contra Felicum Manichaeum: Gegen den Manichäer Felix (398)
c. Jul.	Contra Julianum: Gegen den Pelagianer Julian (421)

c. Jul. imp.	Contra Julianum opus imperfectum: Unvollendetes Werk gegen den Pelagianer Julian (429)
c. Sec.	Contra Secundinum Manichaeum: Gegen den Manichäer Secundinus (399)
diu. qu.	De diuersis quaestionibus octoginta tribus: Über 83 Fragen (388–396)
en. Ps.	Enarrationes in Psalmos: Erläuterungen zu den Psalmen (392–420)
Gn. litt.	De Genesi ad litteram: Wörtliche Exegese der Genesis (401–414)
lib. arb.	De libero arbitrio: Die freie Willensentscheidung (388–391)
mag.	De magistro: Der Lehrer (389)
mus.	De musica: Die Musik (387)
qu.	Quaestionum libri septem: Sieben Bücher mit Fragen (400)
retr.	Retractationes: Selbstrezensionen (426/7)
s.	Sermones: Predigten (368–430)
sol.	Soliloquia: Selbstgespräche (386)
trin.	De trinitate: Die Dreieinigkeit (399–419)
uera rel.	De uera religione: Die wahre Religion (389–391)

Abkürzungen von Augustinus-Zeitschriften (laut A-L)

Aug	Augustinianum. Periodicum quadrimestre Collegii Internationalis Augustiniani.
Aug(L)	Augustiniana. Tijdschrift voor de studie van Sint Augustinus en de Augustijnenorde.
AugStud	Augustinian Studies.
REAug	Revue des Études Augustiniennes.
RechAug	Recherches augustiniennes.

Weitere Siglen

APE	Fischer: Augustins Philosophie der Endlichkeit. Zur systematischen Entfaltung seines Denkens aus der Geschichte der Chorismos-Problematik.
AugSch	Meijering: Augustin über Schöpfung, Ewigkeit und Zeit. Das elfte Buch der Bekenntnisse.

Augustinus	von Herrmann: Augustinus und die phänomenologische Frage nach der Zeit.
AWG	Fischer: Augustins Weg der Gottessuche (›foris‹ – ›intus‹-›intimum‹).
BA	Bibliothèque Augustinienne.
CAG	Corpus Augustinianum Gissense a Cornelio Mayer editum.
CAH	Fischer / Mayer (Hrsg.): Die Confessiones des Augustinus von Hippo. Einführung und Interpretationen zu den dreizehn Büchern.
EdS	Fischer: Epigenesis des Sinnes. Nicolai Hartmanns Destruktion einer allgemeinen Weltteleologie und das Problem einer philosophischen Theologie.
Einleitung	In: Aurelius Augustinus: Bekenntnisse (1989). Eingel. von Kurt Flasch; übers., mit Anm., hrsg. von Kurt Flasch und Burkhard Mojsisch.
HA	Goethe: Werke (Hamburger Ausgabe in 14 Bänden).
HWP	Historisches Wörterbuch der Philosophie.
KpV	Kant: Kritik der praktischen Vernunft. A: ^{1}1788.
KrV	Kant: Kritik der reinen Vernunft. A: ^{1}1781; B: ^{2}1787.
KSA	Nietzsche: Kritische Studienausgabe.
Mp	Aristoteles: Metaphysik.
NE	Aristoteles: Nikomachische Ethik.
NF	Nietzsche: Nachgelassene Fragmente.
Plotin. EuZ	Beierwaltes: Plotin. Über Ewigkeit und Zeit.
RAC	Reallexikon für Antike und Christentum.
Schriften	Nikolaus von Kues: Philosophisch-theologische Schriften.
SSZA	Fischer: Sein und Sinn der Zeitlichkeit im philosophischen Denken Augustins.
S.th.	Thomas von Aquin: Summa theologiae.
SuZ	Heidegger: Sein und Zeit.
Tlp	Wittgenstein: Tractatus logico-philosophicus.
TTAC	Fischer: Transzendieren und Transzendenz in Augustins ›Confessiones‹.
UuZ	Fischer: Unsicherheit und Zweideutigkeit der Selbsterkenntnis.
VPR	Kant: Vorlesungen über die philosophische Religionslehre.
Vulgata	Biblia Sacra iuxta Vulgatam versionem.
WiZ	Flasch: Was ist Zeit? Augustinus von Hippo. Das XI. Buch der Confessiones.
Zeichen II	Mayer: Die Zeichen in der geistigen Entwicklung und in

der Theologie Augustins. II. Teil: Die antimanichäische Epoche.

Zeitontologie Weis: Die Zeitontologie des Kirchenlehrers Augustinus nach seinen Bekenntnissen. XI. Buch.

LITERATURVERZEICHNIS

Der Text des elften Buches wurde dem *Corpus Augustinianum Gissense (=CAG)* mit freundlicher Genehmigung des Herausgebers Cornelius Mayer entnommen. Grundlegend für die Augustinus-Forschung ist das derzeit erscheinende Augustinus-Lexikon. Hrsg. von Cornelius Mayer. Basel: Schwabe, 1986ff. Das folgende Verzeichnis dokumentiert die benutzte Literatur und gibt einige weiterführende Hinweise.

1 Ausgaben der Werke Augustins

1.1 Gesamtausgaben

Sancti Augustini Hipponensis Episcopi Opera Omnia. Post Lovanensium Theol. rec., opera et studio Mon. O.S.B. e congreg. S. Mauri, Band 32–47 von: Patrologiae Cursus Completus, Series Latina. Hrsg. von J.-P. Migne. Paris 1841–1849.

Corpus Augustinianum Gissense a Cornelio Mayer editum (Werke und Literatur auf CD-ROM). Basel: Schwabe, 1995.

1.2 Ausgaben der Confessiones

1.2.1 Lateinische Ausgabe mit kritischem Apparat

S. Aureli Augustini confessionum libri tredecim. Post Pium Knoell iteratis curis ed. Martinus Skutella. Lipsiae: Teubner, 1934 (Bibliotheca scriptorum Graecorum et Romanorum Teubneriana). – Ed. corr. cur. H. Juergens et W. Schaub. Stutgardiae; Lipsiae: Teubner, 1996.

1.2.2 Zweisprachige Ausgaben

Augustinus. Confessiones – Bekenntnisse (1955). Lat.-dt., übers., eingel. und erl. von Joseph Bernhart. München: Kösel, ^{4}1980 (seit 1987 auch als Insel-Taschenbuch 1002; Frankfurt am Main: Insel, ^{4}1994).

Des heiligen Augustinus Bekenntnisse. Übertragen und eingeleitet von Hubert Schiel. Freiburg: Herder (1950), seit ^{6}1959 zweisprachig (lat.-dt.); ^{7}1964.

Les Confessions. Texte de l'édition de M. Skutella; introduction et notes par Aimé Solignac, traduction de E. Tréhorel et G. Boissou; 2 Bände (1962). Paris: Études Augustiniennes, 21992, repr. 1996 (Œuvres de Saint Augustin; Bibliothèque Augustinienne, Band13 und 14).

1.2.3 Übersetzungen ins Deutsche

Bekenntnisse. In neuer Übersetzung und mit einer Einleitung von Wilhelm Bornemann. Gotha: Perthes, 1888 (Bibliothek theologischer Klassiker 12; enthält nur die Bücher 1–9).

Die Bekenntnisse des heiligen Augustinus. Übersetzt, eingeleitet und mit Anmerkungen versehen von Otto F. Lachmann. Leipzig: Reclam, 1888 (mehrere Nachdrucke).

Die Bekenntnisse des heiligen Augustinus: Buch I–X. Ins Deutsche übersetzt und mit einer Einleitung versehen von Georg Grafen von Hertling. Freiburg: Herder, 1905 (zahlreiche Nachdrucke).

Des heiligen Augustin Bekenntnisse. Übertragen und eingeleitet von Herman Hefele. Jena: Diederichs (1921), 131958 (zahlreiche Nachdrucke).

Aurelius Augustinus: *Confessiones / Bekenntnisse*. Lat.-dt. Übersetzt von Wilhelm Thimme (1950). Mit einer Einführung von Norbert Fischer. Reihe Tusculum. Düsseldorf/Zürich: Artemis & Winkler 2004.

Aurelius Augustinus: Die Bekenntnisse. Vollständige Ausgabe, übers., eingel. und mit Anm. vers. von Hans Urs von Balthasar (1985). Einsiedeln: Johannes, 31994.

Aurelius Augustinus: Bekenntnisse (1989). Eingel. von Kurt Flasch; übers., mit Anm., hrsg. von Kurt Flasch und Burkhard Mojsisch. Stuttgart: Reclam, 1996.

Weitere Informationen zu Ausgaben der Confessiones bei Albert Raffelt: Bibliographischer Anhang. In: Die Confessiones des Augustinus von Hippo. Hrsg. von Norbert Fischer und Cornelius Mayer. Freiburg: Herder, 1998, 653–659.

1.3 Einzelausgaben anderer Werke Augustins

Philosophische Frühdialoge: Gegen die Akademiker. Über das Glück. Über die Ordnung. Eingel., übers. und erl. von B.R. Voss, I. Schwarz-Kirchenbauer und E. Mühlenberg. Hrsg. von C. Andresen. Zürich u.a.: Artemis, 1972.

Philosophische Spätdialoge: Die Größe der Seele. Der Lehrer. Eingel., übers. und erl. von K.-H. Lütcke und G. Weigel. Hrsg. von C. Andresen. Zürich u.a.: Artemis, 1973.

Theologische Frühschriften: De libero arbitrio / Vom freien Willen. De vera religione / Von der wahren Religion. Text von G. Green, übers. und erl. von W. Thimme. Zürich u. a.: Artemis, 1962.

Soliloquiorum libri duo/Selbstgespräche. Lat.-dt. Hrsg. von P. Remark. München: Heimeran, 21965.

Der Gottesstaat / De civitate Dei. Übers. von Carl Johann Perl; Text von B. Dombart und A. Kalb, 2 Bände. Paderborn u.a.: Schöningh, 1979.

Über den Wortlaut der Genesis / De Genesi ad litteram libri duodecim. Übers. von Carl Johann Perl, 2 Bände. Paderborn: Schöningh, 1961 und 1964.

Über den dreieinigen Gott. Ausgew. und übertr. von Michael Schmaus. Leipzig: Hegner, 1936.

Über die Psalmen. Ausgew. und übertr. von Hans Urs von Balthasar. Leipzig: Hegner, 1936.

Le Magistère Chrétien (De catechizandis rudibus. De doctrina christiana). Œuvres des Saint Augustin 11. Paris: Desclée de Brouwer, 1949.

2 Benutzte Ausgaben biblischer Schriften

Biblia Sacra iuxta Vulgatam Versionem. Hrsg. von Roger Gryson. Stuttgart: Deutsche Bibelgesellschaft (1969), 41994.

Vetus Latina. Die Reste der altlateinischen Bibel. Nach Petrus Sabatier, neu gesammelt und herausgegeben von der Erzabtei Beuron, Band 2: Genesis. Freiburg: Herder, 1951–1954.

Neue Jerusalemer Bibel. Einheitsübersetzung mit dem Kommentar der Jerusalemer Bibel. Hrsg. von Alfons Deissler und Anton Vögtle in Verbindung mit J. M. Nützel. Freiburg: Herder, 1985.

Die fünf Bücher der Weisung, verdeutscht von Martin Buber. Köln u. a.: Hegner, 1968.

Buch der Preisungen, verdeutscht von Martin Buber. Köln u. a.: Hegner, 1963.

3 Kommentare zu den Confessiones

Bibliothèque Augustinienne: Les Confessions. Texte de l'édition de M. Skutella; introduction et notes par Aimé Solignac, traduction de E. Tréhorel et G. Boissou; 2 Bände (1962). Paris: Études Augustiniennes, ²1992, repr. 1996 (Œuvres de Saint Augustin; Bibliothèque Augustinienne, Band 13 und 14).

»Lectio Augustini«: »Le Confessioni« di Agostino d'Ippona. 4 Bände. Palermo: Edizioni »Augustinus«, 1984–1987.

Bücher I–II: Il I libro delle ›Confessiones‹ di Agostino: Al primordi della ›Confessio‹ (Luigi Franco Pizzolato), 9–78; Excursus Inquietum cor (Confessioni I,1,1) (Giancarlo Ceriotti), 79–88; Il libro II delle ›Confessioni‹ di S. Agostino (Franco De Capitani), 89–121.
Bücher III–V: Saint Augustin et le manichéisme à la lumière du livre III des confessions (Julien Ries), 7–26; Lettura del IV libro delle confessioni di S.Agostino (Armando Rigobello), 27– 38; Le livre V des confessions de saint Augustin (André Mandouze), 39–55.
Bücher VI–IX: El libro VI de las confesiones (José Maria Rodriguez), 9–44; La délivrance de l'esprit (Confessions VII) (Goulven Madec), 45–70; La ›Conversione‹, le ›Conversioni‹, l'›in vito alla Conversione‹ nell'VIII libro delle Confessioni (Maria Grazia Mara), 71–88; Le tappe di un itinerario interiore ed esterno nel IX libro delle ›Confessiones‹ di Agostino (Paolo Siniscalco), 89–109.
Bücher X–XIII: Le livre X de Confessions (Aimé Solignac), 9–34; Lettura del libro XI delle Confessioni (Eugenio Corsini), 35–66; Le livre XII de Confessions ou exégèse et Confession (Jean Pépin), 67–96; Il libro XIII delle Confessioni, con-inclusione dialettico-strutturale dell'interno capolavoro (Alberto Di Giovanni), 97–112.

James O'Donnell: Augustine, Confessions. I: Introduction and Text; II: Commentary on Books 1–7; III: Commentary on Books VIII–XIII, Indexes. Oxford: Clarendon Press, 1992.

Confessioni. 5 Bände, testo criticamente riveduto e apparati scritturistici a cura di Manlio Simonetti, traduzione di Gioacchino Chiarini. Milano: Fondazione Lorenzo Valla, 1992–1997.

Volume I (Libri I – III): Libro primo a cura di Luigi F. Pizzolato, 117–165; Libro secondo a cura di Paolo Siniscalco, 167–196; Libro terzo a cura di Marta Cristiani, 197–259.
Volume II (Libri IV – VI): Libro quarto a cura di Luigi F. Pizzolato, 143–192; Libro quinto a cura di Patrice Cambronne, 193–234; Libro sesto a cura di Paolo Siniscalco, 235–273.
Volume III (Libri VII – IX): Libro settimo a cura di Goulven Madec,

163–227; Libro ottavo a cura di Luigi F. Pizzolato, 229–292; Libro nono a cura di Luigi F. Pizzolato, 293–351.
Volume IV (Libri X – XI): Libro decimo a cura di Aimé Solignac, 169–247; Libro undecimo a cura di Marta Cristiani, 249–330.
Volume V (Libri XII – XIII): Libro dodicesimo a cura di Jean Pépin, 149–229; Libro tredicesimo a cura di Manlio Simonetti, 231–295.

Norbert Fischer und Cornelius Mayer (Hrsg.): Die Confessiones des Augustinus von Hippo. Einführung und Interpretationen zu den dreizehn Büchern. Freiburg u.a.: Herder, 1998.

4 Literatur zum elften Buch der Confessiones

4.1 Kommentierte Ausgaben des Textes

Flasch, Kurt: Was ist Zeit? Augustinus von Hippo. Das XI. Buch der Confessiones. Historisch-philosophische Studie. Frankfurt am Main: Klostermann, 1993.
Meijering, Eginhard Peter: Augustin über Schöpfung, Ewigkeit und Zeit. Das elfte Buch der Bekenntnisse. Leiden: Brill, 1979.

4.2 Abhandlungen zur Interpretation des elften Buches

Bachschmidt, Hansgeorg: Der Zeitbegriff bei Augustinus und die Orientierung eines modernen Zeitbegriffs an seinen Gedanken. In: Philosophisches Jahrbuch 60, 1950, 438–449.
Duchrow, Ulrich: Der sogenannte psychologische Zeitbegriff Augustins im Verhältnis zur physikalischen und geschichtlichen Zeit. In: Zeitschrift für Theologie und Kirche 63, 1966, 267–288.
Fischer, Norbert: »Caro mihi ualent stillae temporum...«. Zur Zielfrage des elften Buches von Augustins ›Confessiones‹. In: Theologie und Glaube 88, 1998, 304–323.
– : Confessiones 11: ›Distentio animi‹. Ein Symbol der Entflüchtigung des Zeitlichen. In: Die Confessiones des Augustinus von Hippo. Hrsg. von Norbert Fischer und Cornelius Mayer. Freiburg u.a.: Herder, 1998, 489–552.
Gloy, Karen: Die Struktur der augustinischen Zeittheorie im XI. Buch der Confessiones. In: Philosophisches Jahrbuch 95, 1988, 73–95.
Günther, Dorothea: Schöpfung und Geist. Studien zum Zeitverständnis im XI. Buch der Confessiones. Amsterdam: Rodopi, 1993.

Haeffner, Gerd: Bemerkungen zur augustinischen Frage nach dem Wesen der Zeit im XI. Buch der ›Confessiones‹. In: Theologie und Philosophie 63, 1988, 569–578.

Heidegger, Martin: Des hl. Augustinus Betrachtung über die Zeit. Confessiones lib. XI (Kopie von Heideggers Manuskript aus der Abtei St. Martin Beuron, verfaßt zum Vortrag vom 26.10.1930; Veröffentlichung vorgesehen in: Gesamtausgabe, Band 80. Frankfurt am Main: Klostermann).

Herrmann, Friedrich-Wilhelm von: Augustinus und die phänomenologische Frage nach der Zeit. Frankfurt am Main: Klostermann, 1992.

Janich, Peter: Augustins Zeitparadox und seine Frage nach einem Standard der Zeitmessung. In: Archiv für Geschichte der Philosophie 54, 1972, 168–186.

Jürgeleit, Roland: Der Zeitbegriff und die Kohärenz des Zeitlichen bei Augustinus. In: REAug 34, 1988, 209–229.

Lampey, Erich: Das Zeitproblem nach den Bekenntnissen Augustins. Regensburg: Habbel, 1960.

Moreau, Joseph: Le temps et la création selon S. Augustin. In: Giornale di metafisica 20, 1965, 276–290.

Peters, Edward: What Was God Doing Before He Created the Heavens und the Earth? In: Aug(L) 34, 1984, 53–74.

Quinn, John M.: The Concept of Time in St. Augustine. In: Aug 5, 1965, 5–57.

– : Four Faces of Time in St. Augustine. In: RechAug 26, 1992, 181–231.

Ricœur, Paul: Les apories de l'experience du temps. Le livre XI des ›Confessions‹ de saint Augustin. In: Temps et récit I. Paris: Éditions du Seuil, 1983. Übers. von R. Rochlitz: Die Aporien der Zeiterfahrung. In: Zeit und Erzählung I. München: Fink, 1988, 15–53.

Schmidt, Ernst August: Zeit und Geschichte bei Augustin. Heidelberg: Winter, 1985.

Verwiebe, Walter: Welt und Zeit bei Augustin. Leipzig: Meiner, 1933.

Weis, Josef: Die Zeitontologie des Kirchenlehrers Augustinus nach seinen Bekenntnissen. Augustinus ›Confessiones‹, XI. Buch. Frankfurt am Main: Lang, 1984.

Wundt, Max: Der Zeitbegriff bei Augustin. In: Neue Jahrbücher für das klassische Altertum 21, 1918, 32–37.

5 *Weitere Literatur*

Alfaric, Prosper: Die geistige Entwicklung des heiligen Augustinus. Vom Manichäismus zum Neuplatonismus (1918). In: Der Manichäismus. Hrsg. von Geo Widengren. Darmstadt: WBG, 1977, 331–361.

Anselm von Canterbury: Proslogion. Lat.-dt. Hrsg. von F.S. Schmitt OSB. Stuttgart-Bad Canstatt: Frommann, 1962.

Aristoteles: Opera. Ex recensione Immanuelis Bekkeri. Ed. Academia Regia Borussica (1831 ff.). Nachdruck Berlin: de Gruyter, 1960.

– : Aristoteles' Physik. Vorlesung über Natur. 2 Bände, griech.-dt., übersetzt, eingeleitet und mit Anmerkungen. Hrsg. von Hans Günter Zekl. Hamburg: Meiner, 1987.

– : Metaphysik. 2 Bände, griech.-dt., übersetzt von Hermann Bonitz, neu bearbeitet und kommentiert. Hrsg. von Horst Seidl. Hamburg: Meiner, 1978; 1979.

Audretsch, Jürgen; Mainzer, Klaus: Philosophie und Physik der Raum-Zeit. Mannheim u. a.: Bibliographisches Institut-Wissenschaftsverlag, 1988.

Baumgartner, Hans-Michael (Hrsg.): Das Rätsel der Zeit. Philosophische Analysen. Freiburg u.a.: Alber, 1993.

Beierwaltes, Werner: Plotins Metaphysik des Lichtes (1961). In: Die Philosophie des Neuplatonismus. Hrsg. von Clemens Zintzen. Darmstadt: WBG, 1977, 75–117.

– : Deus est veritas. Zur Rezeption des griechischen Wahrheitsbegriffes in der frühchristlichen Theologie. In: Pietas. Festschrift für B. Koetting. Hrsg. von E. Dassmann, K.S. Frank. Münster 1980 (= Jahrbuch für Antike und Christentum / Erg. Bd. 8), 15–29.

– : Platonismus im Christentum. Frankfurt am Main: Klostermann, 1998.

Berlinger, Rudolph: Augustins dialogische Metaphysik. Frankfurt am Main: Klostermann, 1962.

Blondel, Maurice: Lettres philosophiques. Paris: Aubier, 1961.

Bonner, Gerald: Augustinus (uita). In: A–L 1, 519–550.

Brown, Peter: Augustinus von Hippo. Eine Biographie. Übers., bearb. und hrsg. von Johannes Bernard. Frankfurt am Main: Societäts-Verlag, [2]1982.

Callahan, John F.: Basil of Caesarea. A new source of St. Augustine's Theory of Time. In: Harvard Studies in Classical Philology 63, 1958, 437–454.

– : Four Views of Time in Ancient Philosophy (1948). Revised edition. Westport: Greenwood, 1968.
Cho, Kyu-Hong: Zeit als Abbild der Ewigkeit. Historische und systematische Erläuterungen zu Plotins Enneade III 7. Frankfurt am Main u.a.: Lang, 1999.
Corradini, Richard: Zeit und Text. Studien zum tempus-Begriff des Augustinus. Wien u.a.: Oldenbourg, 1997.
Courcelle, Pierre: Les Confessions de saint Augustin dans la tradition littéraire. Antecédenté et postérité. Paris: Études Augustiniennes, 1963.
Deku, Henry: Infinitum prius finito. In: Philosophisches Jahrbuch 62, 1953, 267–284.
Descartes, René: Meditationes de prima philosophia / Meditationen über die Grundlagen der Philosophie (1641). Nach A. Buchenau neu hrsg. von Lüder Gäbe, durchgesehen von Hans Günter Zekl. Hamburg: Meiner, 1977.
Dönt, Eugen: Aufbau und Glaubwürdigkeit der Konfessionen und die Cassiciacumgespräche des Augustinus. In: Wiener Studien, Neue Folge 3, 1969, 181–197.
Du Bois-Reymond, Emil: Über die Grenzen des Naturerkennens. In: Über die Grenzen des Naturerkennens. Die Sieben Welträthsel. Leipzig: Veit, ^{5}1882.
Duchrow, Ulrich: Der Aufbau von Augustins Schriften Confessiones und De trinitate. In: Zeitschrift für Theologie und Kirche 62, 1965, 338–367.
Erb, Wolfgang: Confessiones 4: Die Wahrnehmung der eigenen Ortlosigkeit und die Suche nach einem Zugang zur Welt und zu Gott. In: Die ›Confessiones‹ des Augustinus von Hippo. Hrsg. von Norbert Fischer und Cornelius Mayer. Freiburg u.a.: Herder, 1998, 165–197.
Faust, August: Der Möglichkeitsgedanke. Systemgeschichtliche Untersuchungen. Erster Teil: Antike Philosophie. Heidelberg: Winter, 1931.
Feldmann, Erich: Der Einfluß des Hortensius und des Manichäismus auf das Denken des jungen Augustinus von 373. Diss. Münster 1975.
– : Die ›Epistula Fundamenti‹ der nordafrikanischen Manichäer. Versuch einer Rekonstruktion. Altenberge: CIS-Verlag, 1987.
– : Confessiones. In: A–L 1, 1134–1193.
– : Das literarische Genus und das Gesamtkonzept der ›Confessiones‹. In: Die Confessiones des Augustinus von Hippo. Hrsg. von Nor-

bert Fischer und Cornelius Mayer. Freiburg u.a.: Herder, 1998, 11–59.

Fischer, Norbert: Die Ursprungsphilosophie in Platons ›Timaios‹. In: Philosophisches Jahrbuch 89, 1982, 247–268.

– : Augustins Philosophie der Endlichkeit. Zur systematischen Entfaltung seines Denkens aus der Geschichte der Chorismos-Problematik. Bonn: Bouvier, 1987.

– : Epigenesis des Sinnes. Nicolai Hartmanns Destruktion einer allgemeinen Weltteleologie und das Problem einer philosophischen Theologie. In: Kant-Studien 78, 1987, 64–86.

– : Sein und Sinn der Zeitlichkeit im philosophischen Denken Augustins. In: REAug 33, 1987, 205–234.

– : Augustins Weg der Gottessuche (›foris, intus, intimum‹). In: Trierer Theologische Zeitschrift 100, 1991, 91–113.

– : Gott und Mensch in der Zeitbetrachtung des Cusanus. In: Alltagserfahrung und Transzendenz. Studien zur religiösen Erfahrung in der gegenwärtigen Gesellschaft. Hrsg. von Bernhard Casper und Walter Sparn. Freiburg u.a.: Alber, 1992, 135–161.

– : Transzendieren und Transzendenz in Augustins ›Confessiones‹ (›tu autem eras interior intimo meo et superior summo meo‹). In: Transzendenz. Zu einem Grundwort der klassischen Metaphysik. Festschrift für Klaus Kremer. Hrsg. von Ludger Honnefelder und Werner Schüßler. Paderborn u.a.: Schöningh, 1992, 115–136.

– : bonum. In: A–L 1, 671–681.

– : Die philosophische Frage nach Gott. Ein Gang durch ihre Stationen. Paderborn: Bonifatius, 1995.

– : Unsicherheit und Zweideutigkeit der Selbsterkenntnis. Augustins Antwort auf die Frage ›quid ipse intus sim‹ im zehnten Buch der ›Confessiones‹. In: Geschichte und Vorgeschichte der modernen Subjektivität I. Hrsg. von Roland Hagenbüchle, Reto Luzius Fetz und Peter Schulz. Berlin: de Gruyter, 1998, Band 1, 340–367.

Flasch, Kurt: Augustin. Einführung in sein Denken. Stuttgart: Reclam, 1980.

– : Logik des Schreckens. Augustinus von Hippo. Die Gnadenlehre von 397 / De diversis quaestionibus ad Simplicianum I 2, lat.-dt. (Übersetzung von Walter Schäfer). Mainz: Dieterich, ²1995.

Fuhrer, Therese: Confessiones 6: Zwischen Glauben und Gewißheit: Auf der Suche nach Gott und dem ›uitae modus‹. In: Die Confessiones des Augustinus von Hippo. Hrsg. von Norbert Fischer und Cornelius Mayer. Freiburg u.a.: Herder, 1998, 241–281.

Geyser, Joseph: Augustin und die phänomenologische Religionsphilosophie der Gegenwart. Mit besonderer Berücksichtigung Max Schelers. Münster: Aschendorff, 1923.

Gilson, Stefan: Der Heilige Augustinus. Eine Einführung in seine Lehre. Hellerau: Hegner, 1930 (Übersetzung der Originalausgabe: Étienne Gilson: Introduction à l'Étude de Saint Augustin. Paris 1929).

Goethe, Johann Wolfgang: Werke. Hamburger Ausgabe. Band 3. Dramatische Dichtungen I. 15., durchgesehene Auflage. München: Beck, 1993.

– : Werke. Hamburger Ausgabe. Band 13. Naturwissenschaftliche Schriften. 11. durchgesehene Auflage. München: Beck, 1994.

Greshake, Gisbert: Gnade als konkrete Freiheit. Eine Untersuchung zur Gnadenlehre des Pelagius. Mainz: Grünewald, 1972.

Grotz, Klaus: Die Einheit der Confessionen. Diss. Tübingen 1970.

Guitton, Jean: Le temps et l'éternité chez Plotin et saint Augustin (1933). Paris: Vrin, ³1959.

Guth, Alan H.: Die Geburt des Kosmos aus dem Nichts (1997). Darmstadt: WBG, 1999.

Hattrup, Dieter: Confessiones 9: Die Mystik von Cassiciacum und Ostia. In: Die Confessiones des Augustinus von Hippo. Hrsg. von Norbert Fischer und Cornelius Mayer. Freiburg u.a.: Herder, 1998, 389–443.

Heidegger, Martin: Sein und Zeit (1927). Gesamtausgabe, Band 2 (zitiert wird nach der Originalpaginierung, die in der Gesamtausgabe aufgeführt ist). Frankfurt am Main: Klostermann, 1977.

– : Was ist Metaphysik? (1929). Gesamtausgabe, Band 9. Frankfurt am Main: Klostermann, 1976, 103–122.

– : Phänomenologische Interpretation von Confessiones Liber X. In: Phänomenologie des religiösen Lebens. Gesamtausgabe, Band 60. Frankfurt am Main: Klostermann, 1995, 175–299.

Heine, Heinrich: Sämtliche Schriften. Band 1. München: Hanser, ²1975.

Hempel, Johannes: Die Lichtsymbolik im Alten Testament. In: Studium Generale 13. Berlin u.a.: Springer, 1960, 352–368.

Hendrickx, Ephraem: Augustins Verhältnis zur Mystik (1936). In: Zum Augustin-Gespräch der Gegenwart I. Hrsg. von Carl Andresen. Darmstadt: WBG, ²1975, 271–346.

Henry, Paul: Die Vision zu Ostia. In: Zum Augustin-Gespräch der Gegenwart I. Hrsg. von Carl Andresen. Darmstadt: WBG, ²1975, 201–270.

Herrmann, Friedrich-Wilhelm von: Bewußtsein, Zeit und Weltverständnis. Frankfurt am Main: Klostermann, 1971.

– : Augustinus und die phänomenologische Frage nach der Zeit. Frankfurt am Main: Klostermann 1992 (wird im Buch zitiert).

Hofmannsthal, Hugo von: Der Rosenkavalier. Komödie für Musik. In: Sämtliche Werke. Kritische Ausgabe, Band 23. Operndichtungen. Hrsg. von D.O. Hoffmann und W. Schuh. Frankfurt am Main: Insel, 1986, 5–101.

Holl, Adolf: Signum und Chiffer. Eine religionsphilosophische Konfrontation Augustins mit Karl Jaspers. In: REAug 12, 1966, 157–182.

Husserl, Edmund: Zur Phänomenologie des inneren Zeitbewußtseins (1893–1917). Hrsg. von Rudolph Boehm. Haag: Martinus Nijhoff, 1966.

– : Vorlesungen zur Phänomenologie des inneren Zeitbewußtseins. Hrsg. von Martin Heidegger (1928). Tübingen: Niemeyer, ^{2}1980.

– : Texte zur Phänomenologie des inneren Zeitbewußtseins (1893–1917). Eingeleitet und hrsg. von Rudolf Bernet. Hamburg: Meiner, 1985.

Janich, Peter: Die Protophysik der Zeit. Konstruktive Begründung und Geschichte der Zeitmessung. Frankfurt am Main: Suhrkamp, 1980.

Jaspers, Karl: Augustin. In: Die großen Philosophen. Erster Band (1957). München u. a.: Piper, ^{3}1985, 319–396.

Jeck, Udo Reinhold: Aristoteles contra Augustinum. Zur Frage nach dem Verhältnis von Zeit und Seele bei den antiken Aristoteles-Kommentatoren, im arabischen Aristotelismus und im 13. Jahrhundert. Amsterdam: Grüner, 1993. [vier, 1969.

Kaiser, Hermann-Josef: Augustinus. Zeit und ›memoria‹. Bonn: Bou-

Kant, Immanuel: Gesammelte Schriften. Hrsg. von der Preußischen Akademie der Wissenschaften. Berlin: de Gruyter, 1902ff.

Kienzler, Klaus: Confessiones 1: Die unbegreifliche Wirklichkeit der menschlichen Sehnsucht nach Gott. In: Die Confessiones des Augustinus von Hippo. Hrsg. von Norbert Fischer und Cornelius Mayer. Freiburg u.a.: Herder, 1998, 61–105.

Kierkegaard, Søren: Furcht und Zittern. In: Gesammelte Werke. Übersetzt von Lieselotte Richter. Frankfurt am Main: Syndikat, 1984.

– : Abschließende unwissenschaftliche Nachschrift zu den Philosophischen Brocken. Zweiter Teil. In: Gesammelte Werke. Übersetzt von Hans Martin Junghans. Gütersloh: Gerd Mohn, 1982.

Knauer, Georg Nicolaus: Psalmenzitate in Augustins Confessiones. Göttingen: Vandenhoeck & Ruprecht, 1955.

Kremer, Klaus: Die neuplatonische Seinsphilosophie und ihre Wirkung auf Thomas von Aquin (1966). Leiden: Brill, ^{2}1971.

Kreuzer, Johann: Confessiones 10: Der Abgrund des Bewußtseins. Erinnerung und Selbsterkenntnis im zehnten Buch. In: Die Confessiones des Augustinus von Hippo. Hrsg. von Norbert Fischer und Cornelius Mayer. Freiburg u.a.: Herder, 1998, 445–487.

– : Erinnerung, Zeit und Geschichte: Augustin und die Anfänge der mittelalterlichen Philosophie. In: Perspektiven der Philosophie. Neues Jahrbuch 25, 1999, 37–62.

Kusch, Horst: Studien über Augustinus I: Trinitarisches in den Büchern 2–4 und 10–13 der Confessiones. In: Horst Kusch (Hrsg.): Festschrift Franz Dornseiff zum 65. Geburtstag. Leipzig: Bibliographisches Institut, 1953, 124–183.

Lactantius: Divinae Institutiones. Hrsg. von S. Brandt; G. Laubmann. CSEL 19 (Wien, 1890). Nachdruck London u.a.: Johnson Reprint, [1965.

Lau, Dieter: Aquila. In: A–L 1, 429–431.

Lechner, Odilo: Idee und Zeit in der Metaphysik Augustins. München: Pustet, 1964.

Lehmann, Karl: Vom Ursprung und Sinn der Seinsfrage im Denken Martin Heideggers. Versuch einer Ortsbestimmung (Diss. Rom 1962; CD-ROM. Freiburg: Albert Raffelt, 2000).

Levinas, Emmanuel: Totalität und Unendlichkeit. Versuch über die Exteriorität (Übersetzung aus dem Französischen von Nikolaus Krewani). Freiburg u. a.: Alber, 1987.

Lies, Lothar: Origenes' ›Peri Archon‹. Eine undogmatische Dogmatik. Darmstadt: WBG, 1992.

Liuzzi, Tiziana: Tempo e memoria in Agostino. Dalle ›Confessioni‹ al ›De Trinitate‹. In: Rivista di storia della filosofia 39, 1984, 35–60.

Lorenz, Rudolf: Die Herkunft des augustinischen FRUI DEO. In: Zeitschrift für Kirchengeschichte 64, 1952/53, 34–60.

– : Gnade und Erkenntnis bei Augustinus (1964). In: Zum Augustin-Gespräch der Gegenwart II. Hrsg. von Carl Andresen. Darmstadt: WBG, 1981, 43–125.

Lucretius: De rerum natura libri sex. Hrsg. von Josefus Martin. Lipsiae (Leipzig): Teubner, 1953.

Madec, Goulven: La patrie et la voie. Le Christ dans la vie et la pensée de Saint Augustin. Paris: Desclée, 1989.

– : Le néoplatonisme dans la conversion d'Augustin. État d'une question centenaire (depuis Harnack et Boissier, 1888). In: Internationales Symposion über den Stand der Augustinus-Forschung. Hrsg. von

Cornelius Mayer und Karl-Heinz Chelius. Würzburg: Augustinus-Verlag, 1989, 9–26.

Marrou, Henri-Irénée: Augustin et la fin de la culture antique. Paris: Boccard, 1938; rev. Fassung: ²1949 (deutsche Übers. von ⁴1958: Augustinus und das Ende der antiken Bildung. Paderborn: Schöningh, 1981).

– : Das Janusantlitz der historischen Zeit bei Augustin (1950). In: Zum Augustin-Gespräch der Gegenwart I. Hrsg. von Carl Andresen. Darmstadt: WBG, ²1975, 349–380.

McEvoy, James: St. Augustine's Account of Time and Wittgenstein's Criticism. In: Review of Metaphysics 37, 1984, 547–577.

Maier, Anneliese: Metaphysische Hintergründe der spätscholastischen Naturphilosophie (1955). Roma: Edizioni di Storia e Letteratura, 1977.

May, Gerhard: Schöpfung aus dem Nichts. Die Entstehung der Lehre von der creatio ex nihilo. Berlin u. a.: de Gruyter, 1978.

Mayer, Cornelius: Die Zeichen in der geistigen Entwicklung und in der Theologie des jungen Augustinus. Würzburg: Augustinus-Verlag, 1969.

– : Die Zeichen in der geistigen Entwicklung und in der Theologie Augustinus. II. Teil: Die antimanichäische Epoche. Würzburg: Augustinus-Verlag, 1974.

– : Signifikationshermeneutik im Dienste der Daseinsauslegung. Die Funktion der Verweisungen in den Confessiones X–XIII. In: Aug(L) 24, 1974, 21–74.

– : Augustins Bekehrung im Lichte seiner ›Bekenntnisse‹: Ein Exempel der kirchlichen Gnadenlehre. In: AugStud 17, 1986, 31–45.

– : Alienatio. In: A–L 1, 228–233.

– : Confessio, confiteri. In: A–L 1, 1122–1134.

– : Creatio, creator, creatura. In: A–L 2, 56–116.

– : Confessiones 12: ›Caelum caeli‹. Ziel und Bestimmung des Menschen nach der Auslegung von Genesis 1,1 f. In: Die Confessiones des Augustinus von Hippo. Hrsg. von Norbert Fischer und Cornelius Mayer. Freiburg u. a.: Herder, 1998, 553–601.

Misch, Georg: Geschichte der Autobiographie 1.2 (1907). Frankfurt am Main: Schulte-Bulmke, ⁴1974.

Müller, Christof: Geschichtsbewußtsein bei Augustinus. Ontologische, anthropologische und universalgeschichtlich / heilsgeschichtliche Elemente einer augustinischen ›Geschichtstheorie‹. Würzburg: Augustinus-Verlag, 1993.

– : Confessiones 13: Der ewige Sabbat. Die eschatologische Ruhe als Zielpunkt der Heimkehr zu Gott. In: Die Confessiones des Augustinus von Hippo. Hrsg. von Norbert Fischer und Cornelius Mayer. Freiburg u. a.: Herder, 1998, 603–652.

Musil, Robert: Die Amsel. In: Gesammelte Werke. Band 7. Hrsg. von Adolf Frisé. Reinbek: Rowohlt, 1978, 548–562.

Nietzsche, Friedrich: Sämtliche Werke. Kritische Studienausgabe in 15 Bänden. Hrsg. von G. Colli und M. Montinari. München: dtv; Berlin u. a.: de Gruyter, 1980.

Nikolaus von Kues: De docta ignorantia / Die belehrte Unwissenheit I. Lat.-dt. Übers., eingel. und mit Anm. hrsg. von Paul Wilpert; durchges. Auflage von Hans Gerhard Senger. Hamburg: Meiner, ^{4}1979.

– : Philosophisch-theologische Schriften. Sonderausgabe zum Jubiläum. Hrsg. und eingef. von Leo Gabriel; übers. und komm. von Dietlind und Wilhelm Dupré. 3 Bände. Wien: Herder, 1964 (Nachdr. ^{2}1989).

Nörregaard, Jens: Augustins Bekehrung. Tübingen: Mohr, 1923.

O'Connor, William R.: The uti / frui Distinction in Augustine's Ethics. In: AugStud 14, 1983, 45–62.

O'Daly, Gerard J.P.: Augustine's Philosophy of Mind. London: Duckworth, 1987.

– : Aeternitas. In: A–L 1, 159–164.

Origenes: Vier Bücher von den Prinzipien. De principiis libri IV. Hrsg., übers. mit kritischen und erläuternden Anmerkungen versehen von Herwig Görgemanns und Heinrich Karpp. Darmstadt: WBG, 3. Aufl. 1992.

Perler, Othmar: Der Nus bei Plotin und das Verbum bei Augustinus als vorbildliche Ursache der Welt. Diss. Freiburg, 1931.

Pfligersdorffer, Georg: Zu den Grundlagen des augustinischen Begriffspaares ›uti-frui‹. In: Wiener Studien. Neue Folge, Band 5, 1971, 195–224.

Platon: Platonis Opera. 5 Bände. Hrsg. von Joannes Burnet. Oxford: Clarendon, 1900–1907.

– : Werke in acht Bänden. Griech.-dt. Hrsg. von Gunther Eigler. Darmstadt: WBG, 1970–1983.

Plotin: Plotins Schriften. 5 Textbände, 5 Anmerkungsbände, Anhangband, Indicesband. Griech.-dt., übersetzt von Richard Harder, Band I in Neubearb. von R. Harder, ab Band II neubearb. von Rudolf Beutler und Willy Theiler. Hamburg: Meiner, ^{2}1956–1971.

– : Über Ewigkeit und Zeit (Enneade III 7) (1967). Übersetzt, eingeleitet und kommentiert von Werner Beierwaltes. Frankfurt am Main: Klostermann, ³1981.

Pohlenz, Max: Nomos und Physis. In: Hermes 81, 1953, 418–435.

Polk, Danne W.: Temporal Impermanence and the Disparity of Time and Eternity. In: AugStud 22, 1991, 63–82.

Possidius: Vita Augustini. In: Sancti Augustini Hipponensis Episcopi Opera Omnia. Patrologiae Cursus Completus, Series Latina. Hrsg. von J.-P. Migne, Band 32. Paris 1845, 33–66.

Raffelt, Albert: Confessiones 5: ›Pie quaerere‹ – Augustins Weg der Wahrheitssuche. In: Die Confessiones des Augustinus von Hippo. Hrsg. von Norbert Fischer und Cornelius Mayer. Freiburg u.a.: Herder, 1998, 199–240.

Ratzinger, Joseph: Originalität und Überlieferung in Augustins Begriff der confessio. In: REAug 3, 1957, 375–392.

– : Licht und Erleuchtung. Erwägungen zu Stellung und Entwicklung des Themas in der abendländischen Geistesgeschichte. In: Studium Generale 13. Berlin u.a.: Springer, 1960, 368–378.

Ruhstorfer, Karlheinz: Confessiones 7: Die Platoniker und Paulus. Augustins neue Sicht auf das Denken, Wollen und Tun der Wahrheit. In: Die Confessiones des Augustinus von Hippo. Hrsg. von Norbert Fischer und Cornelius Mayer. Freiburg u.a.: Herder, 1998, 283–341.

Sampson, T.J.W.: The Scriptures in Saint Augustine's ›Confessions‹. Thèse, Strasbourg, 1970.

Schleiermacher, Friedrich: Einleitung. In: Platons Werke (1804, ²1817). Nachdruck in: Das Platonbild. Zehn Beiträge zum Platonverständnis. Hrsg. von Konrad Gaiser. Hildesheim: Olms, 1969, 1–32.

Schlenker, Adrian: Gewollt dunkle Wiedergaben in LXX? Am Beispiel von Ps 28 (29),6. In: Biblica 75, 1994, 546–555.

Schmaus, Michael: Die psychologische Trinitätslehre des heiligen Augustinus. Münster: Aschendorff, 1967 (mit einem Nachtrag versehener Nachdruck der Ausgabe von 1927).

Schnarr, Hermann: Nunc stans. In: HWP 6, 989–991.

Schobinger, Jean-Pierre: Augustins Begründung der ›inneren Zeit‹. In: Schweizer Monatshefte 46/2, 1966/67, 179–192.

Schrader, Wiebke: Der ewige Kosmos. Zum antiken Hintergrund Augustins (erster Teil). In: Perspektiven der Philosophie. Neues Jahrbuch 25, 1999, 11–62.

Seneca, L. Annaeus: Philosophische Schriften. Lat./dt., Studienausgabe. Fünf Bände. Hrsg., übers., eingel. und mit Anm. von Manfred Rosenbach, Darmstadt: WBG, 1989ff.

Simplikios: In Aristotelis Physicorum Libros quattuor priores Commentaria (Commentaria in Aristotelem Graeca, Band 9). Hrsg. von Hermann Diels. Berlin: Reimer, 1882.

Solignac, Aimé: Caelum caeli. In: A–L 1, 702–704.

Steidle, Wolf: Augustins Confessiones als Buch (Gesamtkonzeption und Aufbau). In: Romanitas – Christianitas. Untersuchungen zur Geschichte und Literatur der römischen Kaiserzeit. J. Straub zum 70. Geburtstag am 18. Oktober 1982 gewidmet. Hrsg. von G. Wirth unter Mitwirkung von K.H. Schwarte und J. Heinrichs. Berlin u. a.: de Gruyter, 1982, 436–527.

Tertullian: Apologeticum. Verteidigung des Christentums; lat.-dt. Hrsg., übersetzt und erläutert von Carl Becker (1952). München: Kösel, ²1961.

Teske, Roland J.: The World-Soul and Time in St. Augustine. In: AugStud 14, 1983, 75–92.

– : Paradoxes of Time in Saint Augustine. Milwaukee: Marquette University Press, 1996.

Thimme, Wilhelm: Augustins Selbstbildnis in den Konfessionen. Eine religionspsychologische Studie. Gütersloh: Bertelsmann, 1929.

Thomas von Aquin: Die Gottesbeweise in der ›Summe gegen die Heiden‹ und der ›Summe der Theologie‹. Lat.-dt. Text mit Übers., Einl. und Komm. Hrsg. von Horst Seidl. Hamburg: Meiner, ²1986.

Troup, Calvin L.: Temporality, Eternity and Wisdom. The Rhetoric of Augustine's Confessions. Columbia: University of South Carolina Press, 1999.

Van Hooff, Anton: Confessiones 8: Die Dialektik der Umkehr. In: Die Confessiones des Augustinus von Hippo. Hrsg. von Norbert Fischer und Cornelius Mayer. Freiburg u.a.: Herder, 1998, 343–388.

Widengren, Geo (Hrsg.): Der Manichäismus. Darmstadt: WBG, 1977.

Wittgenstein, Ludwig: Tractatus logico-philosophicus (1918). In: Werkausgabe Band 1. Tractatus logico-philosophicus, Tagebücher 1914–1916, Philosophische Untersuchungen. Frankfurt am Main: Suhrkamp, 1984.

– : Philosophische Bemerkungen (1930). In: Werkausgabe Band 2, Frankfurt am Main: Suhrkamp, 1984.

Xenophon: Erinnerungen an Sokrates. Griech.-dt. Hrsg. von Peter Jaerisch. München: Heimeran, ²1977.

Zepf, Max: Augustins Confessiones. Tübingen: Mohr, 1926.

PERSONENREGISTER

SACHREGISTER*

* Grundlage des Verzeichnisses sind die deutschen Begriffe. Teilweise wurde das korrespondierende lateinische Wort in Klammern hinzugefügt. Als einzige lateinische Begriffe werden animus und excitatio aufgeführt, weil sie in unterschiedlicher Weise im Deutschen wiedergegeben worden sind.

Aurelius Augustinus

De musica

Vom ästhetischen Urteil zur metaphysischen Erkenntnis
Lateinisch–deutsch. Eingeleitet, übersetzt und mit Anmerkungen versehen von Frank Hentschel.
PhB 539. 2003. XXXII, 187 S. 978-3-7873-1657-1. Kart.

De trinitate

Lateinisch–deutsch. Neu übersetzt und mit einer Einleitung herausgegeben von Johann Kreuzer.
PhB 523. 2003. LXXVII, 415 S. 978-3-7873-1651-9. Kart.

Suche nach dem wahren Leben

Confessiones X / Bekenntnisse 10
Lateinisch–deutsch. Übersetzt, mit einer Einleitung und Anmerkungen herausgegeben von Norbert Fischer.
PhB 584. 2006. XCI, 188 S. 978-3-7873-1808-7. Leinen

Was ist Zeit?

Confessiones XI / Bekenntnisse 11
Lateinisch–deutsch. Eingeleitet, übersetzt und mit Anmerkungen versehen von Norbert Fischer.
PhB 534. 2002. LXIV, 142 S. 978-3-7873-1609-0. Kart.